CRIANÇAS, EDUCAÇÃO E O DIREITO À CIDADE

PESQUISAS E PRÁTICAS

Dados Internacionais de Catalogação na Publicação (CIP)
(Câmara Brasileira do Livro, SP, Brasil)

Crianças, educação e o direito à cidade : pesquisas e práticas / organização Marcia Aparecida Gobbi , Cleriston Izidro dos Anjos, Maria Cristina Stello Leite. -- 1. ed. -- São Paulo : Cortez Editora, 2021.

Vários colaboradores.
ISBN 978-65-5555-079-5

1. Educação infantil 2. Pedagogia I. Gobbi, Marcia Aparecida. II. Anjos, Cleriston Izidro dos. III. Leite, Maria Cristina Stello.

21-67553 CDD-372.21

Índices para catálogo sistemático:

1. Educação infantil 372.21

Aline Graziele Benitez - Bibliotecária - CRB-1/3129

MARCIA APARECIDA GOBBI
MARIA CRISTINA STELLO LEITE
CLERISTON IZIDRO DOS ANJOS
(ORGS.)

CRIANÇAS, EDUCAÇÃO E O DIREITO À CIDADE

PESQUISAS E PRÁTICAS

SÃO PAULO – SP

2021

CORTEZ EDITORA

CRIANÇAS, EDUCAÇÃO E O DIREITO À CIDADE: PESQUISAS E PRÁTICAS
Marcia Aparecida Gobbi | Cleriston Izidro dos Anjos | Maria Cristina Stello Leite (org.)

Preparação de originais: Jaci Dantas
Revisão: Ana Paula Ribeiro; Márcia Leme
Diagramação: Linea Editora
Editora-assistente: Priscila Flório Augusto
Coordenação editorial: Danilo A. Q. Morales

Direitos para esta edição
CORTEZ EDITORA
R. Monte Alegre, 1074 — Perdizes
05014-001 — São Paulo-SP
Tel.: +55 11 3864 0111 / 3611 9616
cortez@cortezeditora.com.br
www.cortezeditora.com.br

Impresso no Brasil — outubro de 2021

Sumário

PARTE 2

Levezas e resistências: crianças em luta por moradia

PARTE 3

Nas ruas, o encontro com as diferenças

Prefácio

Sinto-me lisonjeada com o convite para prefaciar este livro composto de argumentos densos em favor de uma grande causa: os direitos das crianças e das diferentes infâncias que encontramos, quando dispostos a encontrar, percorrendo distintos contextos vivenciais contemporâneos.

Destaco dois planos de coerência que percebo ao visitar os escritos e ao fazer o reconhecimento de seus respectivos autores.

De partida, os organizadores do livro tiveram uma brilhante iniciativa de reunir diversos profissionais que emprestaram suas lentes, para, sob variados prismas, considerar as crianças desde bebês como agentes e partícipes de sua constituição como cidadãos/cidadãs, desvelando o real significado do conceito de ser um sujeito histórico e potente na produção de sua própria trajetória experiencial. Acadêmicos, especialistas, estudantes e práticos, com diferentes formações em diferentes domínios do conhecimento, todos a sua maneira investigadores e defensores das infâncias e das crianças, concretas e contextualizadas, que ocupam e revelam, por meio de múltiplas expressões de linguagem, o mundo que as formam e o que transformam no mundo. Não poderia ser diferente a escolha. Afinal, é uma obra que fala da diversidade, das diferenças, da capacidade do estranhamento, do respeito e da possibilidade do caminhar junto, participativo e colaborativo. Eis a primeira coerência que se encerra na diversidade de autores para falar de crianças e infâncias em face à diversidade.

Outra coerência está implícita nos propósitos e nos argumentos de cada um dos capítulos. Tendo como elementos basilares comuns das argumentações os direitos das crianças e as suas potencialidades em ocupar, participar, revelar e transformar seus diferentes contextos de vida, de maneiras muito próprias, os escritos oferecem uma conjugação muito íntima entre os pressupostos filosóficos e científicos que sustentam as concepções em foco e os estudos que retratam variadas realidades, ilustrando o que as pesquisas e teorizações anunciam. São histórias fortes e densas que tratam de formas distintas de viver a infância e de ser criança nas cidades (nas ruas, nos museus, nas bibliotecas, nas instituições de educação infantil e em tantos outros lugares). Crianças reconhecidas como partícipes legítimas das circunstâncias de vida que se descortinam à sua frente e, diferentemente do que possam julgar os adultos, possuidoras de sensibilidade ímpar e de profunda perspicácia revelada em suas múltiplas formas de linguagem.

No conjunto, os textos que compõem a obra formulam uma denúncia à condição persistente de invisibilidade das crianças e das infâncias, nos diferentes âmbitos da vida social. Fazem isso de forma criativa, posto que num tom combativo e propositivo, contrário à inércia emanada, por vezes, da mera constatação dos fatos. Contudo, o combate e a proposição, que fique claro, não se constituem no plano da especulação, mas sim, mediante construtos argumentativos decorrentes de pesquisas sobre e com as crianças. Isto é o que demonstram os estudos aqui apresentados.

Seguramente, a leitura dos escritos reunidos neste livro promoverá em seus leitores profundos deslocamentos, incitando-os ao estranhamento do que se convencionou pensar e fazer em relação às crianças desde bebês.

Parabéns a todos os autores implicados nesta produção!

Mônica Appezzato Pinazza

Docente e pesquisadora da Faculdade de Educação da USP

As crianças e o direito à cidade: notas sobre o imprescindível

Marcia Aparecida Gobbi
Cleriston Izidro dos Anjos
Maria Cristina Stello Leite

1

Iniciamos esta introdução com um convite: antes de prosseguir a leitura, procure olhar as imagens apresentadas na página anterior. Sabemos que nossos olhos poderão titubear indo de uma à outra e/ou buscando abarcar todas. Por isso, nossa proposta consiste em deambular pelas imagens, seja observando-as separadamente ou então numa composição única, tal qual um mosaico.

2

Olhar exige tempo e não se trata de tarefa simples. Há de se juntar ao olho outras informações, afinal, uma imagem nem sempre vale mais do que mil palavras. O próprio título dado a este livro, *Crianças, educação e o direito à cidade: pesquisas e práticas*, já de pronto fornece pistas para uma boa olhadela e posteriores reflexões. As palavras "crianças", "educação" e "direito à cidade", lidas e pensadas separadamente ou em conjunto impulsionam interpretações sobre cada uma das imagens. Dessa forma, nelas podem ser vistas mãos que parecem mexer ou descobrir pequenas plantas, crianças que surgem em espaços aparentemente inóspitos, desenhos como marcas de uma infância que cavouca brechas no cotidiano, como se estivesse a dizer: "estou aqui!". Ainda assim, pelos elementos contidos, algumas delas podem soar familiares. Para olhos acostumados a "ver crianças", talvez as imagens não gerem curiosidade ou não ensejem grandes mergulhos, naturalizadas como mais um componente do cotidiano, entre tantos que pouco ou nada olhamos. Mas, insistimos. Elas apresentam cenas em que crianças de origens diversas encontram-se, coletiva ou individualmente, em práticas sociais.

Perguntamos a essas imagens: que lugares ocupam as crianças retratadas e tantas outras em carne e osso na cidade? Como são vistas ou representadas pelos diferentes segmentos da sociedade? Como representam a si e as suas vidas em diferentes condições e contextos sociais? Estão pelas ruas? Estão em suas casas? São invisíveis ou invisibilizadas? Têm direitos e participam de processos sociais com voz e vez? E o que queremos dizer ao mencionar o direito à cidade relacionando-o à educação e às lutas e práticas políticas e pedagógicas? Essas questões se inspiram em temáticas presentes nas ciências sociais, as quais desde o início do século XX estão voltadas sobremaneira a investigações de adultos sobre adultos — no masculino genérico, por serem majoritariamente masculinas — sobre as cidades e a constituição do urbano. As questões apresentadas anteriormente possibilitam alinhar as reflexões dos temas clássicos das ciências sociais aos estudos sociais da infância, trata-se de tema menos presente entre os cientistas sociais e mesmo nos estudos educacionais que carecem de voltar-se para o entorno da escola numa relação fecunda entre os espaços de dentro e de fora das unidades educacionais, em todas as etapas da educação.

Na imagem em branco e preto, numa aparente sala com muitas pessoas, uma observação atenta torna visíveis algumas máquinas, possivelmente de costura, com pessoas adultas e crianças num aparente amontoado de gente, evidenciam um estranho e ainda tão comum modo de se tornar criança crescendo em meio ao trabalho pesado, de direitos não reconhecidos. Noutra foto a mão fisga uma folha revelando ato sensível na captação da imagem, algo similar ao registro da florzinha amarela em local irreconhecível, mas que remete ao quintal, a lugares longevos, ou a um logo ali, num terreninho baldio em que crianças podem estar brincando, por onde passamos diariamente e sequer prestamos atenção. Dois meninos, desde dentro de lugares diferentes — uma janela de onde se avista um bairro e outro que surge mostrando-se num buraco na parede — apontam para distintas condições de vida e nos chamam, a seus modos, para vê-los. Seria um aceno? Na última delas, sobre um suporte de madeira rosa, veem-se desenhos de traçados elaborados por crianças. Pistas deixadas que permitem ver a presença na ausência. As crianças encontram e constroem fissuras onde podem aparecer e viver a vida de tantas formas. Apresentam e representam "a vida que ninguém vê", em alusão ao título e conteúdo do livro de Eliane Brum (2006), mas que muitos sentem diariamente, em especial nestes anos de 2020 e 2021 quando encontramos mais da metade da população brasileira em situação de insegurança alimentar[1]. Essas imagens e dados que revelam a desigualdade e a construção de infâncias permitem que comecemos a pensar, também do ponto de vista das crianças, sobre os problemas concernentes à vida nas cidades considerando o que vemos, o que pode ser mostrado e o que deve ser silenciado em suas feições físicas, tais como gestos e falas, etnias e raça, gênero e classe social.

Olhar aprimorado traz consigo a possibilidade do estranhamento, tão caro a nossa formação humana e profissional, em seu sentido estrito, derivado de longo aprendizado. Afirmamos que, inscritas no cotidiano, as crianças estão lá, mesmo quando aparentemente não estão, e nos advertem de que seus corpos, suas vozes, seus choros estão presentes em ação e compõem o cotidiano. Elas traduzem, em minúcias, alguns tipos de cidade, e nesse caso, dentro de uma miscelânea urbana.

3

A ideia de direito à cidade exige pensar sobre processos emancipatórios e sobre a efetiva construção e vigência da democracia. Recentemente, o direito à cidade — proposto por Henri Lefebvre desde 1969 — tem sido retomado de diferentes modos, em especial por movimentos sociais urbanos, de modo a incluir as crianças desde bebês, fato ainda raro quando se trata de refletir com elas sobre a produção do espaço urbano, processos de segregação e espoliação, modos de vidas em diferentes contextos e condições econômicas, sociais e culturais,

---

1. Disponível em: https://www1.folha.uol.com.br/equilibrioesaude/2021/04/mais-de-125-milhoes-de-brasileiros-sofreram-inseguranca-alimentar-na-pandemia-revela-estudo.shtml, Acesso em: 2 maio 2021.

no passado e no presente. Relacionar emancipação — reconhecida como direito a experiências e às relações humanizadas — à presença da infância exige reflexões que considerem os problemas concernentes à desigualdade social e crianças, entre outros a serem enfrentados quando o assunto implica direito à cidade e infância. Além disso, é necessário abarcar a imaginação infantil e seus derivados como motes para compor pautas reivindicativas junto aos movimentos sociais, e outras, somando-se às pesquisas acadêmicas. Embora as crianças não se organizem de forma autônoma, suas presenças em espaços públicos, em assembleias junto a movimentos sociais em suas diferentes lutas e/ou em escolas, evidenciam e provocam mudanças nas relações estabelecidas com a cidade e com aqueles e aquelas que a habitam e a produzem cotidianamente.

As discussões e as pesquisas sobre o direito das crianças à cidade relacionam-se a outros direitos aos quais em menor ou maior proporção elas terão acesso. Sabe-se que a Convenção de Direitos das Crianças adotada pela Assembleia Geral da ONU[2] em 20 de novembro de 1989, em vigor desde 2 de setembro de 1990, é um dos instrumentos de direitos humanos mais consensuais da história. A Convenção, ratificada por 196 países, está intimamente implicada à vida das crianças também nas cidades.

Dos países mais ricos do mundo, somente os Estados Unidos não ratificaram a Convenção. A relação mencionada justifica-se, pois nesse país, em 2021, encontram-se 545 crianças imigrantes ilegais separadas de seus pais desde 2017, devido à política anti-imigração do ex-presidente Donald Trump. Essas crianças vivem em locais insalubres, incompreendidas, desconsideradas, sem direitos preservados[3]. O que se discute e se pesquisa sobre infância, como o direito à brincadeira

2. Disponível em: https://www.unicef.org/brazil/convencao-sobre-os-direitos-da-crianca. Acesso em: 28 fev. 2021; Unicef. Convenção sobre os Direitos da Criança. Disponível em: https://www.unicef.org/brazil/convencao-sobre-os-direitos-da-crianca. Acesso em: 28 fev. 2021.

3. G1. Pais de 545 crianças separadas na fronteira dos EUA não foram localizados. Disponível em: https://g1.globo.com/mundo/noticia/2020/10/21/pais-de-545-criancas-separadas-na-fronteira-dos-eua-nao-foram-localizados.ghtml. Acesso em: fev. 2021.

e à convivência segura e sadia com familiares — em todas as formas de organização familiar — e amigas e amigos, além do preparo para conquista de sua autonomia em sociedade, não são considerados nesse caso pela política estadunidense. O Brasil ratificou a Convenção sobre os Direitos da Criança em 24 de setembro de 1990, contudo, observamos a presença de uma política de morte que atinge majoritariamente a parcela de crianças pobres e negras moradoras de periferias nas grandes cidades. Testemunhos dessa política de morte que alcança a infância negra e periférica no Brasil podem ser vistos nos noticiários que revelam os inúmeros casos não solucionados, os quais muitas vezes envolvem crianças, logo superados e esquecidos por conta de notícias ainda mais escabrosas que aparecem cotidianamente na mídia brasileira.

Sublinhamos o que parece óbvio: Ratificar os direitos não implica a criação e a efetivação de políticas públicas para sua realização na prática cotidiana de vida de todas as crianças. Mesmo com a existência de estatutos como o Estatuto da Criança e do Adolescente (ECA), a vida em plenitude não está garantida. Vimos explicitamente a ausência desses direitos durante a pandemia da covid-19 no Brasil, ao longo de 2020 e que se estende em 2021, especialmente devido à política de desasssistência social promovida pelo Estado brasileiro. Essa prática política pode ser entendida como a abstenção do Estado brasileiro em cumprir seus deveres com seus cidadãos. No campo educacional, por exemplo, a proposta de atividades educacionais emergenciais síncronas e assíncronas — que exigem computadores, acesso à internet e demais condições de estudo — afastaram as crianças periféricas do direito à educação em todos os níveis da educação básica. Outro exemplo nesse sentido é o direito à alimentação escolar, como demonstra a redução na execução orçamentária do Programa Nacional de Alimentação Escolar (PNAE) de R$ 4,9 bilhões em 2014 para R$ 4 bilhões em 2019. Em um contexto contínuo de crise econômica, o orçamento do PNAE deveria ter sido ampliado para melhorar a qualidade da alimentação, responder à inflação nos preços dos alimentos e também à pandemia que deixou milhões de crianças sem alimentação básica.

Diante da descrição de um quadro pouco favorável, continuamos com uma diversidade de questões: Os direitos prevalecem igualmente para todas as crianças ou são efetivados de diferentes maneiras para os diversos grupos infantis? Quais crianças usufruem ruas e praças e como isso se dá? Quais são aquelas meninas e/ou meninos reduzidas e reduzidos à capsulas de convivência com colegas de mesma idade, classe social, sexo? Meninas, menines, meninos têm as mesmas possibilidades de usufruir da cidade e seus espaços? E quando são imigrantes, refugiadas, moradoras de países em guerras constantes como são tratadas e quais são os direitos preservados? Quais têm direito à atenção de familiares, saúde, educação, alimentos?

São infinitas as questões cujas respostas remetem, no caso brasileiro, entre outras coisas, à urgência de conhecimento e relações possíveis com nossa própria história. Nas relações dos brasileiros com sua história, as discussões, percepções e reivindicações de direitos não estão presentes em processos formativos, o que resvala em compreensões equivocadas. Infere-se que, por vezes, direitos são compreendidos não como resultantes de lutas e conquistas da população organizada, mas como acenos dadivosos de governantes. Esses, contudo, destituem do sujeito sua capacidade política ao assujeitá-lo. As crianças não se encontram apartadas disso; ao contrário, estão envolvidas nesse processo num vagaroso aprendizado.

Direito à cidade em toda sua extensão, entendido como acesso a bens que não se resumem à moradia, é uma discussão atual que tem despertado pesquisadores de diversas áreas, especialmente nos campos de estudos educacionais e sociais da infância e no da arquitetura, em que se pretende investigar e conhecer as cidades a partir das, e com as crianças, concebendo-as como partícipes das transformações sociais do e no cotidiano. Mais que questionar sobre sua presença, quais ações têm colocado em diálogo e materializado suas propostas alterando práticas citadinas em regiões centrais e periféricas, nos bairros em que moram, nas lutas travadas diariamente com seus particulares modos de lutar na infância? O que se sabe sobre isso? Quais experiências temos proporcionado a essas cidadãs urbanas de pouca idade?

4

A escrita deste livro deriva, de modo amplo, de inquietações sobre relações estabelecidas entre crianças, desde que nascem, em contextos urbanos, e traz a público alguns de seus aspectos no Brasil e Argentina. Tais inquietudes são alimentadas por autores/as oriundos da sociologia e da antropologia urbana e repartidas com outros campos teóricos que têm contribuído, e muito, com os estudos da infância. Entre tantos, encontra-se o extenso e inspirador trabalho do italiano Francesco Tonucci que, nos anos 1990, provocava-nos a pensar, de modo interdisciplinar, sobre o que há de amigável ou desconcertante e desigual nas cidades às crianças. A partir da difusão de sua obra, percorremos estudos de fundamental importância no Brasil. Pesquisas seminais no Brasil, como as realizadas por Arno Vogel (1980), Lucia Rabello de Castro (2004), Maria Cristina Gouvêa (2008) e Fernanda Müller (2007), seguidas por tantas outras cujas produções acadêmicas têm nos envolvido há tempos e originam investigações que buscam conjugar a cidade — obra e produto de uma construção social e histórica — às manifestações expressivas e práticas sociais infantis, de todas as crianças, e juvenis. Trata-se, pois, de buscar compreender os diferentes usos do espaço urbano, concebido em toda sua diversidade. Além das grandes cidades, as investigações sobre a infância contemplam uma pluralidade de formações sociais e geográficas, tais como quilombos, terras indígenas, cidades pequenas do interior e até mesmo zonas rurais. Por outro lado, os temas que orientam os estudos sobre a infância incluem as disputas por formas de viver e lutar por moradias, por creches, pré-escolas e escolas, por brincar, descobrir e investigar ruas e praças. Dessa forma, notam-se processos que incluem participações políticas e culturais, entre tantos modos de viver o urbano e ser reconhecido ou não como crianças. Isso tem se dado pelas, e com, meninas e meninos em diferentes cidades cujas histórias são marcadas por constantes movimentos de inclusão e exclusão de determinados grupos sociais, em especial em sociedades ainda tão desiguais como a brasileira.

Se o século XXI traz como marca discussões sobre as cidades e os espaços urbanos, urge pensá-los cada vez mais com as crianças, desde que nascem, e nas relações com outros grupos etários, étnicos, de classe social, de gênero e raça, pois se a cidade é, por excelência, capaz de nos colocar em confrontos e diálogos com as diferenças, ela é também segregadora e excludente também para as crianças.

Segundo dados do último Censo do Instituto Brasileiro de Geografia e Estatística (IBGE, 2010), 84% da população brasileira vive em cidades, o que enseja conflitos, disputas, debates das mais diferentes ordens em que todas e todos nós estamos implicados. Há uma lógica nessa forma de organizar as cidades em que o crescimento gera a pobreza, segrega e a afasta geograficamente em periferias (Kowarick, 1979). Quando logram permanecer em regiões tidas como centrais, os mais pobres, quase que invariavelmente, ocupam cortiços e edifícios que não cumprem com a função social da moradia. Essa segregação se evidencia também entre muros, conferindo distinção a quem mora de um ou de outro lado do muro, ou das pontes que separam as periferias e seus moradores de bairros com maior infraestrutura. A cidade entre muros (CALDEIRA, 2012) é produto da construção de enclaves fortificados que informam onde e como moram as pessoas. Esse amuralhamento intensifica e revela desigualdades e produz violência entre grupos, pois geram e mostram não apenas muros de concreto, mas representações do medo, das relações arredias, inscritas em ódio e ressentimento, ao mesmo tempo que forjam relações solidárias a partir da produção desse modo de viver e se relacionar. Essa configuração abarca as crianças e informa onde e com quem devem e podem brincar, estudar e consumir.

Tivemos, na pandemia da covid-19, ainda em curso neste ano de 2021, demonstrações de muitos grupos coletivos periféricos, com presença majoritariamente feminina, cujas práticas reiteram a solidariedade. Trata-se, assim, da busca por aprendizados de ações democráticas de vida em comum que atuam quando na total ausência do Estado ou em sua presença fortemente punitiva e policialesca (GOBBI; PITO, 2021). As crianças não estão apartadas desse processo coletivo de cuidados aos outros, ao contrário, observa-se sua presença em aprendizados nessas configurações de caráter social e político.

Embora saibamos que se trate de tema polêmico e exigente de investigações, afirmamos que as crianças são coconstrutoras das cidades. O espaço é produto e produtor de relações que se transformam ao longo do tempo revelando diferentes realidades. Acreditamos que as crianças compõem mediações de relações socioespaciais e, ao mesmo tempo, contribuem para a constituição de vínculos entre pessoas. Suas singulares formas de compreensão das cidades, dos espaços em que vivem e produzem a partir das atividades sociais por elas desempenhadas, não apenas deixam marcas em espaços inusuais, mas os compõem e os modificam. Suas presenças nas ruas — espaços socialmente vistos como perigosos às crianças — e de algumas de suas práticas provocam modificações de tempos, ritmos corporais, espaços e lugares das cidades. Creches, pré-escolas e escolas como espaços promotores de vida, quando articulados com o entorno, tendem a contribuir para ampliar essa percepção. Além disso, os espaços educativos institucionais podem provocar ações de incentivo à qualidade da presença das crianças em diferentes espaços citadinos e sua composição de modo não adultocentrado. Essas ações também contribuem para o encontro e aprendizado do convívio com a diferença.

E eis que as crianças, quando presentes, nos forçam a pensar com a pedagogia e as ciências sociais sobre a rua. Ela é espaço de exclusão social, é o espaço do vivido dos habitantes e usuários da cidade, é espaço de disputas entre diferentes grupos sociais, é espaço de encontros forjados e possíveis na brecha do aligeiramento dos passos. No entanto, na rua, os tempos das crianças e suas práticas socioespaciais implicam a existência de outras relações e de outros tempos, ou seja, mudanças estruturais que, seguramente, se contrapõem às práticas cunhadas em perspectivas adultas de orientar as ruas e as cidades.

Atualmente, refletir sobre o direito à cidade implica, como escreve David Harvey (2014), adotar o direito à cidade como lema operacional e ideal político com vistas à democratização desse direito e, ainda, incluiríamos aqui: estendido às crianças desde que nascem. Para tanto, levar à risca o debate sobre possibilidades de compreensão das crianças nos espaços públicos, em assembleias, em distintas formas de luta e aprender com elas como isso se dá e quais seus desejos e necessidades é fundamental, constituindo-se, talvez, em uma ação revolucionária. Henri Lefebvre (2008), que nos chama para pensar sobre a força das metrópoles, ou seja, para o urbano, afirma em *O direito à cidade* sua contrariedade à sociedade automatizada. Por isso, Lefebvre propõe a reflexão sobre o direito mais amplo relacionado não à cidade como consumo imediato e alienado, mas como espaço de criação, obra coletiva inventiva. Trata-se de conceber um direito à cidade segundo o qual a apropriação do espaço se dá não como mercadoria, mas como consciência do grupo sobre suas necessidades não acumulativas. Consequentemente, discutir sobre o direito à cidade, que, em seu cerne, guarda posturas e lutas pela pluralidade da vida, pelo encontro com a diferença e a alteridade, é um debate que não pode estar afastado da infância.

A ideia de escrita deste livro surgiu a partir do curso de extensão *Infância, desde os bebês: projetos e políticas na cidade*[4]. Trata-se de costura que foi se firmando ponto a ponto, cujo fio condutor buscou convergências entre pesquisas e práticas docentes envolvendo crianças, desde bebês, e questões urbanas. Inquietação é uma boa palavra para resumir as reflexões aqui apresentadas. Às vozes de pesquisadores/as e profissionais da educação básica envolvidos/as no curso somaram-se diálogos estabelecidos com outras pessoas que também têm se preocupado com as crianças e as questões urbanas em seus estudos e trabalhos. Resultado disso, o livro apresenta o cruzamento de olhares — majoritariamente de mulheres — de professoras e professores de diferentes universidades, somados aos de participantes, também professoras e gestoras, de escolas públicas, que se dispuseram a escrever sobre um tema de tamanha complexidade e amplitude:

---

4. O curso de extensão Infância, desde os bebês: projetos e políticas na cidade, foi realizado no período de 24/08/2017 até 16/11/2017, na Faculdade de Educação da Universidade de São Paulo (FE-USP) e coordenado por Marcia Gobbi, Maria Cristina Stello Leite, Renata Dias e Sylvie Bonifácio Klein.

criança e cidade. Elas apresentam questões e relatos concernentes a práticas pedagógicas que se propõem à difícil tarefa não apenas de indagar sobre diferentes formas de clausuras a que estamos submetidos e conformamos a nós mesmos e às crianças, mas de bravamente desemparedá-las, como propõe a professora Juliana Diamente Pito, uma das colaboradoras desta obra.

Conjugamos, na mesma obra, pesquisas, relatos e reflexões sobre práticas em que as crianças se encontram a desafiar o urbano, dinamicamente interrogando as cidades e seus usos dos quais, tantas vezes, estão ausentes. Ao mesmo tempo nos desafiamos em pesquisas e projetos em que meninas e meninos participam das mais diferentes formas e em uma diversidade de contextos sociais, econômicos e culturais: periferias distantes do perímetro histórico urbano; regiões centrais, indígenas (M'bya Guaranis e Toba) que vivem em cidades e centros urbanos na Argentina; em luta por moradia em São Paulo e Buenos Aires; em movimentos sociais; enfrentando os desafios de conhecer museus superando distâncias geográficas e barreiras culturais e sociais que muitos querem fazer crer intransponíveis; lutas pelos parques públicos; enfim, procuramos ver e estar com as crianças, compreendendo-as como agentes em constantes formas de ação. Afinal, como afirma Henri Lefebvre (2013), a vida cotidiana nas cidades é ato que a transforma e a constrói, e disso ninguém pode ser excluído. Com Lefebvre mais uma vez afirmamos que apropriar-se nutre a imaginação e pela apropriação ela se torna parte do cotidiano e procura transformá-lo. A pergunta que percorre todo o livro é: por que não com as crianças?

Compartilhamos propostas marcadas em pesquisas há tempos e relacionadas aos estudos sociais da infância em que meninas e meninos, desde bebês, são compreendidos como agentes, e como tal, copartícipes em diferentes contextos. Não se trata, contudo, de algo tão simples, já que isso demanda ações que promovam a presença dialogada e democrática das crianças nos espaços públicos. Além disso, uma vez presentes, é necessário garantir que suas falas sejam escutadas e encaradas como potenciais transformadoras dos locais onde vivem.

Trata-se de romper com certa cegueira derivada da incapacidade de estranhar e compreender o outro, entre eles, as crianças.

Procuramos compor o livro em três partes que aglutinam determinadas reflexões. Na primeira parte, intitulada *Dentro e fora da creche: inventar e conhecer mundos*, encontramos reflexões cujo objetivo é atentar para as experiências dos/as bebês na cidade conjugadas às pesquisas sobre direitos das crianças. Banalizamos a ideia de que os/as bebês, meninas e meninos, encontram-se em certo confinamento dentro das creches ou em suas casas, perigosa naturalização que subtrai o direito à cidade daqueles/as que, por serem avaliados/as como não falantes ou não andantes, podem ser alijados do convívio citadino.

Entre os seis capítulos que compõem essa parte, Giovana Cotrin, em *Pensando sobre as crianças na cidade*, nos apresenta crianças de todas as idades espalhadas em mensagens pichadas e grafitadas, deixando evidências de sua presença e instigando a percorrer caminhos físicos e de pesquisas no desejo de encontrá-las e conhecê-las mais. Importante maneira de nos informar e formar pensamentos sobre a infância cuja reflexão se faz necessária.

Maria Letícia Nascimento, em *Crianças sujeitos de direitos: destaques dos estudos da infância*, a partir de diferentes autores relacionados aos estudos sociais da infância, discute direitos das crianças, concebidas como sujeitos e sujeitas de direitos, que se encontram, ora mais ora menos, presentes no cotidiano adulto e infantil.

Ana Lúcia Goulart de Faria e Daniela Finco, em *Primeiros passos fora da esfera privada da casa, primeiros passos na creche: encontro com as diferenças*, retomam autores clássicos, como Florestan Fernandes, para problematizar o espaço da rua como ausente do uso das crianças. Ao mesmo tempo esse espaço é concebido como algo que pode proporcionar o encontro com as diferenças. Por isso, a creche, em relação direta com o espaço de fora, de seu entorno, é defendida como lugar primeiro de construção da *utopia de uma educação que supere a desigualdade.*

Em *Um quintal do tamanho do CEU*, as profissionais de educação infantil do município de São Paulo, atuantes entre os anos de 2013 e

2016, Leandra Modesta Gonzalez Basile da Fonseca, Luci Aparecida Guidio Godinho e Renata Cristina Dias Oliveira apresentam uma rica experiência com bebês no Centro de Educação Unificado — CEU — do bairro de Parelheiros, extremo sul de São Paulo, SP. Desafiadoras, partem na retomada dos princípios democráticos do projeto CEU implementado no município de São Paulo desde 2004 e buscam *pensar e propor ações que integrem os pequenos e pequenas nos diferentes contextos, projetos, espaços e ações que compõem a jornada diária do CEU.* Assim, direito à cultura, ao lazer e à educação não ficam restritos ao discurso adulto para adultos e jovens, mas conta com a presença dos/as bebês. Asseveram que o direito à cidade não pode ficar restrito à moradia, e, muito menos, a uma determinada faixa etária, estendendo-se ao lazer, à cultura e a uma vida coletiva.

No capítulo *"Mamãe, brinquei de livros!" Ampliando espaços de circulação de bebês e crianças pequenas na cidade de São Paulo,* encontramos um rico combinado entre profissionais de um CEI, Centro de Educação Infantil, destinado a bebês e crianças com até 3 anos e 11 meses, e duas profissionais da Biblioteca Mario de Andrade, situada na região central da cidade. Assim, Rosa Silvia Lopes Chaves, Katia da Silva Santos e Natame Pereira Diniz relatam o processo construído para o deslocamento geográfico das crianças da Zona Norte até a Zona Central da cidade, além das descobertas das crianças e das professoras da creche ao longo desse percurso e nas relações estabelecidas com os espaços expositivos, ainda tão desconhecidos de todos/as. A natureza exposta entre plantas e insetos na cidade entra em cena como espaço de investigação para crianças de 2 e 3 anos.

No capítulo *"Vamos brincar lá, naquele lugar, outra vez?" Diálogos entre as crianças, a natureza e a cidade de São Paulo,* Juliana Diamente Pito, professora do Núcleo de Educação Infantil da Unifesp, nos apresenta e problematiza não apenas os passos das crianças da creche em direção à cidade, mas, também, a cidade que não é somente cinza, pois está envolta em plantas e insetos a serem descobertos. A autora afirma que desemparedar as crianças das escolas é se arriscar a ouvi-las e olhar para o entorno tendo as crianças como parceiras. Importante proposição que nos leva a discutir sobre os currículos destinados à primeira infância e ainda contribui para reflexões acerca das abordagens curriculares para as demais etapas e modalidades educacionais.

Na segunda parte, intitulada *Levezas e resistências: crianças em luta por moradia*, buscamos apresentar as crianças que, de diferentes modos, lutam pelo direito à moradia somado aos demais direitos, tais como à educação, à saúde, à alimentação, ao brincar, à expressão e à escuta. Essas questões, vastamente discutidas em pesquisas, fazem-se presentes como possibilidades transformadoras no âmbito da política.

Paula Shabel, antropóloga, professora da Universidade de Buenos Aires, em *"Viemos PARA lutar e FAZER AMIGOS": participação política de crianças em organizações sociais*, chama nossa atenção para a presença das crianças num universo predominantemente adulto: a luta por moradia em bairros periféricos da cidade. Suas observações acerca da participação das crianças, a qual se dá numa ordem política, questiona eixos de compreensão alocados ora no silenciamento das crianças, ora em formas participativas que mais as orientam do que as escutam e as consideram verdadeiramente.

Na esteira dessa preocupação, encontramos o texto de Carolina Abrão e Marcia Gobbi, que nos apresentam aspectos de uma pesquisa de campo em *Crianças brasileiras e bolivianas na Ocupação Prestes Maia: ocupar e resistir pelos direitos, desde sempre*. As autoras procuram conhecer a vida em luta de crianças com até seis anos em ocupações de moradia na cidade de São Paulo e relatam reflexões a partir, e com, de meninas e meninos, sem desprezar a forte presença de suas mães. Destacam, contudo, um grupo específico, que não trata apenas da luta por moradia. São as crianças bolivianas, que, como imigrantes, somam ao problema habitacional questões concernentes ao ser imigrante numa metrópole. A essas questões de luta e prática que envolvem a relação indissociável entre política, infância, direitos e imaginação somamos os movimentos sociais, também de luta por moradia, e a presença das crianças.

Em *A formação política e o trabalho da educação infantil popular*, Carolina de Roig Catini nos leva até a ocupação Jardim da União e questiona a presença das crianças junto aos processos de formação política ligados à educação popular, tidos pela autora, como fundantes. Para ela, as crianças não estão afastadas das atividades dos adultos. Elas contrariam a primazia das representações adultas que levam ao afastamento das práticas políticas e, a seu modo, encontram-se ao longo do processo de luta, conferindo-lhe outras formas.

Na terceira e última parte, intitulada *Nas ruas, o encontro com as diferenças,* encontramos, em caminhadas e cortejos, fortes indícios de táticas de intervenções na cidade pelas, e com, as crianças.

Em *"Augusta, graças a Deus, entre você e a Angélica, eu encontrei a Consolação, que veio olhar por mim e me deu a mão" (Tom Zé),* Naime Silva inicia sua reflexão — cujo título faz alusão à canção "Augusta, Angélica e Consolação", de Tom Zé — trazendo recortes da presença das crianças de uma EMEI (Escola Municipal de Educação Infantil), Escola Municipal de Educação Infantil, situada na rua da Consolação, região central da cidade. Na referida escola, cortejos e saídas protagonizadas por crianças dão o tom de sua presença cotidiana numa área tida como inóspita devido ao fluxo de carros, pessoas em situação de rua, intenso comércio, fixo e ambulante, e raras áreas verdes. Ela destaca uma ida das crianças à manifestação pela manutenção da área que abriga o Parque Augusta, que poderia ser frequentado pelas crianças e encontrava-se em franca disputa entre o poder público e o mercado imobiliário. Trata-se, assim, de reflexão sobre discussões das quais as crianças, mesmo que na condição de principais beneficiárias, estão apartadas.

As crianças do extremo leste de São Paulo estão presentes em *Viver e morar na periferia: as crianças e os seus percursos pelas ruas e casas do Itaim Paulista,* as crianças chegam pelas mãos de Margarida de Sousa Barbosa, professora e coordenadora pedagógica da rede pública municipal de educação da capital paulista. A autora, a partir de um projeto pedagógico, reflete sobre questões aparentemente esquecidas, como a importância de conhecer as casas das crianças frequentadoras da escola. Ademais, podemos afirmar que, ao conhecê-las, é possível fazer parte da comunidade, ainda afastada, na prática, do convívio e da participação nas escolas. Com um rico uso de imagens de elaboração própria, a autora coloca-nos no cotidiano das crianças no bairro e em suas constantes lutas.

Com o propósito de pensar coletivamente sobre um parque em bairro periférico da região noroeste de São Paulo, Catharina Pinheiro C. S. Lima, professora da Faculdade de Arquitetura e Urbanismo da USP, e Paula Martins Vicente, arquiteta e mestra em arquitetura, discutem questões relativas ao que chamam de *A Pedagogia da Paisagem: o saber de experiência(s) feito.* Nesse texto, ao relacionar questões conceituais sobre a paisagem, as autoras discutem reflexões feitas por crianças frequentadoras de uma Escola Municipal de Ensino Fundamental, EMEF, seja para propor a construção de um parque para o bairro, o Pinheirinho D'água, seja para mostrar como representam o bairro em que moram. Crianças e professoras participam de vivências e oficinas em que o desenho ganha grande relevância como forma de representar questões tão sensíveis ao cotidiano do bairro e das crianças. O ponto de vista das crianças faz-se presente como elemento fundamental para se pensar o bairro e seus processos de mudança.

Tal proposta aproxima-se do relato de projeto apresentado no capítulo *Uma fruta no quintal,* escrito pelo arquiteto e paisagista Raul Isidoro Pereira, a partir de reflexões de sua pesquisa de doutoramento em arquitetura e urbanismo. O autor reflete sobre o projeto político na cidade de Diadema no qual reflexões sobre a natureza, plantio e mudanças nas paisagens da cidade estavam no foco do processo de formação de professores e estudantes das redes estadual e municipal de educação. Aqui, a atuação do autor com o poder público, preocupado em envolver todos os segmentos escolares, merece destaque, bem como suas produções voltadas para a percepção do espaço.

No último capítulo, *No museu ou na rua? Crianças indígenas e demandas contemporâneas urbanas,* encontramos crianças indígenas Guarani M'Bia e Toba pelas mãos de três antropólogas argentinas e professoras da Universidade de Buenos Aires, a saber: Mariana García Palacios, Noelia Enriz e Ana Carolina Hecht. Onde estão as crianças indígenas quando vivem na cidade? Naturalizamos sua ausência e, quando presentes, são compreendidas, por parte da população, como não indígenas, portanto, não carentes de preocupações específicas. No entanto, elas participam em suas comunidades de distintas práticas sociais, são ativas nos processos migratórios e na luta pelo território. Suas experiências adquirem relevância no contexto particular das cidades, especialmente nas escolas urbanas, no uso e na venda de artesanato e na circulação pelo espaço público.

Por fim, os textos apresentados neste livro vão ao encontro de estudos voltados para a infância em sua relação com a cidade e o urbano em consonância com os estudos sociais da infância e a educação. Estamos alinhadas/os com a proposta de que a vida urbana, elaborada e experimentada por crianças e adultos, é lugar e tempo do desejo e dos direitos, considerando também aqueles além das necessidades mais imediatas, tais quais lazer, parques, e especialmente, a imaginação. Boa leitura!

Referências

BRUM, Eliane. *A vida que ninguém vê.* São Paulo: Arquipélago Editorial, 2006.

CALDEIRA, Teresa Pires do Rio. *Cidade entre muros:* crime, segregação e cidadania em São Paulo. São Paulo: Editora 34/Edusp, 2003.

CASTRO, Lúcia Rabello de. *A aventura urbana:* crianças e jovens no Rio de Janeiro. Rio de Janeiro: 7 Letras, 2004.

GOBBI, Marcia A.; PITTO, Juliana D. *Coletivos, mulheres e crianças em movimentos*: na pandemia, do *podcast* ao livro. São Paulo: FE-USP, Portal de livros abertos da USP, 2020. Disponível em: http://www.livrosabertos.sibi.usp.br/portaldelivrosUSP/catalog/book/575. Acesso em: 31 maio 2021.

GOMES, Ana Maria Rabelo; GOUVÊA, Maria Cristina Soares de. A criança e a cidade: entre a sedução e o perigo. *In:* DEBORTOLI, J. A.; MARTINS, M. F. A.; MARTINS, S. (org.). *Infâncias na metrópole.* Belo Horizonte: UFMG, 2008. p. 47-69.

HARVEY, David. *Cidades rebeldes*: direito à cidade à revolução urbana. São Paulo: Martins Fontes, 2014.

KOWARICK, Lúcio. *A espoliação urbana.* Rio de Janeiro: Paz e Terra, 1979.

LEFEBVRE, Henri. *La producción del espacio.* Barcelona: Capitain Swing, 2013.

LEFEBVRE, Henri. *O direito à cidade.* São Paulo: Centauro, 2008.

MÜLLER, Fernanda. *Retratos da infância na cidade de Porto Alegre.* 2007. Tese (Doutorado em Educação) — Programa de Pós-Graduação em Educação, Universidade Federal do Rio Grande do Sul, Porto Alegre, 2003.

VOGEL, Arno. *Quando a rua vira casa.* São Paulo: Finep/IBAM, 1980.

CRÉDITOS DAS IMAGENS

Fotos de Margarida de Sousa Barbosa

Fonte: Acervo pessoal de Margarida de Sousa Barbosa

Fotos de autoria das crianças e da professora Juliana Diamente Pito

Fonte: Acervo do Núcleo Educação Infantil — Unifesp

Autoria das crianças e da professora Juliana Diamente Pito
Fotos de Marcia Gobbi

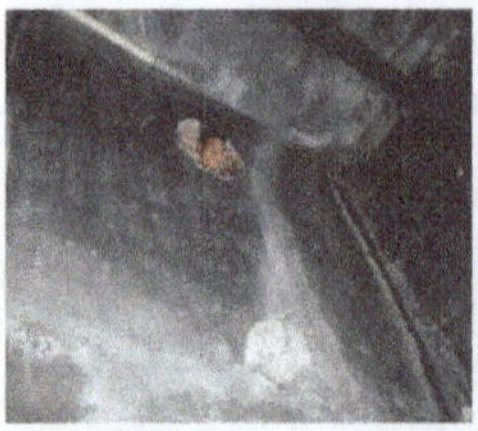

Fonte: Acervo pessoal de Carolina Abrão

Parte 1

Dentro e fora da creche: inventar e conhecer mundos

Pensando sobre as crianças na cidade

Giovana Cristina Cotrin Loro

Eu ando pelo mundo
E os automóveis correm para quê?
As crianças correm para onde?[1]

Durante o curso de extensão "Infância desde os bebês: projetos e políticas nas cidades"[2], percebi grande empenho de palestrantes e participantes em demonstrar a autonomia e a voz das crianças. Condição e expressão que são, muitas vezes, contidas ou negadas a elas, seja na esfera familiar, escolar ou política.

Meu interesse por esse curso surgiu pelos meus interesses em políticas públicas das cidades, como forma de aplicar as teorias e análises vistas ao longo do tão teórico bacharelado em Ciências Sociais. Além disso, durante a licenciatura, fui pensando sobre a participação

1. CALCANHOTO, Adriana. Música "Esquadros". Olhos de Onda. Disponível em: https://www.vagalume.com.br/adriana-calcanhoto/esquadros.html. Acesso em: 2 jun. 2021.

2. Curso de extensão realizado na Faculdade de Educação da Universidade de São Paulo (FE/USP), entre 28 de agosto e 16 de novembro de 2018. Para maiores informações, acessar: http://www3.fe.usp.br/secoes/inst/novo/eventos/detalhado.asp?num=3342. Acesso em: 2 set. 2018.

de alunos[3] (crianças, adolescentes, jovens) nos currículos escolares, sobre as escolas como parte da cidade e seu papel na sociedade. Minha formação foi me estimulando a colocar em diálogo alunos, escola, cidade e sociedade.

Com o referido curso, minhas investigações, como graduanda[4] em Ciências Sociais, estavam ganhando mais um elemento a ser observado: as crianças com voz e autonomia, não só como resultados de construções sociais. Este texto busca reunir e concatenar os desdobramentos das reflexões que propõem as crianças como sujeitos ativos e propositivos, tendo sua autonomia e sua voz estimuladas na vida em sociedade.

Diante disso, proponho a discussão sobre os motivos pelos quais pensar sobre projetos e políticas nas cidades para crianças, desde os bebês, se faz tão importante. Para isso, coloco em debate a compreensão das crianças como sujeitos de direitos e proponho as cidades educadoras como ambientes fundamentais no processo de reconhecimento de autonomia e voz das crianças.

Com o objetivo de compreender as crianças como sujeitos de direitos, exponho a discussão sobre as disputas na definição do conceito de "infância" com base em Sarmento e Pinto (1997). Depois, mostro as "culturas infantis" localizadas nos espaços públicos das cidades pelas análises empíricas de Fernandes (2006), Gobbi (2016) e minhas próprias análises a partir da visita ao Centro Cultural Jardim Damasceno. Proponho, ao final, as cidades educadoras como forma de incentivar a postura participativa das crianças. Reitero o diálogo multidisciplinar na construção coletiva das cidades proposto por Faria (2016), visto a importância de "processos coletivos e participativos" para a apropriação de espaços públicos.

3. Ao tratar sobre "alunos", gostaria de deixar claro que estou considerando a ideia de condição juvenil proposta por DAYRELL, Juarez; REIS, Juliana Batista. Juventude e escola: reflexões sobre o ensino de sociologia no ensino médio. *In:* PLANCHAREL, Alice A.; OLIVEIRA, Evelina. *Leituras sobre sociologia no ensino médio*. Maceió: Ed. Ufal, 2007.

4. Durante a escrita deste texto, entre novembro de 2017 e março de 2018, eu era graduanda em Ciências Sociais.

Portanto, neste ensaio reúno bibliografias sugeridas ao longo dos encontros com as percepções de uma graduanda em Ciências Sociais sobre a importância de se planejarem projetos e políticas para crianças, desde bebês, considerando-as como sujeitos de direitos. Tal condição só foi possível ser pensada por mim em decorrência das reflexões feitas e relatadas ao longo do referido curso por professoras palestrantes e, sobretudo, pelas participantes.

A(s) infância(s) como construção(ões) social(is)

Convido você, leitor(a), a se lembrar em quais lugares da cidade viu crianças no dia de hoje. Estavam acompanhadas por pessoas adultas? Estavam brincando na rua? Ocupavam as calçadas da cidade ou faziam malabares no semáforo? Talvez a(s) criança(s) de que você se lembra seja(m) aquela(s) que tenha(m) lhe deixado com sentimento de aflição ou de incômodo: *"tadinha dessa criança..."*, ou, *"que criança malcriada!"*, ou, ainda, *"será que ela pode me roubar?"*.

Proponho essa breve reflexão para estimular nossa percepção a respeito dos possíveis lugares onde vemos as crianças na cidade. Pensando na cidade de São Paulo ou na sua cidade, quais lugares são acolhedores às crianças? Elas são vistas em quais condições nas praças? Quem são essas crianças? Elas estão se divertindo ou buscando meios de sobrevivência? Estão acompanhadas por seus pais e mães ou estão sozinhas?

Instigada por esses questionamentos, chamo atenção ao título dessa seção com destaque aos plurais. Não existe apenas uma construção social de infância. As construções sociais acontecem pelas tessituras das estruturas sociais de cada sociedade e as infâncias têm suas inúmeras definições conforme seu tempo, espaço, cultura e classe social. Por isso, atenho-me ao conceito de infância como construção social pelo prisma de Sarmento e Pinto (1997). Os autores descrevem a infância como resultado do lugar em que as pessoas adultas as colocam. Tal lugar é atribuído de acordo com seus respectivos contextos sociais e crenças sobre o que é ser criança.

Os autores se baseiam em Qvortrup (2011)[5] para levantar os paradoxos sobre a infância, ou seja, a contraposição entre as ideias que pessoas adultas têm a respeito das crianças e a prática na vida em sociedade. Por exemplo: ao mesmo tempo que educação é uma das pautas sociais mais relevantes — afinal, trata-se do futuro da sociedade —, as percepções e opiniões das crianças não são consideradas. Ou seja, por mais que pessoas adultas vejam necessidade em priorizar a educação dentro das políticas públicas e econômicas, não há espaços para a expressão das crianças sobre como se sentem no sistema educacional planejado para elas. Também é comum

> adultos concordarem em geral que as crianças devem ser educadas para a liberdade e a democracia, ao mesmo tempo que a organização social dos serviços para a infância assenta geralmente no controlo e na disciplina. (Sarmento; Pinto, 1997, p. 1).

Os autores colocam em debate a disputa dos limites da própria definição de infância usando quatro elementos, que interpreto como estruturantes, para as construções sociais de infâncias: as idades definidoras de infância, os direitos atribuídos às crianças, as culturas da infância, os fatores de homogeneidade e de heterogeneidade social entre as crianças.

Sarmento e Pinto (1997) comentam ainda sobre os limites institucionais para a idade de "deixar de ser criança", como a de término dos estudos da escola e início da carreira de trabalho. Também pontuam que as possibilidades de limites etários à infância mudam de acordo com as diferentes tradições, de modo a reafirmar a construção social da infância.

---

5. Sugestão de leitura: QVORTRUP, Jens. Nove teses sobre a " infância como um fenômeno social". *Pro-Posições* [online]. 2011, v. 22, n. 1, p. 199-211. Disponível em: http://www.scielo.br/scielo.php?pid=S0103-73072011000100015&script=sci_abstract&tlng=es. Acesso em: 4 set. 2018.

Ao tratar sobre os direitos da criança, observam a necessidade de considerar os contextos sociais em que as crianças estão, isto é, suas variáveis econômicas, sociais e culturais. Os direitos são classificados como direitos de proteção, provisão e participação, sendo esse último o que "menos teve progressos verificados em construção de políticas e organização e gestão das instituições para a infância" (Sarmento; Pinto, 1997, p. 5). Os autores ainda pontuam a dificuldade em garantir a participação das crianças devido à própria dificuldade da escola em ampliar seus espaços de participação das crianças nas decisões que dizem respeito ao processo educacional:

> Não se vê, por exemplo, como garantir a participação das crianças nas políticas de escola e na definição das respectivas lógicas de ação, se não garante a provisão educacional aferida por critérios de qualidade, em que o principal é, precisamente, a garantia do direito de participação em condições reais de igualdade e não discriminação (Sarmento; Pinto, 1997, p. 5).

Destaco tal discussão porque ela será retomada nas reflexões seguintes à medida em que for questionada, primeiro, a (não) participação das crianças em políticas públicas[6], depois, como as crianças são ocultadas pelas pessoas adultas na sociedade.

Nesse sentido, participação "implica o reconhecimento da capacidade de produção simbólica por parte das crianças e a constituição das suas representações e crenças em sistemas organizados, isto é, em culturas" (Sarmento; Pinto, 1997, p. 6). Essas "culturas infantis" são atravessadas por fatores de homogeneidade e heterogeneidade. O primeiro se refere à infância como construção social de um "grupo minoritário", com *status* social inferior aos grupos dominantes. A homogeneidade é transversal aos fatores de heterogeneidade, os

---

6. Sugestão de leitura: SANTOS, Solange Estanislau dos. As crianças (in)visíveis nos discursos políticos da educação infantil: entre imagens e palavras. Disponível em: http://repositorio.unicamp.br/jspui/handle/REPOSIP/254101. Acesso em: 4 set. 2018.

quais podem ser vistos como os contextos sociais naqueles em que as crianças estão inseridas, além de questões relacionadas a gênero e questões étnico-raciais.

Diante das tantas possibilidades de definição sobre os limites da infância, os autores propõem que a infância seja observada pela perspectiva da própria criança com "o descentramento do olhar do adulto como condição de percepção das crianças e de inteligibilidade da infância" (Sarmento; Pinto, 1997, p. 8). Assim, os estudos que colocam em debate a construção da infância e dão voz ao que as próprias crianças entendem por infância permitem que sejam vistos fenômenos sociais que pessoas adultas não esclarecem ou nem sequer conseguem enxergar.

Exposta a disputa sobre o conceito de infância, sigo com reflexões a respeito de como as dinâmicas da cidade podem determinar os lugares das crianças e, assim sendo, como a proposta de cidade educadora — a qual será discutida à frente — apoia-se no incentivo à participação protagonista das crianças nos espaços públicos, na vida em sociedade.

Espaços da cultura infantil na cidade

Gostaria de lembrar a/o leitor/a dos questionamentos no início da seção anterior e retomar a reflexão sobre o lugar das crianças na nossa sociedade, o qual é dado pelas pessoas adultas. Retrato esse movimento na descrição das "trocinhas" na obra de Florestan Fernandes. "Trocinhas" são considerados os grupos infantis formados nas ruas no bairro Bom Retiro, em São Paulo, com o intuito de brincar.

O autor aponta a vizinhança como condição básica para a construção de tais vínculos. Nesse sentido, as "trocinhas" dependem das decisões das pessoas adultas sobre onde morar, apesar de o grupo ser independente das intervenções adultas para brincar. A ausência de uma criança no grupo, por exemplo, ocasionada pela mudança de bairro decidida pelas pessoas adultas, pode influenciar o funcionamento do grupo e, até mesmo, sua existência por um período ou para sempre. Então, "a contiguidade espacial das famílias facilita a síntese social dos indivíduos, embora não a crie" (Fernandes, 2004, p. 7).

Fernandes (2004) desenvolve diversos aspectos para discutir a formação e a organização das "trocinhas", as quais o autor nomeia de "base social" da cultura infantil, sendo "cultura infantil" o que é partilhado exclusivamente pelas crianças. Para a análise de formação dessa cultura, é importante notar a existência de agrupamentos estáveis ao longo do tempo e que se sobrepõem aos indivíduos, como cantigas de roda. Alguns elementos dessa cultura têm origem adulta, mas muitas vezes sofrem alterações a ponto de ser difícil seu reconhecimento. Muitos elementos também são criados pelas próprias crianças, a ponto de, quando questionadas sobre a origem daquela prática, a resposta ser "da rua", origem intrínseca à cultura infantil.

Destaco que, de um modo ou de outro, a transmissão desses elementos se mantém entre os grupos infantis. Ou seja, existe uma cultura infantil independente das pessoas adultas, apesar de elas exercerem influências sobre esses grupos infantis. É preciso deixar claro que os grupos infantis são formados e mantidos pelas crianças e, nesse espaço, elas têm voz e autonomia. Aproveito para lembrar que, de acordo com Sarmento e Pinto (1997), é necessário o reconhecimento da "cultura infantil" para ser concedido o direito de participação às crianças.

Sob essa perspectiva, volto meu olhar para a análise feita por Gobbi (2017), a partir das suas observações sobre um grupo de crianças brincando com bola no Vale do Anhangabaú, em São Paulo. Em uma tarde de sábado, as crianças entram em cena na cidade no momento em que as pessoas adultas se recolhem, comércios se fecham e o movimento diminui. Nota-se a influência da dinâmica adulta, especialmente, no que concerne ao funcionamento da cidade e aos espaços (não) destinados às crianças, mas também fica bem evidente a independência dos grupos infantis. A autora relata que mesmo quando uma moça adulta passa pelas crianças brincando e elas lhe pedem para pegar a bola, as crianças são ignoradas. Será que a moça percebeu as crianças pelo viés do incômodo — "Que crianças inconvenientes!"? Talvez sim.

Retorno à reflexão sobre quais espaços da cidade são ocupados pelas crianças. Em tempos e espaços regidos pela dinâmica da vida adulta, em quais momentos as crianças aparecem? Em uma praça no centro de São Paulo, por exemplo, é possível observar a presença das crianças sendo acolhida pela dinâmica do espaço? Nos espaços públicos, para quais crianças há lugar?

O interesse em apresentar tais estudos está em afirmar a cultura, a voz e a autonomia das crianças nos grupos infantis. Ao mesmo tempo, é importante ressaltar que, em ambos os estudos, tanto de Fernandes (2004) quanto de Gobbi (2016), a cidade e os seus espaços públicos são locais de encontro das crianças. Podemos observar as ruas da cidade na confluência da vizinhança para a formação de vínculo nas "trocinhas" e no Vale do Anhangabaú, por falta de opção de lugares mais propícios à brincadeira, já que ela entra em cena na medida em que a dinâmica da vida adulta sai de cena.

Para dar luz a mais um retrato das experiências das crianças em espaços públicos, recorro à minha vivência com o grupo de participantes do curso na visita ao Centro Cultural do Parque do Canivete[7], localizado no Jardim Damasceno — Brasilândia, região noroeste da cidade de São Paulo. Nessa visita, conhecemos os projetos e ações dos moradores do bairro e aqueles acompanhados pela professora Catharina Pinheiro[8]. O Centro Cultural tornou-se ponto de encontro das pessoas moradoras do Jardim Damasceno para a realização de reuniões, confraternizações e eventos com as crianças e suas famílias.

Ao chegar aos arredores do bairro, perguntava onde estava localizado o Parque do Canivete, mas era comum ouvir das pessoas

7. Conheça a rotina do Centro Cultural do Jardim Damasceno. Disponível em: https://www.facebook.com/EspacoCulturalJdDamasceno/. Acesso em: 14 fev. 2021.

8. Professora da Faculdade de Arquitetura e Urbanismo da Universidade de São Paulo (FAU/USP) que ministrou a aula "Políticas e participação das crianças em diferentes contextos urbanos", em 30 de setembro de 2018, nesse curso.

adultas que elas não conheciam o parque. Não cogitei a possibilidade de pedir informações às crianças, mas elas não só o conheciam, como estavam vivenciando aquele espaço durante nossa visita! Evidencio aqui meu próprio movimento de não considerar as crianças como "informantes".

As crianças eram participativas quando as pessoas adultas, ativas nos movimentos para a construção e manutenção daquele espaço, relatavam os esforços para tal conquista. Foi interessante reconhecer as crianças como sujeitos de direitos, proposições e estranhamentos, com autonomia naquela "conversa de adultos". Mais interessante foi pensar na minha perspectiva como estudante de Ciências Sociais e ter tomado consciência de que poucas ou, até mesmo, nenhuma vez eu tinha observado as crianças nos fenômenos sociais que investigava.

Diante de tais vivências, passei a considerar as crianças como sujeitos ativos com sua própria cultura e autonomia para além daquelas que lhes são atribuídas pelas pessoas adultas, além de passar a considerar possibilidades para problemas sociais pelas perspectivas das crianças. Igualmente interessante foi que, ao fazer uma breve análise sobre os meus anos de graduação em Ciências Sociais, reconheci que pouco ou nada se falou sobre crianças na sociedade.

Com isso, ressalto a real possibilidade de as crianças conquistarem participação em decisões e em reivindicações que dizem respeito a suas próprias vidas, como a garantia de lugares para brincar na cidade. Elas sabem o que elas querem, sentem o que vivem, mas não são ouvidas. A cultura infantil não é reconhecida; logo, a participação é negada a elas. A partir disso, sigo com a proposta de projetos de cidades educadoras.

Cidade educadora: uma proposta

Diante das vivências ao longo do curso, a autonomia das crianças se tornou mais evidente para mim, além das possíveis relações e perspectivas delas sobre os espaços da cidade. Ao pensar em cidades e políticas públicas para crianças, ganhou maiores contornos para mim a ideia de cidades educadoras.

Durante minhas leituras sobre a proposta, encontrei a *Carta das Cidades Educadoras*, a qual destaca que a necessidade das cidades educadoras "ocupar-se prioritariamente com as crianças e jovens, mas com a vontade decidida de incorporar pessoas de todas as idades, numa formação ao longo da vida" (Associação Internacional das Cidades Educadoras, 2004, p. 2).

E por que não considerar a participação das crianças nas políticas públicas? A *Carta das Cidades Educadoras* (2004) afirma que crianças e jovens devem ter participação ativa na vida social:

> as crianças e os jovens não são mais protagonistas passivos da vida social e, por consequência, da cidade. A Convenção das Nações Unidas de 20 de novembro de 1989, que desenvolve e considera constrangedores os princípios da Declaração Universal de 1959, tornou-os cidadãos e cidadãs de pleno direito ao outorgar-lhes direitos civis e políticos. Podem associar-se e participar em função do seu grau de maturidade. (Associação Internacional das Cidades Educadoras, 2004, p. 3).

Ao mesmo tempo, deve-se colocar em debate como elaborar um projeto de educação que tenha reais garantias de igualdade e de participação, já que:

> [n]ão se vê, por exemplo, como garantir a participação das crianças nas políticas de escola e na definição das respectivas lógicas de a ção, se não se garante a provisão educacional aferida por critérios de qualidade, em que o principal é, precisamente, a garantia do direito de participação em condições reais de igualdade e não discriminação (Sarmento; Pinto, 1997, p. 5).

Diante de tantos desafios, a discussão sobre cidades educadoras deve ser multidisciplinar, não deve haver barreiras de áreas de interesses e de "disciplinas". É preciso que haja o objetivo de construir uma cidade educadora e que a educação esteja pelas ruas da cidade e fora dos muros da escola (e por que muros na escola em uma cidade educadora?).

Não vejo pessoas arquitetas e urbanistas sozinhas construindo uma cidade educadora com êxito. Se a definição do conceito de "infância" já é, por si só, objeto de estudo e exige a mobilização de diferentes disciplinas (Sarmento; Pinto, 1997), a magnitude dos projetos de cidades educadoras deve extrapolar os muros das cidades e disciplinas. Segundo Faria (2016), esse deve ser um projeto de arquitetura e educação, com uma agenda em comum entre governos e sociedade civil[9], profissionais da arquitetura, urbanismo, educação. Considero que esse projeto deve começar do diálogo entre arquitetura e educação, mas, para além, deve considerar a infância como objeto relevante na construção das cidades educadoras.

Para, assim, construir cidades que sejam acolhedoras às crianças, que pessoas adultas saibam respeitá-las e reconhecê-las, que lhes respeitem a autonomia e espaços para serem crianças. É preciso que elas ganhem as ruas para formarem suas "trocinhas" e que pessoas adultas as ouçam quando pedirem a bola de volta. É preciso cidades capazes de educar as crianças para que não haja necessidade de puni-las quando adultas, como clama o grafite em um muro nas intermediações do Parque do Canivete (Foto 1).

As nossas crianças precisam ser vistas, reconhecidas e acolhidas! Elas precisam desejar conviver na sociedade que as criou para retribuírem com justiça, igualdade e participação, combatendo toda forma de discriminação! Os relatos da professora Margarida de Sousa Barbosa[10] — feitos em uma das aulas do referido curso — foram capazes

9. Sugestão de leitura: TELES, Maria Amélia de Almeida; SANTIAGO, Flávio; FARIA, Ana Lúcia Goulart de (org.). *Por que a creche é uma luta das mulheres?* Inquietações femininas já demonstram que as crianças pequenas são de responsabilidade de toda a sociedade. São Carlos: Pedro & João Editores, 2018.

10. Em 2018, mestranda em Educação e Ciências Sociais: Desigualdades e Diferenças na Faculdade de Educação da Universidade de São Paulo (FE/USP), professora da Escola Municipal

de mostrar a autonomia, capacidade e sensibilidade das crianças nas escolhas em sala de aula. As professoras Carolina Catini[11] e Catharina Pinheiro puderam demonstrar a força da mobilização e da participação das crianças para decisões de ações políticas em suas comunidades. Os muros do Jardim Damasceno, em São Paulo, também nos contam que lá nem asfalto tinha (Foto 2) e isso, entre outras conquistas, teve contribuição da mobilização das crianças reconhecidas pelas pessoas adultas.

Foto 1 **Educai as crianças para não precisar punir os homens!!!**

Fonte: Arquivo pessoal da autora, 21 de outubro de 2017.

Foto 2 **Damasceno não tinha nem asfalto**

Fonte: Arquivo pessoal da autora, 21 de outubro de 2017.

de Educação Infantil Professora Laura da Conceição Pereira Quintaes, colega desse curso e autora de um dos textos desse livro.

11. Professora da Faculdade de Educação da Universidade Estadual de Campinas (FE-Unicamp) que ministrou a aula "Movimentos Sociais e infância", em 16 de setembro de 2018, nesse curso.

Diante disso, quero dizer que é possível, é preciso e urgente pensar em políticas públicas para as crianças, desde os bebês! É preciso lembrar que as infâncias são construções sociais, mas que as próprias crianças têm considerações sobre suas dinâmicas. Assim, nós podemos reconhecer a autonomia das crianças e, por conseguinte, reconhecer as culturas infantis e o direito à participação!

Com as reflexões apresentadas, convido as/os leitoras/es a prestarem mais atenção nos momentos em que encontram crianças no dia a dia e quais percepções conferem a elas. Deixo aqui a cidade educadora como uma proposta para a educação de crianças, jovens e pessoas adultas para que tenhamos uma sociedade mais acolhedora e aberta à participação de grupos que não os dominantes.

Tais reflexões e propostas foram possíveis, sem dúvida, por conta da trajetória trilhada no curso de extensão com o objetivo de pensar sobre a cidade e as políticas desde os bebês. Foi possível observar a necessidade e importância de se considerar crianças em suas demandas e em processos decisórios, reafirmando assim as crianças como sujeitos de direitos! Iniciativas como essa incentivam e suscitam projetos para cidades educadoras, nas quais crianças são acolhidas, ouvidas e fazem a cidade acontecer! Finalizo este texto com a esperança de esse ser o começo para grandes cidades brasileiras educadoras!

Referências

ASSOCIAÇÃO INTERNACIONAL DAS CIDADES EDUCADORAS. *Carta das Cidades Educadoras*. 2004. Disponível em: http://www.edcities.org/wp-content/uploads/2013/10/Carta-Portugues.pdf. Acesso em: 23 abr. 2018.

FARIA, Ana Beatriz Goulart de. Por outras referências no diálogo arquitetura e educação: na pesquisa, no ensino e na produção de espaços educativos escolares e urbanos. *Em Aberto*, v. 25, n. 88, 2016.

FERNANDES, Florestan. As "trocinhas" do Bom Retiro. *Pro-posições*, v. 15, n. 1, p. 229-250, 2006.

GOBBI, Marcia Aparecida. Ocupações e infância: crianças, luta por moradia e culturas infantis na cidade de São Paulo (Occupations and childhood: children, struggle for housing and children's cultures in the city of São Paulo). *Crítica Educativa*, v. 2, n. 2, p. 9-24, 2016.

SARMENTO, Manuel Jacinto; PINTO, Manuel. As crianças e a infância: definindo conceitos, delimitando o campo. *In*: SARMENTO, Manuel Jacinto; PINTO, Manuel. *As crianças:* contextos e identidades. Braga: Centro de Estudos da Criança, 1997.

QVORTRUP, Jens. Nove teses sobre a "infância como um fenômeno social". *Pro-Posições* [online]. 2011, v. 22, n. 1, p. 199-211. Disponível em: https://www.scielo.br/j/pp/a/dLsbP94Nh7DJgfdbxKxkYCs/?lang=pt&format=pdf. Acesso em: 4 set. 2018.

Crianças sujeitos de direitos: destaques dos estudos da infância*

Maria Letícia Barros Pedroso Nascimento**

Este texto busca organizar uma série de conceitos complexos que envolvem a concepção de crianças como sujeito de direitos, ainda que de forma breve. O primeiro segmento trata de buscar a concepção de infância que sustenta que as crianças são agentes e produtoras de cultura. Em seguida, é proposta uma reflexão sobre as relações entre a infância e o mundo adulto, destacando a invisibilidade das crianças no tratamento de temas amplos, de ordem econômica, política, social. O terceiro segmento focaliza os direitos, o conceito de cidadania e as crianças, apontando algumas contradições nessa perspectiva. Para finalizar, aponta-se o lugar da sociologia da infância como recurso para a pesquisa da infância.

* O texto decorre de fala apresentada na mesa 'Políticas para infância e crianças sujeitos de direitos: proposições e estranhamentos', no curso de extensão 'Infância, desde os bebês: projetos e políticas na cidade', realizada na FEUSP, em 2017

** Docente e pesquisadora na FEUSP. Email: leticianc@usp.br

Infância, mundo social e estranhamento

> A criança é um agente na sua própria construção e na construção do mundo, mas um agente cuja ação desenvolve-se no contexto de uma práxis inelutavelmente social e histórica, que inclui tanto as sujeições e potencialidades da natureza quanto as ações de outros agentes. (WARTOFSKY, 1999, p. 98)

A epígrafe busca oferecer uma síntese — esta com origem na filosofia — da complexidade posta em uma definição de criança. Por que definir a criança? Se tomamos a argumentação de Ariès (1981), na sociedade medieval as crianças faziam parte da rotina social, sem que houvesse teoria que as diferenciasse dos adultos, em princípio, como faz ver Qvortrup (2014) quando destaca que

> aquela era uma sociedade na qual não faltavam crianças, mas que não tinha infância. As crianças eram visíveis, concreta e abundantemente, mas não constituíam uma categoria conceitual. Elas eram uma parcela e uma parte de qualquer comunidade local, a elas eram confiados deveres como aos adultos [...] estavam obviamente presentes na sociedade, onde não havia nenhuma ideia clara de segregação etária ou ordem geracional [...] (p. 27)

A ideia de um estranhamento em relação a elas parece tomar corpo ao longo da modernidade, da concepção de racionalidade como princípio e objetivo, e, de acordo com Jenks (2002, p. 196), "a criança, a infância, o comportamento infantil e as brincadeiras de crianças não podem ser entendidas adequadamente através dos mesmos mecanismos explicativos" utilizados para o entendimento do mundo adulto. Nessa linha, "o mundo adulto não reconhece a prática da criança, porque a competência é definida somente em relação a práxis dos adultos — sugestão poderosa uma vez que os adultos estão em posição soberana para definir competência" (QVORTRUP, 2002, p. 54-55). Em outras palavras, a identificação da razão e do conhecimento cognitivo como características do adulto permitirá classificar as crianças como seres potenciais, inacabados, incompletos.

Nessa linha, diferentes discursos[1] foram construídos para legitimar esse estatuto. E as crianças

> foram confinadas a uma variedade de formas institucionais de infância: uma infância familiar, uma infância escolar, uma infância pré-escolar, uma infância de lazer, etc. Resumindo, mesmo que a infância tenha ganhado mais visibilidade no interior desses confinamentos [...], tornou-se distante de um encontro mais abrangente com a idade adulta, sociologicamente falando. (QVORTRUP, 2014, p. 28)

Cabe, contudo, esclarecer que a concepção de infância é construída por meio de "um conjunto de forças sociais, interesses econômicos, determinantes tecnológicos, fenômenos culturais, etc., incluindo, é claro, como um de seus parâmetros, o discurso sobre ela" (QVORTRUP, 1999, p. 2). Nesse sentido,

> estudar o que é infância, concretamente, é na verdade, estudar a acomodação e construção objetiva do mundo da criança pela cultura. Este não é o "mundo da criança" metafórico da nossa construção teórica ou apenas da nossa imaginação, mas o (mais ou menos) literalmente corporificado espaço vital da criança, as estruturas sociais da vida infantil, os modos de interação entre a criança e outrem que são permitidos, proibidos, encorajados, recompensados, punidos e assim por diante. (WARTOFSKY, 1999, p. 103, aspas no original)

Em outras palavras, é pensar que as crianças encontram um mundo estabelecido anteriormente à sua chegada, mas que suas ações o reconfiguram, ou seja, "a criança é ativa no seu próprio direito, não apenas de maneira imitativa, mas como um *agente na sua própria*

1. Uma análise de diferentes discursos/concepções de criança compõe a primeira parte de James, Jenks, Prout (1998).

construção" (WARTOFSKY, 1999, p. 105, grifo no original). As crianças produzem culturas infantis, que, de acordo com Corsaro (2009), podem ser definidas como "[...] um conjunto estável de atividades ou rotinas, artefatos, valores e interesses que as crianças produzem e compartilham na interação com seus pares" (p. 32). Entretanto, cabe destacar que "as culturas infantis não nascem no universo simbólico exclusivo da infância, este universo não é fechado — pelo contrário, é, mais do que qualquer outro, extremamente permeável — nem lhes é alheia a reflexividade social global" (SARMENTO; PINTO, 1997, p. 21).

Na linha dos estudos apontados até aqui, as crianças desenvolvem interações complexas com os adultos e com seus pares etários desde muito cedo e interferem no mundo social e cultural em que estão inseridas e no qual também se constituem. É preciso reconhecer que esse mundo não se revela completo e acabado, tampouco homogêneo, e, dessa forma, "a construção da criança do mundo *tem* de ser basicamente incompleta" (WARTOFSKY, 1999, p. 106, grifo no original). A contribuição dos estudos da infância, além da valorização da produção das culturas infantis, permite a captura de concepções, valores e rotinas dos adultos em relação à infância, evidenciando uma relação de reciprocidade e de interdependência entre as gerações (NASCIMENTO, 2011).

Infância, crianças e políticas

> Estado e ordem, mercado e irregularidade são mecanismos de extrema importância para entender o bem ou mal-estar infantil, mas são mecanismos sobre os quais as crianças têm pouco ou nada a dizer, assim como seus pais ou responsáveis. Eles parecem inimigos invisíveis e as armas para lutar contra eles permanecem desconhecidas ou intangíveis para os subjugados e explorados. (QVORTRUP, 2007, p. 51)

O reconhecimento das crianças sujeitos históricos e de direitos integra um campo de estudos que define a infância como uma categoria geracional estrutural, ou seja, "a infância como forma estrutural não é, como a criança, definida em termos de características ou disposições individuais, mas em termos de parâmetros contextuais" (QVORTRUP, 2007, p. 59). Admitir que estabelecem relações com outras crianças e com adultos, como pessoas que participam da sociedade, ainda que de forma limitada; que são influenciadas por eventos políticos, econômicos, tecnológicos, dentre outros; que suas qualidades — recursos, criatividade, inventividade — são utilizadas nessas relações, constitui um paradigma[2] elaborado a partir de pesquisas realizadas na segunda metade do século XX.

A infância vivenciada na prática derruba a ideia de criança como ser universal, para identificá-las como pessoas concretas e contextualizadas, submetidas aos mesmos problemas que atingem o grupo social do qual fazem parte. Entretanto, cabe destacar que "as possibilidades de a criança exercer e desenvolver seus modos de atividade estão sujeitas às restrições, influências ou oportunidades que apresenta um determinado contexto histórico-social" (WARTOFSKY, 1999, p. 112).

Ainda que a infância e as crianças façam parte do contexto social,

> sempre devemos lembrar que a arquitetura e o cenário da infância têm sido responsabilidade de outros, em seu desenho e instrumentação — outros que nem por um momento pensaram do ponto de vista da infância. Não porque eram hostis às crianças, mas simplesmente porque a infância não estava em suas mentes (QVORTRUP, 1999, p. 15).

Em outras palavras, temas presentes em decisões econômicas, na política, nas relações mais amplas da sociedade são vistos como distantes das crianças e, dessa maneira, não são tratados do ponto de vista de suas consequências para a infância. Esse não pensar na infância ou nos efeitos sobre as crianças caracteriza o que o pesquisador chama

2. Ver Qvortrup, 1991, 1994, 1999; Prout, James, 1990; Corsaro, 1997.

de indiferença estrutural[3], ou, em outras palavras, invisibilidade da infância para além dos lugares destinados a ela, como escola e família, por exemplo. Dessa maneira, é pensar que as crianças são foco de políticas para a infância — e para a família — mas que 'escapam' da definição de políticas mais amplas.

Nessa linha de proposições que não consideram os efeitos sobre as crianças ao serem elaboradas, vou me valer de três imagens divulgadas pela mídia, não para analisá-las, mesmo porque cada uma delas daria mais de um artigo, mas para reforçar a ideia de que políticas e medidas tomadas para encaminhar 'assuntos adultos' atingem as crianças e não de maneira indireta.

1. Revista em mochilas (Rio de Janeiro, fevereiro de 2018)

A fotografia, tirada por Leo Correa, da agência Associated Press, e publicada no jornal *Folha de S.Paulo* em 21 de fevereiro de 2018, traz um pequeno grupo de crianças entre adultos, duas delas pequenas em uniforme escolar, entre um adulto de uniforme militar, que carrega uma arma, e outro adulto, de calça camuflada, mas sem uniforme militar. Uma dessas duas crianças está de costas para a câmera e a outra olha para cima, para o adulto que segura a arma.

Essas crianças, moradoras de uma comunidade, na cidade do Rio de Janeiro, viram-se afetadas pela intervenção militar, decretada no início de 2018, numa ação de, supostamente, combate à criminalidade e ao tráfico de drogas. Assim, crianças que iam/voltavam para a/da escola tiveram suas mochilas revistadas por soldados, tendo sido, então, submetidas a uma situação constrangedora, como os adultos

---

3. Referência à tese desenvolvida pelo sociólogo alemão Franz-Xaver Kaufmann sobre uma indiferença estrutural, por parte da economia e da sociedade modernas, em relação às crianças, não no sentido de um comportamento irresponsável, mas como isenção de responsabilidade. As crianças não são consideradas como sujeitos sociais, mas tarefa dos pais.

da comunidade. Segundo Bocayuva (2018), "os efeitos sobre as relações de poder de polícia, de trato com a população e de padrões de operação mantiveram os traços do controle social de massas em defesa da propriedade e da ação segregadora social e espacial, com forte componente de raça e classe." As crianças estão cumprindo seu papel de escolares — uniformizadas —, e, ainda assim, passam por revista, pelos militares. Vulnerabilidade, de um lado, e controle, do outro. Estranhamento.

2. Crianças de famílias acampadas no Largo Paissandu (São Paulo, maio de 2018)

A segunda foto (Nacho Doce/Reuters, publicada pela revista *Veja* em 2 de maio de 2018) traz um pequeno grupo de crianças em meio a barracas de acampamento, sacolas, garrafões de água, pacotes de papel higiênico, à frente de muitos adultos, e em frente à igreja Nossa Senhora do Rosário dos Homens Pretos, no Largo do Paissandu, em São Paulo. São filhas das famílias que, sem oportunidade de moradia, ocupavam um prédio que sofreu um incêndio e desabou, no centro de São Paulo. Segundo Gobbi (2016, p. 14), "as ocupações evidenciam a ausência de políticas públicas voltadas para o direito à moradia e, em si, contribuem em colocar a temática em debate mais ampliado, saindo do anonimato". Sem alternativas, as famílias acamparam no Largo do Paissandu, em frente ao edifício desabado, aguardando providências do governo municipal. Com o passar dos dias, foi feita uma solicitação de suspensão do poder de família das mães das crianças e que estas fossem removidas do lugar, afastadas das famílias, a partir de alegação de vulnerabilidade a que estavam expostas, como se assim não acontecesse também com... suas famílias. As crianças não foram afastadas e o acampamento permaneceu no local até agosto de 2018, quando as últimas famílias saíram.

3. Menina hondurenha durante revista de sua mãe (Fronteira dos EUA, junho de 2018)

A terceira fotografia[4] (John Moore/Getty Images, publicada no jornal *Folha de S.Paulo* em 22 de junho de 2018) mostra uma criança pequena, uma menina que chora entre um carro e uma mulher, que está de *jeans*. Atras da mulher, vê-se um guarda que a revista. As duas, mãe e filha, pretendiam imigrar para os Estados Unidos. A ação integra a política dos Estados Unidos que determina que as crianças que entram ilegalmente no país serão separadas[5] de suas famílias. Diferente das imagens anteriores, essa não retrata um grupo de crianças, tampouco é nacional, mas também evidencia quanto não se consideram as crianças quando uma política é definida. Já há alguns anos, grupos de pessoas nascidas em países do hemisfério sul, pressionadas pela pobreza, pela fome, pela guerra, têm buscado chegar aos países do Norte, ilegalmente. Baeninger (2014) afirma que as políticas para as migrações internacionais baseiam-se

> no processo de assimilação dos imigrantes na sociedade receptora, no controle dessa população no Estado-nação. Esse contingente somente passará a ter direitos à medida que se "integrar", se "assimilar" à sociedade de destino. Tais políticas seguem estatutos de legalização e proteção jurídica a estrangeiros, concedendo, quando assim o fazem, direitos restritos. Nesse sentido, o conflito social emerge pela "não assimilação" dos contingentes imigrantes nos moldes ditados pelas sociedades receptoras, tanto pelas especificidades das migrações internacionais, quanto pela sua diversidade temporal e espacial. (p. 10, aspas no original)

---

4. Uma versão editada acabou se tornando capa da revista *Time*, de 2 de julho de 2018, sob o título "Benvindo à América".

5. O governo dos EUA separou mais de 2,3 mil crianças de suas famílias entre o fim de abril e o início de maio, segundo o Departamento de Segurança Nacional americano. O anúncio do fim da política de separação foi feito em 20 de junho, por meio de decreto. Disponível em: https://www.bbc.com/portuguese/internacional-44584132.

Os recursos utilizados para a imigração têm explicitado situações de vulnerabilidade e a contenção e a deportação, exposto o conflito social presente no movimento imigratório.

Para além das complexas temáticas embutidas em cada fotografia, é preciso constatar que são três flagrantes das crianças 'fora de seus lugares'. Muito provavelmente haverá outras fotos, menos divulgadas, mas, certamente, tão poderosas quanto essas que documentem os fragmentos de vida infantil, num mundo dominado pelos adultos, no qual as ações estabelecidas permeiam e invadem o dia a dia das crianças, criando muitas vezes situações dramáticas, limitadoras de direitos e que, além disso, se colocam na contramão da legislação nacional e internacional. Qvortrup (1999) argumenta que

> uma coisa é estudar medidas políticas e econômicas diretas, como apoio à criança ou instituições; e outra, igualmente importante, embora menos visível, é atender às medidas que são decididas politicamente ou que são implementadas em organizações ou empresas. (p. 13)

Reconhecer que as ações macrossociais podem atingir diretamente as crianças remete à concepção de infância como categoria na estrutura social (QVORTRUP, 1991), que indica que questões de diferentes ordens a atravessam. E evidencia que tanto as vidas quanto as oportunidades dirigidas às crianças são determinadas por diferentes condições econômicas, políticas e sociais. Este é um pilar dos estudos da infância cuja tarefa é abrir perspectivas e obter informações sobre contextos mais amplos, dentro dos quais a agência das crianças acontece.

Crianças, direitos e cidadania

As políticas culturais da infância são fundamentais para a compreensão das formas nas quais se desdobram os conceitos de cidadania para as crianças, em qualquer sociedade; sua cidadania refletirá as construções

> particulares da infância através das quais as leis e políticas para crianças são trazidas à existência. (JAMES, 2011, p. 177)

As políticas para a infância, ao menos do ponto de vista da legislação, aproximam-se de pesquisas que compreendem as crianças, sua agência e as relações que estabelecem com os pares e com adultos, em grande parte realizadas em creches, escolas e outros espaços a elas dirigidos. Nessa linha, a engenhosidade, a criatividade e as estratégias das crianças têm sido reconhecidas como competências e capacidades.

Cabe resgatar aqui a ideia de criança como sujeito de direitos e remeter, na legislação nacional, à Constituição Federal de 1988 e ao Estatuto da Criança e do Adolescente (ECA), de 1990, e, na internacional, tanto à Declaração dos Direitos da Criança, adotada pela Assembleia das Nações Unidas de 20 de novembro de 1959 e ratificada pelo Brasil, quanto à Convenção dos Direitos da Criança, de 1989, da qual é signatário. Isso significa que

> os direitos civis começam no momento em que uma criança nasce, quando a criança é registrada no registro civil, o que fornece a base para todos os direitos subsequentes aos quais a criança tem direito, como acesso a saúde e educação, proteção contra todas as formas de exploração econômica e sexual, e justiça quando uma criança entra em conflito com a lei (IAWGCP, 2008, p. ix)

Ou seja, às crianças, são garantidos direito a nome, identidade, pertencimento a uma nacionalidade, contra a discriminação, os maus-tratos e violência dos adultos, entre outros, caracterizando a proteção; direito à alimentação, habitação, saúde e assistência, educação, por exemplo, que remetem à provisão; e a participar ativamente como pessoas e cidadãs em suas comunidades e sociedades.

Considerar as crianças sujeitos de direito é afirmar a cidadania da infância. A discussão sobre o conceito de cidadania, contudo, é bastante complexa, porque o conceito, em si, tem diferentes interpretações.

Relacionado à infância, parece uma utopia. Tomás e Soares (2004) argumentam que

> se apesar de no campo dos princípios se verificar uma intenção de intitular as crianças com competências indispensáveis ao exercício da cidadania — a possibilidade de ter voz e se fazer ouvir na sociedade, o exercício da cidadania infantil continua em muitos contextos a fazer-se por decreto, ou seja, com grande visibilidade nos discursos teóricos pós-modernos e mesmo nas propostas de intervenção das instituições que actuam no sentido de divulgar e promover os direitos da criança, mas com escassa visibilidade no quotidiano das crianças com que nos cruzamos na rua, que aparecem nos noticiários e mesmo com aquelas com quem lidamos diariamente (p. 356).

Pode-se pensar que as políticas para a infância, ainda que evoquem as crianças agentes e participativas, focalizam principalmente o provimento dos direitos básicos, de saúde e educação. Em outras palavras,

> [...] se considerarmos as inconsistências da realização dos direitos das crianças, para além da sua proclamação retórica, reconheceremos que é na garantia das condições fundamentais da existência e na ruptura com as relações estruturais da sociedade que promovem a desigualdade e a exclusão que se joga o essencial da cidadania da infância. (SARMENTO, TOMÁS, SOARES, 2004, p. 3)

Há inegáveis contradições em relação às políticas voltadas à infância e às crianças como sujeitos de direito, embora seja patente que a afirmação de seus direitos públicos provocou a criação de obrigações públicas por parte do Estado, que são cumpridas por meio de políticas ou programas.

De modo geral, entretanto, "nas discussões sobre direitos das crianças, como também sobre cidadania de maneira geral, pesquisadores e políticos nos deixam em uma espécie de limbo e demonstram que não se pensou realmente nas crianças" (QVORTRUP, 2010, p.780). Nessa linha, talvez o reconhecimento das crianças, sua agência e estratégias que utilizam para dar conta do mundo, esteja pouco presente no campo da política, como argumenta o pesquisador.

Estudos da infância, abordagem sociológica

> Um primeiro desafio para uma sociologia da infância era estabelecer uma garantia teórica e empírica que localizasse a criança como um ator social, um agente, e como membro da sociedade" (MORAN-ELLIS, 2016, p. 489)

Para finalizar, cabe destacar que os estudos da infância, numa abordagem sociológica, têm importante papel na pesquisa da infância. Seja do ponto de vista da agência das crianças, seja do que as considera como membros da sociedade, isto é, indo em busca de perspectivas e informações sobre contextos mais amplos dentro dos quais a agência das crianças acontece. Segundo Qvortrup (1999),

> Um foco excessivo nos mundos das crianças e em sua agência, em seu próprio direito — por mais importante que seja — pode muito bem nos tornar cegos a fatores externos a seus mundos de vida, em pequena escala e, assim, nos fazer esquecer as circunstâncias muito mais poderosas que nos cercam a todos; pode [...] nos privar de instrumentos analíticos para manipular variáveis importantes para a mudança de fatores que poderão ser decisivos para a coletividade de crianças [...]. (p. 26)

A defesa desse olhar mais abrangente vem ao encontro de uma preocupação em reconhecer as crianças — e as políticas voltadas para a infância — para além dos espaços escolares, ou das relações familiares. "De fato, podemos nos arriscar a consolidar a impressão de exclusão e isolamento das crianças, se os limites, restrições e oportunidades proporcionados pelas estruturas mais amplas, dentro das quais também as crianças vivem, não forem levadas em conta" (QVORTRUP, 1999, p. 26). Nessa linha, visibilizar sua participação e as condições de exercício de seus direitos.

Referências

ARIÈS, Phillipe. *História social da criança e da família*. Rio de Janeiro: Zahar, 1981.

BAENINGER, Rosana. Governança das Migrações Internacionais no século 21: desafios e agenda de pesquisa. *Anais* [recurso eletrônico] / XIX. Encontro Nacional de Estudos Populacionais: População, Governança e Bem-Estar, 24 a 28 nov. 2014. São Pedro, SP: ABEP, 2014. Disponível em: http://www.abep.org.br/publicacoes/index.php/anais/article/view/2087/2044 Acesso em: 7 maio 2018.

BOCAYUVA, Pedro Cláudio Cunca. Intervenção militar: ampliação do direito à guerra interna? *Conexão UFRJ*. ed. 12, fev./mar. 2018. Disponível em: https://conexao.ufrj.br/artigos/intervencao-militar-ampliacao-do-direito-guerra-interna Acesso em: 2 jul. 2018.

CORSARO, William Arnold. Métodos etnográficos no estudo de cultura de pares e das transições iniciais da vida das crianças. In: MÜLLER, F.; CARVALHO, A. M. A. (org.). *Teoria e prática na pesquisa com crianças:* diálogos com William Corsaro. São Paulo: Cortez, 2009, p.83-103.

CORSARO, William Arnold. *The Sociology of Childhood*. California: Pine Forge Press, 1997.

GOBBI, Marcia Aparecida. Ocupações e infância: crianças, luta por moradia e culturas infantis na cidade de São Paulo. *Crítica Educativa*. Sorocaba, v. 2, n. 2, p. 9-24, jul./dez. 2016.

IAWGCP — Inter-Agency Working Group on Children's Participation. *Children as Active Citizens*. Bangkok, 2008. Disponível em: https://www.unicef.org/eapro/Children_as_Active_Citizens_A4_book.pdf. Acesso em: 2 jul. 2018.

JAMES, Allison. To Be (Come) or Not to Be (Come): Understanding Children's Citizenship. *Annals of American Academy of Political and Social Science*, v. 633:1, p. 167-179, 2011.

JAMES, Allison; JENKS, Chris; PROUT, Alan. *Theorizing Childhood*. Cambridge: Polity Press, 1998.

JENKS, Chris. Constituindo a criança. *Educação, Sociedade e Culturas*. Crescer e aparecer ou... para uma sociologia da infância. Porto: Afrontamento, n. 17, p. 185-216, 2002.

MORAN-ELLIS, Jo. Building an Inter-Disciplinary Perspective on Children's Agency: More Insight or More Noise? 3rd ISA Forum of SOCIOLOGY. *Book of Abstracts*, p. 488-489, 2016. Disponível em: http://www.isa-sociology.org/uploads/files/isa2016_forum_abstract_book.pdf. Acesso em: 4 jun. 2017.

NASCIMENTO, Maria Letícia B. P. Reconhecimento da sociologia da infância como área de conhecimento e campo de pesquisa: algumas considerações. *In*: FARIA, A. L. G.; FINCO, D. *Sociologia da Infância no Brasil*. Campinas: Autores Associados, 2011. p. 37-54.

PROUT, Alan; JAMES, Allison A new paradigm for the sociology of childhood? Provenance, promise and problems. *In*: JAMES, A.; PROUT, A. *Constructing and reconstructing childhood*. London: Falmer Press, 1990. p. 7-34.

QVORTRUP, Jens. Visibilidades de crianças e infância. *Linhas Críticas*, Brasília, DF, v. 20, n. 41, p. 23-42, jan./abr. 2014.

QVORTRUP, Jens. Infância e política. *Cadernos de Pesquisa*, v. 40, n. 141, p. 777-792, set./dez. 2010.

QVORTRUP, Jens. Bem-estar infantil em uma era de globalização. *In*: SOUZA NETO, João Clemente; NASCIMENTO, Maria Letícia B. P.; SAETA, Beatriz Regina Pereira. *Infância*: violência, instituições e políticas públicas. São Paulo: Expressão & Arte, 2007, p. 43-61, v. 2.

QVORTRUP, J. Sociology of Childhood: Conceptual Liberation of Children. *In*: MOURITSEN, F., QVORTRUP, J. (ed.). *Childhood and Children's Culture*. Odense: Odense University Press, 2002. p. 43-78.

QVORTRUP, Jens. La infancia y las macroestructuras sociales. *Derecho a tener Derecho. Infancia, Derecho y Políticas Sociales en América Latina y el Caribe (tomo 4).* Montevideo: Oficina Regional de UNICEF para América Latina y el Caribe — Instituto Interamericano del Niño — Fundación Ayrton Senna, 1999.

QVORTRUP, Jens. Childhood as a Social Phenomenon: Introduction to a Series of National Reports. *Eurosocial Report* 36. Vienna: European Centre for Social Welfare Policy and Research, 1991

QVORTRUP, J.; BARDY, M.; SGRITTA, G.; WINTERSBERGER, H. (ed.). *Childhood Matters:* Social Theory, Practice and Politics. Aldershot: Avebury, 1994.

SARMENTO, Manuel J.; TOMÁS, Catarina; SOARES, Natalia Fernandes. Globalização, Educação e (Re)Institucionalização da Infância Contemporânea. *Atas* VIII Congresso Luso-Afro-Brasileiro de Ciências Sociais. Coimbra, 2004. Disponível em: https://www.ces.uc.pt/lab2004/pdfs/CatarinaTomas.pdf. Acesso em: 27 jan. 2018.

SARMENTO, M. J.; PINTO, M. As crianças e a infância: definindo conceitos, delimitando o campo. *In*: SARMENTO, M. J.; PINTO, M. *As crianças, contextos e identidades*. Braga: Universidade do Minho, 1997.

TOMÁS, Catarina; SOARES, Natalia Fernandes. Infância, protagonismo e cidadania: contributos para uma análise sociológica da cidadania da infância. *Fórum Sociológico*, n. 11/12 (2.ª Série), p. 349-361, 2004.

WARTOFSKY, Marx. A construção do mundo da criança e a construção da criança no mundo. *In*: KOHAN, W. O.; KENNEDY, D. (org.). *Filosofia e infância*: possibilidades de um encontro. Petrópolis: Vozes. 1999, p. 89-128.

Primeiros passos fora da esfera privada da casa, primeiros passos na creche: encontro com as diferenças*

Ana Lúcia Goulart de Faria
Daniela Finco

As crianças estão ocupando as ruas. Organizam-se em grupos para ir de casa para a creche e para a escola. A cidade educadora amplia os espaços escolares intra-muros, subvertendo a ordem panóptica. Com seus passinhos, os infantes errantes vão recompondo a humanidade perdida nos espaços urbanos, desafiando e subvertendo a determinação de que a cidade é perigosa e inadequada à infância. Derivas, deambulações que operam como desestabilizadores potentes da ordem hegemônica. No passo-a-passo as crianças nos dizem: se fizemos assim, podemos fazer de outro jeito! (Ana Beatriz Goulart de Faria, 2016)

---

* Artigo publicado originalmente em francês "Rencontre avec la différence-Premiers pas en dehors de la maison, premier pas à la crèche" publicado em outubro de 2012 na revista francesa *Diversitè* (editada em Vanvespelo Centre de ressources Ville-École-Intégration) n. 170, entitulada "Premiers pas dans lavie, premiers pas dans la ville".

Foto 1 Cortejo de crianças da escola integrada em Belo Horizonte, Minas Gerais, Brasil

Foto: Arquivo pessoal da autora.

Apresentamos neste texto o espaço da Educação Infantil brasileira, para as crianças de 0-6 anos em creches e pré-escolas, primeira etapa da educação básica. Destacaremos sua potencialidade em permitir vivências em ambientes coletivos no âmbito da esfera pública, no interior da cidade e, então, a convivência com as diferenças e a diversidade, rumo à utopia de uma educação que supere a desigualdade. Buscamos contribuir, assim, para a construção de uma Pedagogia da Infância e para o aprofundamento das concepções a respeito das crianças pequenas brasileiras e da Educação Infantil pública, que, segundo nosso entender, passa por uma grande crise de regulação no Brasil e nas sociedades ocidentais como um todo, nesta fase do capitalismo. Vemos na fotografia o convívio das infâncias de diferentes idades, e de acordo com a arquiteta pesquisadora de infância e cidade, Ana Beatriz Goulart de Faria, as vemos apropriando-se da rua, usufruindo seu direito ao espaço público, ainda restrito, principalmente para as crianças pequenas.

Infância, rua e diferenças

No passado, a rua era o local para o encontro com outras crianças, para o brincar e o divertir-se. O sociólogo brasileiro Florestan Fernandes pesquisou as crianças de diferentes idades brincando juntas na rua, fora da esfera privada da família, já na década de 1940. Não podemos deixar de ressaltar o modo pioneiro como Florestan Fernandes focalizou a criança em suas pesquisas, trazendo o registro inédito de elementos constitutivos das culturas infantis, captadas a partir de observação dos grupos de crianças e suas brincadeiras na rua de um bairro operário judeu paulistano.

Sua pesquisa "As 'trocinhas' do Bom Retiro" constrói o conceito de cultura infantil e grupos infantis, sendo, portanto, inovadora ao trazer a condição infantil como objeto de estudos da Sociologia. Florestan Fernandes (1976), que já também era pesquisador dos indígenas e negros brasileiros, observou, registrou e analisou o modo como se realiza o processo de socialização das crianças entre si e entre elas e os/as adultos/as, como constroem seus espaços de sociabilidade, quais as características dessas práticas sociais, enfim, como as crianças constroem a cultura infantil. Florestan analisou várias brincadeiras do folclore infantil e mostrou que elas brincavam com os valores presentes no mundo do adulto referentes ao casamento, à afetividade, ao preconceito racial, às classes sociais, aos papéis sociais etc.

Atualmente, as crianças urbanas, embora transgridam e ocupem as ruas, já perderam esses seus espaços para brincar e se encontrar. A rua não é mais o espaço da liberdade de que falou o escritor brasileiro Jorge Amado, em seu livro dos anos de 1930 *Capitães da areia*. Assim são a maioria das cidades brasileiras, que não oferecem espaços para a criança pequena na sociedade. Uma sociedade pensada pelo adulto e para o adulto resulta em poucos espaços públicos na cidade para a maioria das crianças pequenas.

Os espaços sociais da cidade pouco oferecem para a pequena infância no contexto brasileiro. Desse modo, podemos afirmar que os primeiros passos na vida social da criança pequena, fora dos cuidados do espaço privado da casa, acontecem na creche. O que a sociedade hoje tem a oferecer para as crianças pequenas das diferentes camadas sociais é a creche. Como nos diz Joseane Bufalo (1997), professora de bebês de 0 a 2 anos e pesquisadora da pequena infância, *creche é lugar de infância, lugar de criança.*

Educação Infantil: encontro com essa diversidade

No Brasil, a entrada da criança pequena na creche significa o encontro com as diferenças, a chegada à cidade, à esfera pública. A passagem da esfera privada da casa para a esfera pública da Educação Infantil, creche ou pré-escola, vai proporcionar espaços de encontros e desencontros com a diversidade.

E é nessa singularidade da construção cotidiana do espaço, do tempo, da organização e das práticas pedagógicas que o trabalho educativo com crianças ganha uma tonalidade própria. Assim, as vivências e os conflitos nas formas de ser criança no ambiente público e coletivo de creches e pré-escolas podem representar uma riqueza de possibilidades de conhecer o outro, sobre as diferenças e sobre o respeito, enfim, a construção do pertencimento étnico, de gênero, de classe.

Esse espaço da Educação Infantil é tido como um espaço coletivo, de educação tanto de crianças quanto de adultos. Nesse espaço da sociedade vivemos as mais distintas relações de poder: gênero, classe, idade, étnicas. E no chão da creche e da pré-escola essas relações no contexto educativo onde confrontam-se adultos — entre eles, professor/a, diretora, cozinheira, guarda, pai, mãe, secretário/a de educação, prefeito/a, vereador/a etc.; confrontam-se crianças, entre elas: menino, menina, trans, mais velha, mais nova, indígena, negra, branca, judia, com necessidades especiais, pobre, rica, de classe média, católica, umbandista, candomblecista, ateia, "café com leite", gordinhos/as, "quatro olhos", com HIV etc.; e confrontam-se adultos e crianças — a professora e as meninas, a professora e os meninos, o professor (percentual bastante baixo, mas existente e com tendência a lento crescimento) e os meninos, o professor e as meninas, o professor e a mãe da menina [...] Enfim, como dizem Gunilla Dalhberg, Peter Moss e Alan Pence (2003): *a creche é um fórum da sociedade civil.*

Assim, ao tratar do coletivo infantil em creches e pré-escolas, destacamos sua potencialidade em permitir vivências em ambientes coletivos e a convivência com a diversidade, e de acordo com o professor belga Michel Vandenbroeck (2012), sem consenso e transgredindo as normas, pois só assim, na nossa opinião, as políticas públicas brasileiras poderão oferecer uma educação descolonizada para as novas gerações.

A construção dessa pedagogia pôde ser contemplada, nas recentes políticas para a formação docente, que então tinham acrescentado na Lei de Diretrizes e Bases da Educação Nacional brasileira (Lei 9.394/96), a obrigatoriedade de que todas as escolas públicas e particulares de Educação Básica devem ensinar aos/às alunos/as conteúdos relacionados à História e à Cultura Afro-brasileiras, assim como da História e Cultura dos povos indígenas no Brasil (infelizmente hoje estamos vendo o grande retrocesso dessas políticas). As políticas linguísticas, que obrigam na formação docente se conhecerem as formas de alfabetizar a língua portuguesa, como segunda língua, em função das 213 línguas faladas no Brasil, conforme a pesquisadora da diversidade linguística brasileira Terezinha Maher (2005), pois, quando as crianças vão para a escola para serem alfabetizadas, nem sempre falaram antes o português, nem sempre o português é a sua língua materna para que possam com êxito serem alfabetizadas em português. Assim como as políticas para a educação no campo, do Programa Nacional de Educação na Reforma Agrária — Pronera (Decreto n. 7.352/10), que destaca a oferta da Educação Infantil como primeira etapa da educação básica, em creches e pré-escolas do campo, promovendo o desenvolvimento integral da criança pequena, considerando que o oferecimento das escolas no campo deverá respeitar as diferenças entre as populações atendidas quanto a sua atividade econômica, seu estilo de vida, sua cultura e suas tradições.

Educação Infantil: direito da criança, políticas de Educação Infantil

É importante destacar que no Brasil também foi o movimento feminista, luta pela independência das mulheres e seu ingresso em massa no mercado de trabalho, que iria exigir creches para dividir com a sociedade a educação de seus filhos e filhas, articulando-se aos movimentos sindicais e das esquerdas. O prazer do convívio das crianças nas primeiras creches "selvagens", italianas e francesas, por exemplo, levou pesquisadoras feministas a observarem como são as crianças quando estão fora da família, o que levará, nos anos 1980, o próprio movimento feminista a levantar a bandeira também de creches para as crianças pequenas. Apesar de, nessa época, o Brasil estar na ditadura militar, as feministas brasileiras participaram desse movimento internacional pelos direitos da mulher, inclusive o direito à creche. Não foram as crianças nessa fase da vida que reclamaram seus direitos. Foram adultos/as comprometidos/as com a infância que lutaram por elas, assim como foi em vários países europeus, conquistando assim a possibilidade das crianças viverem o coletivo infantil, isto é, de a criança ser educada na esfera pública complementar à esfera privada da família, por profissionais diplomados/as distintos/as dos/as parentes, para a construção da sua cidadania; e de conviver com a diversidade cultural brasileira, produzindo as culturas infantis, entre si e entre elas e com os/as adultos/as.

A Constituição Brasileira de 1988 garante não só o direito das mulheres e dos homens trabalhadores a terem creches e pré-escola pra seus filhos e filhas, mas assegura o direito da criança de 0 a 6 anos de ser educada em um contexto público e coletivo, tendo creches e pré-escolas como agências educativas sendo opção da família. A Lei de Diretrizes e Bases da Educação Nacional de 1996, em seu Artigo 29, determina que a Educação Infantil, primeira etapa da Educação Básica, tem como finalidade o desenvolvimento integral da criança até 6 anos de idade em seus aspectos físico, psicológico, intelectual e social, complementando a ação da família e da comunidade. A tarefa do cuidado e educação, indissociáveis, das crianças acaba sendo realizada não apenas na esfera doméstica, mas também na pública em creches (para crianças de 0 a 3 anos) e em pré-escolas (para crianças de 4 a 5 anos e 11 meses — com a Lei n. 11.247/2006).

Cabe, portanto, ressaltar o papel da creche e da pré-escola como instituições educativas e não somente assistenciais para alívio dos pais e mães que trabalham fora de casa e estão impedidos/as de permanecer com seus filhos/as durante o dia ou uma parte dele. A Educação Infantil é a primeira etapa da Educação Básica, de acordo com a LDB de 1996, e vem sendo cada vez mais pesquisada, constituindo a Pedagogia da Educação Infantil.

Um dos elementos centrais que caracterizam a especificidade da educação em creches e pré-escolas está ligado aos diferentes contextos em que a educação pode acontecer. Em casa, junto aos pais e mães, a educação da criança acontece de forma individual e privada; já a creche e a pré-escola possibilitam uma educação coletiva, o que garante à criança diferentes experiências, possíveis por meio da convivência com as diferenças de sexo, idade, etnia, religião etc.

Outro aspecto importante que merece destaque na construção de uma Pedagogia da Educação Infantil está relacionado à concepção de infância, isso porque tradicionalmente se utiliza a concepção de criança homogênea, em que as delimitações têm sido feitas pela imaturidade e pela falta/incompletude do ponto de vista adultocêntrico. A infância apresenta-se como tema multidisciplinar, objeto de diferentes campos disciplinares, como a Sociologia, a Pedagogia, a Antropologia, a História, a Geografia e a Psicologia. E essa multiplicidade de enfoques supõe ainda a superação do determinismo biológico, supõe olhar a infância como fato social que, por refletir as variações da cultura humana, é heterogênea. Nessa perspectiva, partimos da compreensão de que não há uma infância, mas infâncias.

Se por muito tempo a questão do respeito à diversidade ficou fora dos debates sobre educação, ela é hoje um dos temas das preocupações contemporâneas. Temos o desafio de pensar e constituir "práticas possibilitadoras" em contextos de diversidade cultural. É preciso enxergar a aceitação da pluralidade das identidades humanas, das formas de criança, afinal, a "pluralidade não é uma parada temporária no caminho para a perfeição ainda não atingida, mas o elemento constitutivo da existência humana" como nos alerta Gunilla Dahlberg, Peter Moss e Alan Pence (2003).

Contribuições da Sociologia da infância no Brasil

Um campo de pesquisa que também vem estudando a diversidade cultural das crianças brasileiras é a Sociologia da infância no Brasil (cf. Faria e Finco, 2011).Visa explorar a questão das especificidades e das diferenças que as crianças brasileiras apresentam. Procura evidenciar a construção da Sociologia da infância que leva em conta as diferenças, as diversidades e as desigualdades de nosso imenso território e das muitas culturas nele presentes. Afinal, quem são as crianças pequenas brasileiras? Como ficam as crianças quilombolas, sem-terrinhas, ribeirinhas, caiçaras, indígenas? O que as aproxima e as distingue das outras crianças? Como vivem a infância e como estão sendo cuidadas e educadas? Como estão participando da construção e das mudanças de nossa sociedade?

Essas pesquisas nos mostram que no convívio social, as crianças pequenas constroem suas identidades, vivenciam desde pequenas os significados de serem meninas ou meninos, negras e brancas e vivenciam nas relações do cotidiano da creche e da pré-escola a condição social de ser criança. Problematizam, a partir das vivências das crianças, sua condição de crianças pequenas, meninas, meninos, crianças negras e crianças brancas, imigrantes vivendo em instituições de Educação Infantil, envolvendo questões sobre a diversidade cultural e diferença, etnocentrismo e estereótipo, preconceito, discriminação e desigualdade, que consideramos conceitos que nos fornecem instrumentos analíticos para abordar as complexas relações sociais e culturais na educação da infância. As pesquisas nos mostram que as vidas das crianças são merecedoras de atenção no presente, e não simplesmente para os efeitos das suas vidas futuras.

Como criancistas e criançólogas, alertamos que as crianças brasileiras não podem ficar esperando para viver um futuro, que se supõe que os adultos constroem para eles. As crianças não podem esperar! Um Brasil para todos tem que ser, antes de tudo, um Brasil de todos os brasileirinhos e brasileirinhas, como nos aponta o sociólogo e o cientista social brasileiro Emir Sader (2011). Afinal, o que a sociedade e a escola pretendem fazer com as diferenças que as crianças pequenas trazem? O que pretendem fazer com essa diversidade? Apesar do crescimento do valor da infância, permanece a rejeição da sua alteridade, isto é, da sua especificidade, sua diversidade, sua diferença e do seu anarquismo.

As crianças reclamam uma visibilidade da criança concreta, que difere de uma criança homogeneizada. Está em conhecer as especificidades das crianças e das infâncias das camadas populares, que pode ser pobre, ser negra, menino ou menina, com marcas regionais e diversidade linguística e acabaram sendo excluídas da história. Finalizamos insistindo que a superação da desigualdade com certeza passa pela educação desde a primeiríssima infância em espaços coletivos na esfera pública convivendo com as diferenças e com a diversidade cultural. Pois, como nos afirma o pesquisador português Boaventura de Sousa Santos (2013), *temos o direito a ser iguais quando a nossa diferença nos inferioriza; e temos o direito a ser diferentes quando a nossa igualdade nos descaracteriza.*

Referências

BUFALO, Joseane Maria Parice. *Creche lugar de criança, lugar de infância:* um estudo sobre as práticas educativas em um CEMEI de Campinas, SP. Dissertação (Mestrado) — Faculdade de Educação, Universidade Estadual de Campinas, Campinas, 1997.

DAHLBERG, Gunilla; MOSS, Peter; PENCE, Alan. *Qualidade na educação da primeira infância — perspectivas pós-modernas*. Porto Alegre: Artmed, 2003.

FARIA, Ana Beatriz Goulart de. Outros sujeitos, outros territórios: em busca do território educativo, integral e integrador. *In*: HADDAD, Ana Estela (org.). *São Paulo carinhosa*: o que grandes cidades e políticas intersetoriais podem fazer pela primeira infância. São Paulo: Secretaria Municipal de Cultura, 2016. p. 526-540.

FARIA, Ana Lúcia Goulart de.; FINCO, Daniela (org.). *Sociologia da infância no Brasil.* 1. ed. Campinas: Autores Associados, 2011.

FERNANDES, Florestan. As "trocinhas" do Bom Retiro. *In:* FERNANDES, Florestan. *Folclore e mudança social na cidade de São Paulo.* 2. ed. Petrópolis: Vozes, 1976. p. 153-258.

MAHER, Terezinha. A criança indígena: do falar materno ao falar emprestado. *In:* FARIA, Ana. Lúcia Goulart.; MELLO, Sueli Amaral (org.). *O mundo da escrita no universo da pequena infância.* Campinas: Autores Associados, 2005. p. 63-87.

SADER, Emir. Os brasileirinhos. *Revista Carta Maior*, 9 abr. 2011 (publicado também no *blog* do autor).

SANTOS, Boaventura de Sousa. *Pela mão de Alice:* o social e o político na pós-modernidade. São Paulo: Cortez, 2013.

VANDENBROECK, Michel. Conferência proferida no Brasil, 20 e 21 de julho de 2012.

Um quintal do tamanho do CEU

Leandra Modesta Gonzalez Basile da Fonseca
Luci Aparecida Guidio Godinho
Renata Cristina Dias Oliveira

Onde estão os bebês e as crianças bem pequenininhas nas ações e projetos desenvolvidos no Centro de Educação Unificado (CEU)[1]? Quais são os lugares que esses atores sociais de pouca idade ocupam no cenário educacional, social, cultural e histórico da comunidade e da cidade? Essas e outras inquietações fomentaram a reflexão sobre a (in) visibilidade da pequena infância, desafiando o coletivo da Gestão e das Unidades Educativas que compunham o CEU Alvarenga, no período de 2013-2016, a pensar e propor ações que integrassem os pequenos e pequenas nos diferentes contextos, projetos, espaços e práticas que acompanhavam a jornada diária do CEU. No âmbito da Secretaria Municipal de Educação de São Paulo (SME), esse período foi marcado pela retomada das concepções e princípios que deram origem aos CEUs na cidade de São Paulo e pela necessidade de consolidar e ampliar o direito ao acesso à educação, cultura e lazer, desde a tenra infância. Vários documentos publicados à época anunciavam

1. Doravante denominado CEU.

tais princípios com destaque para o Currículo Integrador das Infâncias Paulistanas e os Indicadores de Qualidade da Educação Infantil Paulistana, construídos a partir de um intenso e rico movimento coletivo de discussão envolvendo educadoras(es) da rede municipal de São Paulo, na perspectiva da educação integral com qualidade social.[2]

O chão do quintal: as marcas do território no CEU e as marcas do CEU no território

Transformar o CEU em um grande quintal de possibilidades significou consolidar a vocação original desse espaço de Educação Integral que contempla, num mesmo espaço educativo, todas as etapas da educação, dos bebês no berçário aos universitários dos diferentes cursos da Universidade Aberta do Brasil.[3]

Os primeiros CEUs nasceram na cidade de São Paulo há pouco mais de 17 anos, nas regiões mais periféricas e com maior vulnerabilidade social. Constituído por quatro unidades educativas[4], seu projeto arquitetônico original contempla ainda um prédio cultural com teatro (de 450 lugares), quadra coberta, sala de dança, ateliês, biblioteca, telecentro, padaria-escola e três piscinas, para além dos

---

2. Os Documentos Indicadores de Qualidade da Educação Infantil Paulistana e Currículo Integrador da Infância Paulistana podem ser acessados, respectivamente, através dos *links*:

http://portal.sme.prefeitura.sp.gov.br/Portals/1/Files/25101.pdf

http://portal.sme.prefeitura.sp.gov.br/Portals/1/Files/36818.pdf

Acesso em: 7 jan. 2019.

3. O Sistema Universidade Aberta do Brasil (UAB), voltado para o desenvolvimento da modalidade de educação a distância, com a finalidade de expandir e interiorizar a oferta de cursos e programas de educação superior no país, foi criado em 2006 pelo então presidente Luiz Inácio Lula da Silva e o ministro da Educação, Fernando Haddad.

4. Centro de Educação Infantil (CEI) com 320 bebês e crianças de 0-3 anos. Escola Municipal de Educação Infantil (EMEI) com 700 crianças de 4-5 anos. Escola Municipal de Ensino Fundamental (EMEF) com 700 crianças e jovens de 6 a 15 anos. Escola de Ensino Técnico (Etec) com 100 alunos. Universidade Aberta do Brasil com 200 alunos.

pátios e parque. Diante desse rico espaço, o CEU configurou-se como um grande quintal, repleto de potencialidades e possibilidades, capaz de acolher e contemplar todas as gerações, incluindo os bebês e as crianças pequenininhas.

Nessa perspectiva, é necessário salientar que o CEU como um espaço educativo constituiu-se não apenas como elemento inovador para política educacional, mas um fator reestruturador do cenário urbano e da realidade das localidades mais periféricas da cidade, agregando outras transformações positivas como a melhoria do transporte coletivo, da área comercial e de outros equipamentos públicos como os de saúde e assistência social. Nessa perspectiva, os CEUs constituíram um polo impulsionador de desenvolvimento social da comunidade.

O nascimento dos CEUs traduz a expressão concreta do desejo de tornar São Paulo uma cidade educadora, mais humana e democrática, consolidando o direito ao pleno acesso ao conhecimento, à arte, ao esporte e ao lazer articulando a cultura, os saberes e as potencialidades locais em torno de um projeto educativo. Enquanto equipamento público de educação, o CEU oferece a possibilidade da inclusão da população em um "outro mundo possível" de acesso a uma educação promotora do desenvolvimento integral de todos os que compõem a comunidade educativa. Assim, constituiu-se um lócus privilegiado da construção do Projeto Educacional que tornou audível a voz dos excluídos ou dos atores sociais pouco ou nada visíveis no cenário da cidade e também, um espaço de organização das camadas populares, que valoriza seus saberes e oportuniza sua ampliação. (Padilha, 2004; Doria e Perez, 2007).

O CEU reúne, portanto, a possibilidade de concretizar a utopia de uma educação mais humanizadora. Uma utopia compreendida através da ótica freireana, não como o irrealizável, não como idealismo, mas como o exercício constante de dialetizar os atos de denunciar a estrutura desumanizante, à qual muitos cidadãos são submetidos e anunciar, através de um projeto de educação integral, uma estrutura humanizante. (Freire, 2000)

Nesse sentido, a comunidade educativa que compôs o CEU Alvarenga, bebês, crianças, jovens, adultos, idosos, educadores, comunidade, artistas locais, se desafiou a ampliar os espaços de diálogo e de interação, a fim de pensar e construir contextos que efetivamente impulsionassem a educação integral, considerando a integralidade de seus sujeitos promovendo a articulação entre cultura, esporte e lazer na construção de contextos educativos significativos e socialmente relevantes.

Nessa perspectiva, o CEU Alvarenga construiu coletivamente princípios que, em diálogo com a vocação original dos CEUs, fundamentaram e inspiraram a jornada educativa, com destaque para:

- Potencialização do CEU como "lócus" de formação permanente, o que envolveu a organização de espaços de formação permanente contemplando todos os segmentos de educadores[5] (comunidade interna e externa), com o foco nos desafios e possibilidades e, sobretudo, na necessidade da construção da educação integral como um dos princípios fundantes do CEU, e da educação humanizadora.
- Democratização do uso e do acesso dos espaços do CEU com vistas à consolidação do sentido de pertencimento do CEU à comunidade educativa, como um espaço público de direito de todas as gerações.
- Fomento às instâncias de participação coletiva consolidando um processo de gestão democrática, pautado na escuta, no respeito e no diálogo com a comunidade educativa.
- Consolidação do CEU como um polo de esporte, lazer, irradiador de cultura e revelador dos talentos e da produção cultural local realizada pelos artistas da comunidade.
- Construção de ações e propostas educativas que contemplaram a diversidade e as diferenças dos diversos grupos sociais,

5. Consideram-se educadores todos os funcionários do CEU, independentemente das ações desempenhadas.

> oportunizando a construção de instrumentos concretos e simbólicos de contraposição e luta para a superação das desigualdades (de gênero, racial, etária, econômica etc.) que marcam a vida da população desde a tenra infância.

Tais princípios balizaram o projeto educacional do CEU Alvarenga e constituíram fundamentos valiosos para os processos reflexivos, de formação permanente dos educadores e da comunidade, com o propósito de fomentar a desconstrução do modelo curricular homogêneo, eurocêntrico, androcêntrico, adultocêntrico e judaico-cristão que historicamente pauta, de forma mais ou menos intensa, o processo de escolarização no Brasil, potencializando, dessa forma, um percurso educativo promotor da igualdade social, etária, racial e de gênero, a partir da valorização das diferentes culturas, especialmente as africanas e indígenas, as quais, embora componham a brasilidade, são comumente pouco visíveis no cenário educativo.

O CEU, dessa a forma, consolidou um processo inclusivo duplamente valioso, uma vez que possibilitou o acesso ao direito aos bens culturais e as atividades vinculadas ao esporte e ao lazer, e retirou da invisibilidade os atores sociais, os saberes e a cultura produzida na periferia de São Paulo, oportunizando, portanto, a apropriação e a produção de conhecimentos e bens culturais. Aspecto esse que reverberou para além dos limites concretos do CEU, pois, à medida que potencializou e oportunizou a apropriação de conhecimentos pela população, ampliou suas possibilidades de manifestação e de produção cultural, fortalecendo a construção e o desenvolvimento da identidade local contribuindo para a organização da comunidade e para a consolidação da luta pelo exercício pleno dos direitos e da cidadania.

Nessa perspectiva, o CEU concretizou o sonho de uma educação integral com qualidade social, implicada na construção de uma sociedade mais justa e, portanto, mais humana e feliz, para todas as idades.

A experiência educativa balizada por tais fundamentos originou muitas ações e projetos coletivos, dentre eles nasceu um quintal.

"Um quintal do tamanho do CEU", que buscou garantir os direitos e o protagonismo de atores sociais pouco visíveis: os bebês e as crianças pequenininhas.

A vida no quintal: onde estavam os bebês e as crianças bem pequenininhas nos projetos e ações do CEU? Ou sobre a (in)visibilidade dos pequenos e pequenas

O contexto explicitado e as inquietações sobre os lugares das infâncias no CEU impulsionaram o pensar do coletivo das educadoras e educadores na busca por conhecer e compreender, através do estudo da realidade local do território que circunda o CEU, os espaços que bebês e crianças pequenininhas ocupavam no território e quais poderiam ocupar, no cotidiano vivo e intenso do CEU, considerando todas as suas potencialidades, possibilidades, espaços e ações, na busca de garantir a todos, desde a tenra infância, o direito a educação integral com qualidade social.

Nesse percurso, os estudos sobre o direito dos bebês aos espaços públicos impulsionaram a análise, a reflexão, a pesquisa e a formação permanente dos educadores do CEU no sentido de potencializar e consolidar ações que pudessem acolher e integrar os bebês e as crianças pequenininhas às diferentes experiências educativas, desconstruindo as marcas da escolarização, das teorias e das imagens adultocêntricas que naturalizam a desigualdade etária, desconsiderando e tornando invisíveis as potências destes atores sociais de pouca idade, limitando muitas vezes seus espaços públicos de vida e interação com a cultura.

Nessa perspectiva, as contribuições de Sarmento (2007) auxiliaram na compreensão de como a invisibilidade histórica, científica e civil de bebês e crianças influenciam na construção das imagens pautadas nas negatividades, nas ausências e incapacidades atribuídas aos pequenos e pequenas, a partir da compreensão de que bebês e crianças são seres que iniciam a vida destituídos de qualquer capacidade ou conhecimento. A névoa da ciência e da história adultocentrada dificulta a revelação dos bebês e crianças reais, tantas vezes invisíveis, mas que, resistentes às tentativas de ocultação, fazem-se presentes, embora nem sempre vistos e ouvidos.

Considerando tais pressupostos e abraçando o desafio e a necessidade de tornar visível as infâncias que habitam o CEU, outras inquietações nasceram e adensaram esse processo reflexivo de estudo e pesquisa: Quais marcas os bebês imprimiam no cotidiano educativo desse Centro Unificado de Educação? Quais são os espaços de participação e protagonismo que eles efetivamente vivenciavam? Como tornar os bebês cada vez mais visíveis e integrados as diferentes ações do CEU? Como o CEU pode constituir um lócus privilegiado de consolidação de uma política pública para a educação da primeira infância pautada num processo de aprendizagem significativo e socialmente relevante?

A construção de respostas para tais inquietações mobilizou, moveu, impulsionou e exigiu do coletivo de educadores do CEU a construção de um processo de formação permanente, a fim de desvelar o que está escondido na névoa da invisibilidade, rompendo com a visão de infância pautada na negatividade, como etimologicamente sugere o termo "infans", aquela que não fala e, portanto, não pensa, não tem razão.

Ao contrário de tal concepção, buscou-se construir um olhar não sobre os bebês e as crianças, mas com os bebês e as crianças. Olhar que constituiu uma rica fonte de conhecimento, reveladora das potencialidades infantis e das possibilidades de viver a infância nos diferentes espaços e contextos educativos do CEU.

Com tais concepções e princípios, o "Quintal do tamanho do CEU" foi ganhando, passo a passo, forma, cor, ação, movimento e alegria, em um processo de coautoria entre adultos, bebês e crianças. Nesse processo de construção coletiva, inúmeras ações foram sendo pensadas, inventadas e integradas na vida do quintal em constante transformação. Quintal que, ao pensar nos bebês e crianças, não excluiu as demais faixas etárias, ao contrário, integrou-as no rico movimento de encontros que faz parte da própria vida.

EnCANTOS: arte, música e literatura para bebês e crianças em todos os cantos do CEU e da cidade

EnCANTOS foi a primeira ação que nasceu para compor o Quintal, como uma possibilidade de resposta às inquietações apresentadas, buscando pensar como um espaço educativo para bebês e crianças pequenas pode corporificar as experiências de protagonismo, participação e integração com as diferentes linguagens e a riqueza da cultura brasileira.

Em seu nascedouro, EnCANTOS integrou as educadoras e educadores dos Núcleos Educacional, Cultural, de Esporte e Lazer, as Unidades Educativas que compõem o CEU e as do seu entorno, com o objetivo de propiciar um "mergulho" dos bebês e das crianças pequenininhas no universo encantador e poético da cultura musical e literária, integrando-os com as preciosidades que formam a cultura popular e a brasilidade.

Através de encontros poéticos-musicais interativos, pensados especialmente para os bebês e as crianças pequenininhas, as músicas, histórias, contos e poesias eram apresentados de forma lúdica e divertida pelos artistas que integraram a equipe da Gestão do CEU.

Piano, violão, caxixe, afoxés, flautas, chocalhos e outros instrumentos se encontravam e corporificavam canções para brincar, dançar, acalentar, histórias para sonhar, acordar, encantar, que se integravam em um ambiente de maravilhamento, onde a iluminação também fazia parte da poética do cenário, projetando imagens que compunham o jogo de luzes e sombras nesse universo brincante.

A pesquisa para a seleção do repertório de músicas, histórias, canções, danças, poemas, trava-línguas foi especialmente pensada para oferecer aos bebês ricas experiências de integração com a cultura brasileira. Experiências que evocavam a alegria produzida pelo contato com a cultura, com a produção e criação daquilo que temos de mais humano.

Vinícius de Moraes, Dorival Caymmi, Chiquinha Gonzaga, Raul Seixas, Almir Sater, Caetano Veloso, Chico Buarque, Gilberto Gil e canções de domínio público que constituem as culturas infantis dialogaram com narrativas da cultura popular brasileira nos contos de Câmara Cascudo, Ricardo Azevedo, José Paulo Pais, Mario Quintana, Manoel de Barros, dentre outros, e com narrativas das culturas africanas e indígenas que, embora formem nossa brasilidade, ainda são pouco visíveis no cenário educativo e cultural.

A experiência que o EnCANTOS propiciou para bebês, crianças e adultos provocou uma interrogação sobre o "claustro" cultural que muitas vezes se forma em torno da discussão sobre o que significa cultura para os bebês e crianças. Verifica-se, especialmente no âmbito da cultura, uma etapização de faixas etárias, que segrega, de forma equivocada, os bem pequenos a uma mínima "fatia" cultural, por vezes, de qualidade questionável, com conteúdos superficiais, pautados pela visão comercial e simplista, que em seu bojo revela uma concepção de criança incompleta e pouco capaz de compreender e interagir com o mundo e a cultura. Era preciso problematizar e desconstruir na prática educativa do CEU tais concepções.

Portanto, para além de pensar em projetos específicos para os bebês, também se abraçou o compromisso político-pedagógico de fomentar a participação desses atores de pouca idade em outros contextos culturais, interagindo com as outras gerações de forma significativa, participativa e sem discriminação etária, respeitada as especificidades que fazem os bebês diferentes dos adultos e não inferiores a eles.

Assim como o poeta Drummond, nos inquietamos:

> Haverá música infantil? Pintura infantil? A partir de que ponto uma obra literária deixa de se constituir em alimento para o espírito da criança ou jovem e se dirige ao espírito adulto? Qual o bom livro de viagens ou aventuras destinado a adultos, em linguagem simples e

isento de matéria de escândalo, que não agrade à criança? (Andrade, 1944, p. 220)

Bebês e crianças pequenininhas em interação com a proposta do EnCANTOS provocaram a construção de novos conhecimentos, ensinaram aos adultos a importância de romper e descontruir certas imagens que subestimam as capacidades infantis. Concentrados, integrados, envolvidos de corpo inteiro na proposta, bebês e crianças traduziam em sorrisos, sons, movimentos ou mesmo no silêncio próprio do encontro com o encantado, a experiência de maravilhamento diante dos elementos da cultura. Uma experiência intensa, integral e transformadora como explicita Larrosa "A experiência é o que nos passa, o que nos acontece, o que nos toca. Não o que se passa, não o que acontece, ou o que toca" (Larrosa, 2002, p. 21). Uma experiência que não se finda em um tempo ou espaço, mas que atravessa os corpos e dialoga com os diferentes contextos de vida dos bebês e crianças que não só interagem com a cultura, mas também produzem novas culturas infantis na interação com seus pares. (Corsaro, 2011)

No processo inicial dessa experiência, o EnCANTOS acontecia apenas no teatro, com os bebês e crianças sentados no palco em um ambiente intimista, criado especialmente para recebê-los. Mas logo nas primeiras experiências percebeu-se que o EnCANTOS não poderia ser restrito a um único espaço. Era preciso expandir as áreas encantadas do Quintal.

Movido por esse desejo, o EnCANTOS começou a caminhar e a encantar em outros espaços do quintal do CEU ocupando diferentes cantos como o bosque, as salas de aula e a biblioteca. Mas, como o desejo de alargar as fronteiras do quintal nunca tem fim, o EnCANTOS decidiu construir novas andanças, caminhar mais longe e andar para além dos muros do CEU, ganhando asas e encantando bebês e crianças das Unidades Educativas do entorno do CEU e da cidade em uma versão que chamávamos de itinerante.

Nesse intenso diálogo cultural e educativo o EnCANTOS se desafiou a EnCANTAR bebês, adultos e crianças, pelos diferentes cantos do CEU e da cidade, tornando visível não só os pequenos atores sociais, mas também fomentando a militância a favor do direito dos bebês à participação e à interação com a cultura, em suas diferentes dimensões e contextos.

Eis um dos desafios que se apresentaram nessa jornada a favor das minorias: dar visibilidade e advogar a favor dos bebês e das crianças pequeninas como seres produtores de história e cultura, com infinitas potencialidades, linguagens e saberes.

Os lugares do quintal: por onde andavam, brincavam e interagiam os bebês e as crianças do CEU?

Para além do EnCANTOS, era necessário expandir as brincadeiras do Quintal do tamanho do CEU garantindo o acesso democrático a todos os espaços do CEU para bebês e crianças. Para tanto, foram organizados encontros formativos para as educadoras e educadores das diferentes Unidades e Núcleos, com vistas a compreender e explorar as infinitas e ricas possibilidades de cada um dos espaços, para os bem pequenininhos. Diferentemente de outras Unidades que carecem de espaço físico, o CEU tem uma multiplicidade deles: biblioteca, padaria-escola, telecentro, bosque, piscina, quadra coberta, sala de dança, teatro, parques, dentre outros; porém, os espaços por si sós não bastam, é necessário apropriar-se deles considerando essa riqueza e amplitude de espaços e possibilidades. Por entender a necessidade de apropriação deles por bebês e crianças pequenas o coletivo dos educadores do CEU se empenhou em pensar como integrá-los nas jornadas educativas de bebês e crianças que cotidianamente vivem suas infâncias no CEU, organizando e preparando cada um deles de forma intencional, acolhedora, desafiante e democrática.

Trata-se de um processo desafiante que envolveu a formação dos educadores e a reorganização de tempos e espaços, reconhecendo o caráter educador e as potencialidades de cada um deles para a construção das aprendizagens de bebês e crianças. Com o valente empenho de todos os envolvidos, foi garantido, no desenho de sua jornada diária, o direto de bebês e crianças explorarem os diferentes espaços, vivenciando diferentes propostas e contextos educativos. Bebês e crianças ocuparam cada vez mais o Quintal, circulando, correndo, brincando, explorando e dando vida, cor e movimento a cada um de seus espaços.

Para além do acesso aos espaços, o uso dos mesmos foi sendo intencionalmente planejado a fim de garantir o direito ao brincar à todas as crianças, da Educação Infantil e do Ensino Fundamental. Compreendendo que o brincar é a forma privilegiada das crianças construírem conhecimento sobre si, sobre o mundo e as pessoas, era fundamental que o CEU pudesse ser um grande quintal de aprendizagens e de boas experiências para as crianças, ou um "oásis", como afirma Faria:

> um oásis, um lugar onde se torna criança, onde não se trabalha, onde se pode crescer, sem deixar de ser criança, onde se descobre (e se conhece) o mundo através do brincar, das relações mais variadas com o ambiente, com os objetos e as pessoas, principalmente entre elas: as crianças. Assim, ao invés de falarmos no desaparecimento da infância como alguns estudiosos estrangeiros vêm fazendo podemos falar em uma nova descoberta da infância. (Faria, 2003, p. 72)

Os saberes do quintal: formação permanente dos educadores da infância

Todas essas inquietações aqui apresentadas e as ações que dela se originaram foram permeadas e impulsionadas por um intenso e permanente processo de formação, que envolveu todos os educadores do CEU em um ciclo virtuoso gerador de transformações no cotidiano do CEU e de novas e vivas demandas formativas.

Nesse sentido, o desafio de consolidar um currículo efetivamente integrador das infâncias que habitavam o CEU uniu educadores da educação infantil e do ensino fundamental, com vistas a refletir sobre as teorias e concepções que fundamentavam as ações desenvolvidas e propostas, compartilhando as discussões e reflexões sobre as concepções de bebês, crianças, infâncias, educação, espaços e tempos, dentre outras.

Tais espaços formativos foram expandidos pela necessidade de agregar mais educadores ao diálogo (incluindo também os que atuavam nas escolas do entorno) e mais interlocutores, através das parcerias com as Universidades.

De forma sintética, os espaços formativos que habitaram o Quintal foram:

- **Formação interna dos educadores do CEU:** reuniões periódicas envolvendo todos os educadores do CEU (CEI, EMEI, EMEF e gestão), nos horários de formação coletiva que compunhama carga horária de estudo dos docentes.
- **Grupo de estudo: "Do mundo da leitura à leitura de mundo":** encontros de formação para a reflexão das questões relativas à promoção da igualdade racial e da visibilidade das culturas africanas e indígenas.
- **Estudo da Realidade**: pesquisa realizada com os educadores do CEU nas comunidades do entorno com vistas a conhecer e compreender as características, histórias e culturas locais a partir de seus protagonistas, aprofundando os conhecimentos sobre as formas de viver a infância do território, para além dos muros do CEU.
- **Jornadas Pedagógicas**: encontros anuais para educadores do CEU e das escolas da cidade com vistas a refletir e discutir temas correlatos à educação integral, currículo integrador e qualidade social da educação.
- **Projeto: Olhar sobre a cidade — fotografia e desenho na construção de imagens sobre São Paulo em parceria com a Faculdade**

de Educação da USP — sob a orientação da Profa. Dra. Marcia Gobbi possibilitou a compreesão do olhar infantil sobre o CEU, por meio de fotografias e desenhos.

- **Projeto Brinquedo Máquina — Brinquedo Escultura em parceria com a Faculdade de Arquitetura da USP**, sob a orientação do Prof. Alexandre Delijaicov, um dos autores do projeto arquitetônico do CEU, que integra a arquitetura e a educação em um diálogo que considera o olhar infantil-brincante sobre o espaço.
- **Cursos abertos a todos os educadores da Rede Municipal de São Paulo** com vistas a ampliar os espaços de diálogo sobre bebês, crianças e as infâncias e consolidar o CEU como um "lócus" de formação permanente dos educadores, tendo como interlocutores as experiências construídas pelos educadores da Rede Municipal e diferentes professores das Universidades Públicas.

O desejo de sempre expandir as fronteiras do Quintal inspirou a construção de um formato itinerante, provocador de novas brincadeiras, que previa três momentos distintos. No primeiro, a equipe do CEU realizava formações nas Unidades Educativas da cidade, discutindo as concepções de bebês, crianças e educação da infância, em diálogo com os princípios que fundamentam o CEU como um espaço privilegiado de educação integral. Dessas formações nasciam dois convites para ampliar a brincadeira, a saber: o primeiro era de receber a visita do EnCANTOS para interagir e maravilhar os bebês e crianças na Unidade visitada; o segundo era para que a Unidade visitasse com seus pequenos e pequenas o Quintal do tamanho CEU durante um dia, uma manhã ou uma tarde, para saborear suas possibilidades e potencialidades.

Para a felicidade do Quintal, esses convites foram aceitos, crianças de diferentes regiões da cidade vieram ao CEU Alvarenga com seus educadores, tornando-o cada vez mais vivo e brincante. Tal ação favoreceu ainda a integração e a construção do sentimento de pertencimento/participação da comunidade ao CEU, levando e integrando o CEU até a comunidade e a comunidade até o CEU, ampliando as formas de diálogo sobre suas ações, propostas, princípios e concepções.

E assim o Quintal do tamanho do CEU nasceu, cresceu e em certo momento deixou de existir, pois com o cenário da alternância das gestões na cidade, marcado historicamente por descontinuidades, o fim da gestão de 2013-2016 provocou mudanças que não incluíram a continuidade do projeto Um quintal do tamanho do CEU.

Contudo, a história dessa trajetória construída a muitas mãos, pequenas e grandes, marca a memória de todos os que dela participaram e anuncia a importância de fazer nascer novos quintais para consolidar e ampliar os espaços e as ações dos bebês e crianças pequeninhas no CEU, no território e na cidade. Como nos convoca poeticamente Manuel de Barros.

> Dou respeito às coisas desimportantes
> e aos seres desimportantes.
> Prezo insetos mais que aviões.
> Prezo a velocidade
> das tartarugas mais que a dos mísseis.
> Tenho em mim esse atraso de nascença.
> Eu fui aparelhado
> para gostar de passarinhos.
> Tenho abundância de ser feliz por isso.
> Meu quintal é maior do que o mundo.
>
> Manoel de Barros

O Quintal do tamanho do CEU, nesse sentido, constituiu uma rica experiência de educação integral, humanizadora e emancipatória na cidade de São Paulo, não apenas tornando visíveis bebês e crianças pequenas, mas também anunciando a potente participação deles no cenário educativo e o quanto os adultos podem aprender a partir dessa intensa interação, a inventar quintais, não "para" bebês e crianças, mas sobretudo "com" bebês e crianças. Eita brincadeira boa foi de inventar quintais do tamanho do CEU! Quintais, CEU, bebês, crianças e adultos ficaram, todos, muito alegres.

Referências

ANDRADE, Carlos Drummond de. *Confissões de Minas*. Rio de Janeiro: América Editora, 1994. p. 220.

BARROS, Manuel de. *Poesia completa*. São Paulo: Leya, 2011.

BRASIL. Conselho Nacional de Educação/Câmara de Educação Básica — Parecer 05/2009 — Revisão das Diretrizes Curriculares Nacionais para a Educação Infantil. Brasília, 2009.

BRASIL. Ministério da Educação. *Critérios para um atendimento em Creches que respeite os Direitos Fundamentais das crianças*. Brasília, DF: MEC, 2009.

BRASIL. Ministério da Educação. Universidade Federal do Rio Grande do Sul. *Práticas cotidianas na Educação Infantil* — Bases para a reflexão sobre as Orientações Curriculares. Brasília, DF: MEC/UFRGS, 2009.

CORSARO, William A. *Sociologia da infância*. 2. ed. Porto Alegre: Artmed, 2011.

DAHLBERG, Gunilla; MOSS, Peter; PENCE, Alan. *Qualidade na educação da primeira infância*: perspectivas pós-modernas. Porto Alegre: Artmed, 2003.

DORIA, O. R.; PEREZ, M. A. *Educação, CEU e cidade:* breve história da educação pública brasileira nos 450 da cidade de São Paulo. São Paulo: SME, 2007.

FARIA, Ana Lúcia G.; FINCO, Daniela (org.). *Sociologia da infância no Brasil*. Campinas: Autores Associados, 2011.

FARIA, Ana Lúcia G. O espaço físico como um dos elementos fundamentais para uma pedagogia infantil. *Educação Infantil pós-LDB Rumos e Desafios*. São Paulo: Cortez, 2003.

FORTUNATI, A. *A educação infantil como projeto da comunidade*. Porto Alegre: Artmed, 2009.

FREIRE, Paulo. *Pedagogia da autonomia*: saberes necessários à prática educativa. São Paulo: Paz e Terra, 1996.

FREIRE, Paulo. *Pedagogia da indignação:* cartas pedagógicas e outros escritos. São Paulo: Unesp, 2000.

GOBBI, Marcia Aparecida; PINAZZA, Mônica Appezzato. *Infância e suas linguagens*. São Paulo: Cortez, 2014.

LARROSA, Bondia Jorge. Notas sobre a experiência e o saber. *Revista Brasileira de Educação*, n. 19, jan./fev./mar./abr. 2002.

MARCELLINO, N. C. *Lazer e educação*. Campinas: Papirus, 1990.

OLIVEIRA-FORMOSINHO, Julia. A escola vista pelas crianças. Porto: Porto Editora, 2008.

PADILHA, Paulo Roberto; SILVA, Roberto da (org.). *Educação com qualidade social:* a experiência dos CEUs de São Paulo. São Paulo: Instituto Paulo Freire, 2004.

QVORTRUP, J. Nove teses sobre infância como um fenômeno social. *Eurosocial-Report*, n. 47, 1993. p. 11-18.

SARMENTO, Manoel J. Visibilidade social e estudo da infância. In: VASCONCELOS, V. M. R.; SARMENTO, M. J. Infância (in)visível. Araraquara: Junqueira Martins, 2007. p. 25-49.

SÃO PAULO. Secretaria Municipal de Educação. Currículo Integrador da Infância Paulistana. São Paulo: SME/DOT-EI, 2015.

VASCONCELOS, V.; SARMENTO M. J. (org.). *Infância (in)visível.* Araraquara: Junqueira e Marin, 2007. p. 25-49.

"Mamãe, brinquei de livros!" Ampliando espaços de circulação de bebês e crianças pequenas na cidade de São Paulo

Rosa Silvia Lopes Chaves
Katia da Silva Santos
Natame Pereira Diniz

Este texto[1] apresenta o relato do Projeto "O CEI Lauzane Paulista na BMA", desenvolvido pelo Centro de Educação Infantil Lauzane Paulista e a Biblioteca Mário de Andrade, nos anos de 2015 e 2016. O relato evidencia o processo de parceria entre as duas instituições, tendo como eixo a escuta dos sujeitos sociais envolvidos. Dessa forma, crianças de 2 e 3 anos de idade ultrapassaram os "muros institucionais" para ocupar, de forma brincante, um importante espaço de cultura da cidade.

1. Este texto compõe relato de experiência apresentado no Seminário Nacional *Infâncias e Juventudes na cidade: um diálogo com a educação*, em maio de 2017, publicado parcialmente nos anais do seminário.

Partimos de algumas inquietações e questionamentos compartilhados: qual o lugar das crianças em uma cidade como São Paulo? Como crianças pequenas ocupam a cidade? Qual é o acesso das crianças aos equipamentos culturais existentes na cidade? Que diálogos são possíveis entre as cidades e as instituições educativas? Quais as possibilidades de experiências e apropriações nos diferentes espaços culturais?

A atual conjuntura histórica permite a muitos a falsa afirmação de que as crianças não brincam, associada à ideia do "desaparecimento da infância", e uma das justificativas aventadas diz respeito exatamente a não terem mais "espaços" para as brincadeiras de rua. A respeito disso, Manuel Sarmento (2004) ressalta que não se trata da "morte da infância", como sugerido por autores como Postman (1983), mas ao fato de a infância estar em constante mudança, mantendo-se, contudo, como "categoria social, com características próprias" (Sarmento, 2002, p. 19). Nesse sentido, o autor reconhece a existência de uma "gramática das culturas da infância" (2002, p. 22), que se expressa em variadas dimensões: semântica, sintaxe e morfológica, garantindo a existência de uma infância que se reinventa, constrói e reconstrói culturas na interação com seus pares e com os adultos.

É fato que a (des)organização das grandes cidades reconfigura a forma das crianças serem e estarem nelas, suas interpretações e constituições de significados a respeito de si e o mundo. Marcia Gobbi nos questiona:

> Os espaços públicos nas grandes cidades inegavelmente são lugares de construções culturais. Sem o homem e suas relações com o outro, certamente as cidades não existiriam, sendo essas compreendidas como o que resulta da criação humana — todos elaboramos culturas. Assim sendo, meninas e meninos, a seu modo, encontram-se em seus diferentes processos em que culturas são construídas, segundo suas possibilidades e relações, e em diferentes contextos. E vemos? (Gobbi, 2016, p. 19)

Vemos? Ouvimos? Observamos? Ocupamos com elas diferentes espaços constituindo-os como lugares para e com as crianças? Trata-se aqui da garantia de direitos. Direito à brincadeira, direito à circulação de suas culturas nos espaços da cidade, direito ao acesso à cultura, bem como exposto na Carta dos Direitos das Crianças à Arte e à Cultura (La Barraca Testoni Ragazzi, 2011, p. 73), a qual salienta a importância de as crianças frequentarem diversos equipamentos sociais e culturais presentes no seu território e na cidade, construindo experiências ao participar de diferentes propostas artísticas, independente de sua condição socioeconômica.

Francesco Tonucci também nos provoca a pensar a relação da criança com a cidade e amplia a discussão, destacando que não se trata da criação de espaços isolados às crianças: elas devem compor os ambientes comuns a todos. Ressalta ainda que o fato de as crianças estarem com seus corpos, suas linguagens, suas culturas nas ruas reeduca o adulto, a cidade, a sociedade.

> [...] a cidade deverá assumir a responsabilidade de acolher as crianças, com níveis de segurança adequados, em seus espaços públicos: nas escadas de casa e nos pátios nos primeiros anos, nas calçadas, nas praças e nos jardins. Deverá parar de criar espaços de brincadeiras para as crianças (um engano no que diz respeito a elas) e agir de modo que possam viver as próprias experiências em ambientes comuns a todos, junto a nós, observando-nos, espiando-nos, imitando-nos, importunando-nos e, de qualquer modo, reeducando-nos. (Tonucci, 2014, p. 2)

Provocadas por essas premissas, buscamos desenvolver o Projeto "O CEI Lauzane Paulista na BMA", uma parceria entre o CEI Lauzane Paulista e a Biblioteca Mário de Andrade, processo no qual as duas instituições estavam instigadas a garantir direitos das crianças pequenas no acesso aos espaços culturais públicos da cidade.

O CEI Lauzane Paulista

No Centro de Educação Infantil Lauzane Paulista, doravante denominado CEI Lauzane Paulista, as crianças são consideradas sujeitos sociais de direitos, cidadãos e cidadãs desde o nascimento, que constroem culturas infantis com seus pares, e na relação com os adultos são plurais, curiosas e trazem o olhar de maravilhamento e descoberta com/no mundo. Desta forma, as crianças constituem o centro do currículo e a escuta se configura como princípio das ações de cuidado e educação das professoras e diversos(as) educadores(as) da primeira infância. Nesse sentido, o planejamento ocorre por meio da escuta da criança, com intencionalidade, mas com abertura ao inesperado, despindo das certezas, pois como aponta Hoyuelos (2013):

> É necessário declarar uma pedagogia da escuta... que provoque o assombro de quem escuta. Assombro como a capacidade de esperar o inesperado e o imprevisto [...] de contemplar algo com deleite, confiança e apreciação.
> A escuta, como atitude ética e estética, significa desconfiar do que veem os nossos olhos e do que os nossos ouvidos escutam. A escuta ativa nos leva a compreender como as crianças pensam, desejam e constroem teorias... (p. 130 e 131— tradução livre das autoras)

A Unidade Educacional associa a esses princípios o desafio de ampliar os espaços de circulação das crianças e das culturas infantis, rompendo com os limites impostos pelos "muros" institucionais, na perspectiva da construção de uma cidade educadora, conforme preconizado pela Orientação Normativa n. 01/2013 (São Paulo, 2013).

Trata-se de um Centro de Educação Infantil da Prefeitura Municipal de São Paulo, pertencente à rede direta, localizado na Zona Norte da cidade de São Paulo, no Distrito do Mandaqui, no bairro Lauzane Paulista. Conta com trinta educadores(as), nas mais diversas funções, entre professoras, equipe gestora, auxiliares técnicos educacionais (ATE), agentes escolares e de apoio. Conta também com mais educadores(as) que se ocupam dos serviços voltados à limpeza e alimentação, contratados por empresas terceirizadas. No processo de formação continuada, todos(as) educadores(as), nas mais diversas funções, participaram dos espaços de formação, em especial das reuniões pedagógicas.

Com relação à habilitação dos educadores e educadoras: 1 Professora de Educação Infantil com Magistério Nível Médio, 10 com Ensino Superior-Pedagogia. Na Equipe de Apoio e Administrativo, os 4 A.T.E.'s — Auxiliares Técnicos Educacionais — que fazem o trabalho de "inspetoria", ou seja, que acompanham os grupos, dando apoio nos diversos momentos da rotina nos espaços internos e externos. Destes: 2 com Ensino Médio, sendo 1 habilitado em Técnico de Nutrição e Dietética, 2 com ensino superior completo em Pedagogia e Ciências da Computação. Estes se somaram a um Auxiliar Técnico Educacional da Unidade, responsável pelo acompanhamento administrativo e de recursos humanos, com Ensino Médio. No restante deste segmento, há 4 funcionários(as) com Ensino Médio completo, 1 funcionário(a) com ensino fundamental incompleto. Na vigilância há um funcionário com ensino médio completo e um com ensino superior incompleto. Na Equipe Gestora, 3 pedagogas, 1 com mestrado em Educação e curso e especialização em Psicologia da Educação, 1 com curso de especialização (pós-graduação) e 1 com graduação em Pedagogia.

O Centro de Educação atende a 36 crianças, de 2 a 4 anos e 11 meses, assim distribuídas nos seguintes grupos: 12 Minigrupo I, 12 Minigrupo II A e 12 Minigrupo II B. Funciona em um edifício que inicialmente foi concebido para atender a um núcleo comunitário e foi reivindicado pelo movimento de mulheres, desde a inauguração, na década de 80, tornou-se uma creche. Ressaltando que por esse motivo tem um projeto arquitetônico diferente das demais creches municipais (Centros de Educação Infantil), contando apenas com três salas, podendo atender a um número reduzido de crianças. Está localizado em uma praça pública, o que impede a ampliação de sua capacidade de atendimento. Inicialmente ficou vinculado à Secretaria de Assistência Social, como as demais creches, e atualmente está vinculado à Secretaria Municipal de Educação. Tem como um dos desafios organizar tempos e espaços no cotidiano institucional em um local pequeno e inicialmente construído com finalidade diversa da atual.

O bairro Lauzane Paulista, no qual está localizado, é um bairro residencial com casas de alvenaria e conjuntos habitacionais. Conta com um shopping-center nas proximidades, dois supermercados (espaços de trabalho da maioria dos familiares), uma Fábrica de Cultura e um Posto de Saúde. Próximo ao CEI Lauzane Paulista estão localizadas ainda duas Escolas Municipais de Educação Infantil e uma Escola Municipal de Ensino Fundamental.

O Projeto Político-Pedagógico se pauta na cultura do diálogo, na escuta, na gestão democrática e na ampliação da qualidade do serviço oferecido, tendo em vista a participação e o controle social das famílias envolvidas, com o desafio de ampliação também da participação das crianças pequenas nas ações cotidianas e de suas formas de circulação na cidade. Esses são desafios imensos abraçados coletivamente.

A Biblioteca Mário de Andrade (BMA)[2]

A Biblioteca Mário de Andrade é uma biblioteca pública municipal, localizada no centro da cidade de São Paulo, que tem como patrono o escritor, músico, artista, poeta, pesquisador e outras infinitas denominações que não cabem em seu vasto repertório: Mário de Andrade.

Mário de Andrade, entre 1935 e 1938, chefiou o Departamento de Cultura da Cidade, quando teve a oportunidade de criar e implantar os Parques Infantis, que integravam um projeto governamental de educação não escolar para crianças pequenas de família operária, por meio do qual lhes foi garantido o direito à infância (Faria, 2002).

No período em que coordenou o Departamento de Cultura da Cidade de São Paulo, Mário de Andrade deixou como marca e legado o diálogo entre educação e cultura e que estão no cerne da criação e das práticas dos Parques Infantis (Faria, 2002). Além disso, projetava-se o desenho de uma biblioteca pública municipal, que em seus

2. Doravante denominada BMA.

primórdios contou com a atuação do próprio poeta-político como idealizador do projeto que a edificaria (Negrão, 1983, 1979). Além da estrutura arquitetônica que comporia de forma emblemática a cidade, consolidou-se também o desejo de estabelecer um espaço para o atendimento infantil nas dependências da biblioteca, com capacidade de até cinquenta crianças (Negrão, 1983), algo até então negligenciado.

Partindo das diretrizes deixadas por Mário de Andrade, pelas demandas advindas dos cidadãos e pela lacuna imensa em não tratar do assunto em seus 90 anos de existência, a BMA, na gestão de 2013 a 2016, lançou-se ao desafio de compreender a dinâmica que envolve crianças e adultos nos espaços públicos da cidade, por intermédio do planejamento e da execução de políticas públicas de acesso e participação das crianças nos diversos espaços e atividades da biblioteca.

Nesta gestão, engajada com um projeto de atendimento eminentemente público, não restritivo e disposto a atuar com a diversidade e as particularidades das diligências de cada atendimento, propôs, tanto em sua grade de programação cultural, quanto em diversas ações, o acolhimento e a proposta de formação de público na biblioteca, considerada a mais importante de São Paulo. A visita orientada aos espaços passou a ter um papel fundamental na fruição da biblioteca, que se elevava à condição e às necessidades de seu tempo em um contexto no qual transitava desde o livro, como suporte de linguagem, aos espetáculos de música, cinema, exposições, dentre outros. Em certa medida, seguíamos — nós e a própria gestão pública — a indagação proposta também por Pierre Bordieu (2003) acerca do paradoxo existente entre os equipamentos culturais, em especial museus, aparentemente acessíveis a todos, mas interditos ou vedados à boa parcela da população em geral, particularmente aqui aos bebês e às crianças de pouca idade. O acesso é restrito não apenas devido a questões econômicas. Trata-se de condições sociais e culturais que afastam determinados grupos do processo de apropriação desses bens culturais e as bibliotecas são parte desse patrimônio. Como aponta Bourdieu, somos levadas a refletir a respeito de certa aceitação de uma predestinação ao conhecimento e domínio de códigos culturais que levariam à maior compreensão de todas as obras, dentre elas as literárias. Retomamos aqui a pergunta central: quando estamos com bebês e crianças de pouca idade, como se dá esse processo de apropriação?

As primeiras experiências com o CEI Lauzane Paulista aproximavam-se, como mencionado, dessas indagações e aconteceram no momento em que a biblioteca reconhecia a importância da apropriação de um espaço público de referência de forma democrática, por diferentes grupos e faixas etárias. Ao mesmo tempo, diversas instituições civis, muitas vezes com enfoque na Educação Infantil, desejavam conhecer a biblioteca, suas histórias e quais experiências o ambiente poderia proporcionar.

Foi notável o estranhamento do público; um lugar majoritariamente adulto e acostumado a transitar e dividir o espaço com "iniciados" na leitura formal, ao se deparar com o atendimento de bebês e crianças pequenas em uma biblioteca sem as características de uma biblioteca com temática infantil, e ações em que aparentemente não havia exclusivamente o livro como suporte na visita. Estranhar implica a naturalização de algo, nesse caso, a ausência desse público e a formação lacunar concernente ao seu recebimento. A presença das crianças, insistimos, provoca inquietações e uma possível, mas não garantida, desnaturalização da cidade e seus inúmeros equipamentos adultocentrados.

Vale destacar a manifestação, presenciada na primeira visita, de um dos adultos frequentadores, para quem o *barulho das crianças*, em um lugar marcado pelo aparente silêncio, beirava o insuportável. Tal situação foi emblemática e provocou refletir sobre quais corpos e quais "sons" seriam permitidos, uma vez que se tratava de uma visita realizada na Seção Circulante da Biblioteca Mário de Andrade, ao lado de uma rua movimentada. Conversas foram e são necessárias para provocar novas formas de ver e ocupar os espaços públicos com as crianças pequenas.

Aproximações e estranhamentos: os primeiros contatos do CEI Lauzane Paulista com a Biblioteca Mário de Andrade

A parceria entre o CEI e a Biblioteca se estabeleceu a partir de uma primeira demanda: organizar a visita das crianças à Exposição do artista Torres Garcia, no ano deem 2015. No primeiro contato da Unidade com o Serviço Educativo, nos dias anteriores à visita, firmaram-se alguns combinados para viabilizar a presença das crianças no espaço.

Na ocasião, a exposição de *Torres Garcia* — El niño aprende jugando, em uma parceria inédita, contemplava a programação cultural. A exposição apresentou peças inéditas do artista uruguaio Joaquín Torres García. A produção realizada foi inspirada tanto pela experiência com seus filhos pequenos, quanto pela atividade docente por ele desempenhada na escola progressista Mont D'Or — onde ministrou aulas de desenho. O artista uruguaio Joaquín Torres García produziu entre 1915 e 1916 uma série de brinquedos de madeira que, anos mais tarde, durante a sua estadia nos EUA, ele registraria com a marca "Aladdin Toys". Os brinquedos, compostos por peças intercambiáveis, davam à criança a possibilidade de criar livremente por meio da experimentação de montar e desmontá-los livremente. Assim, permitia uma interação dinâmica entre a forma e a imagem que poderia ser proposta pela criança em contato com os brinquedos. O conceito curatorial buscou o cuidado para com o desenho expográfico, o que permitiu outra possibilidade de fruição ao público infantil; assim, aproximava-se mais, aproximando-se das crianças e promovendo o acesso.

O registro fotográfico, produzido pelas crianças e adultas professoras que as acompanhavam, foi eleito como a melhor maneira de documentar a visita. Uma câmera fotográfica do CEI ficou disponível às crianças de cada grupo para coletivamente efetuarem os registros. Desde os pés balançando no ônibus, os detalhes do chão, fotos de rosto em *close up* de meninos e meninas e a castanheira foram os temas mais presentes nas imagens registradas pelas crianças. A estes registros somou-se o dos(as) educadores(as), em diálogo com as impressões das crianças.

Os meninos e as meninas transitaram nos espaços da biblioteca circulante rumo ao espaço externo para contação de história, à sombra da castanheira. Foi o momento de expansão dos corpos nesse espaço: corriam, brincavam e riam, causando tanto espanto e encantamento pelos adultos que lá estavam, como também desconforto em alguns dos usuários. Nos semblantes, a maioria expressava a surpresa pelo fato de serem crianças muito pequenas com seus corpos nesse espaço frequentado majoritariamente por jovens e adultos. Como sinaliza a pesquisa de Priscila Fernanda Brito (2016), a proposta de circular pela cidade a partir das bibliotecas públicas remonta ao projeto cultural e educacional do Departamento de Cultura, entre os anos 1935 a 1938, sob a gestão de Mário de Andrade; temos aqui a possibilidade de refletir, junto às crianças, a respeito das transformações históricas, espaciais e culturais presentes na cidade de São Paulo, com destaque nos idos anos 1930, em que a infância tinha certa presença garantida em espaços, até então fundamentalmente adultos. Inspiração, sem dúvida.

"Não, eu não estou bravo, eu sou dinossauro!" O planejamento do retorno pautado na escuta das crianças

> O ponto de partida é a observação das crianças: o que buscam saber sobre o mundo à sua volta, quais suas preocupações e que perguntas estão fazendo num dado momento? Afinal: para onde está direcionada a curiosidade das crianças? É necessário, pois, olhar a criança, as diferentes crianças, os movimentos do grupo. É urgente ouvir suas perguntas: no choro, no balbucio, no gesto, na palavra, na ação. A escuta é disponibilidade ao outro e a tudo que ele tem a dizer. E mais: a escuta torna-se, hoje, o verbo mais importante para se pensar e direcionar a prática educativa. (Ostetto, 2000, p. 194)

No início do ano de 2016, buscamos por eixos que estruturassem o retorno das crianças à BMA. Procuramos, tal como postula Ostetto (2000), afinar cada vez mais o potente diálogo entre as duas instituições na escuta, como o *verbo mais importante* para esboçar a intervenção e formação conjunta.

A primeira visita à exposição, como relatado aqui, trouxe a toda a equipe do CEI evidências quanto à importância de estar e fazer usos desses espaços públicos; nesse caso, equipamentos e bens culturais, sem esquecer que disso pode se derivar a apropriação de outros espaços existentes em diferentes locais da cidade. A inspiração da proposta foi se delineando a partir do interesse demonstrado pelas crianças com relação aos dinossauros. Todos os grupos tinham pelo menos dois livros de dinossauros, que eram foco do interesse e da leitura, mesmo de forma não convencional, por parte das crianças. O CEI Lauzane Paulista tinha há muitos anos em cada sala uma estante na altura das crianças para que elas escolhessem os livros que quisessem ler, bem como no último dia da semana podiam escolher outros livros para ler com as suas famílias em casa aos finais de semana.

Observamos que meninos e meninas folheavam o livro dos dinossauros, que ficava disponível para consulta das crianças diariamente. Aventavam hipóteses a respeito desses seres pré-históricos: como comiam, os ruídos que faziam, como seria o *cocô dos dinossauros*, os tipos e os nomes, enfim, a curiosidade era imensa. Muitas vezes esses livros geravam disputas entre as crianças, todas queriam lê-los e não havia grande quantidade, mas buscamos posteriormente garantir que todos os grupos tivessem no mínimo três exemplares para consulta das crianças. De tanto manuseio, foram, por vezes, restaurados.

Essa curiosidade pautou a observação e escuta da equipe desde o ano de 2015. No ano seguinte, o interesse pautou também as conversas entre a coordenação pedagógica e o serviço educativo da BMA, que pôde dar suporte a algumas das inquietações e iniciativas dos(as) educadores(as) de criarem um dinossauro gigante, bem como adereços de *dino* para as brincadeiras com e das crianças. Entre as visitas realizadas na Unidade Educacional, bem como a ida da coordenadora pedagógica à BMA, foram se delineando ações em parcerias. Assim, nossa inquietação inicial voltada para a presença das crianças em vários locais da cidade, encontrava ressonância junto à equipe e aos projetos da BMA. Atravessar e usar a cidade para outras formas de consumo que não o comercial e voltado para a produção lucrativa de capital ganhou fortes contornos entre todos(as), somando-se interesses adultos e infantis à imprescindível escuta atenta junto aos meninos e às meninas. Da zona norte de São Paulo à região central, pelas patas dos dinossauros.

Provocados pelo interesse das crianças, dois educadores do quadro de apoio resolveram construir um dinossauro gigante a partir de uma grande caixa de papelão, cedida por uma das professoras. Buscaram na internet um modelo, um dos educadores desenhou a ampliação e tiveram como desafio deixar o dinossauro em pé para que as crianças pudessem pintar com guache. Foi um sucesso! Mobilizou todas as crianças e virou uma mascote das turmas, pois tinha a altura das crianças. Abraçavam, e queriam dar comida à escultura, que depois de percorrer diferentes espaços do CEI permaneceu por longo tempo no refeitório. Todos os dias as crianças queriam vê-lo, desde a chegada e, principalmente, quando acordavam. Criavam histórias com ele que, por vezes, era "*bonzinho*" ou "*ficava bravo*" e "*comia*" alguém ou algum brinquedo. Escolheram um nome para o dino: "George", numa alusão ao desenho da *Peppa* que percorria as falas e brincadeiras das crianças.

Certo dia, um dos meninos no refeitório estava conversando com a voz bem grossa. Ao indagar se ele estava *bravo*, a criança, com sua voz bem doce como de costume, respondeu: "*não, eu não estou bravo, eu sou dinossauro!*" (Miguel[3], 3 anos). Este episódio foi relatado para a equipe da BMA, que apontou ao grupo a corporeidade das crianças com relação aos dinossauros; já criaram voz e formas de falar e andar como ele. Um encantamento compartilhado! Estas observações pautaram os processos de formação continuada, em que os(as) diversos(as)

3. Nome fictício.

educadores(as) relatavam falas e movimentos nas brincadeiras das crianças que imitavam e (re)criavam os dinossauros.

Neste sentido, durante a formação, buscamos explorar com as educadoras e os educadores a ideia dos parangolés do artista Hélio Oiticica: uma obra dançante. Foi possível, a partir do diálogo da direção e coordenação pedagógica com o serviço educativo da Biblioteca Mário de Andrade, provocar o grupo a pensar e criar junto com as crianças os adereços para dar mais elementos para a brincadeira delas com os *Dinos*. A equipe do serviço educativo abraçou este desafio, dando sugestões para construção das partes ao mesmo tempo em que garantia a autoria dos educadores(as): as patas, a cauda, a "cabeça". Com estas dicas dadas pelo educativo da BMA, a equipe de educadores(as) começou a pensar nos materiais e construir as peças com tecidos coloridos, meias, enchimentos, compondo as patas e demais partes. Buscaram em conjunto moldes para cauda e cabeça. Todos os adereços de pano e enchimento com manta acrílica foram confeccionados com a ajuda de vários educadores e educadoras, que inicialmente costuravam à mão, e posteriormente conseguiram a doação de uma máquina de costura para o CEI Lauzane Paulista, garantindo a ampliação dos adereços e envolvendo as famílias e as crianças na brincadeira.

Inspirados(as) e provocados(as), educadores e educadoras puderam pensar e planejar o retorno à BMA no ano de 2016: pensar numa performance brincante das crianças, paramentadas com partes de Dinossauro no espaço da BMA, num deslocar de corpos e cores. As crianças pequenas com seus corpos dançantes circulando nos espaços causando estranhamentos e aproximações com os demais frequentadores desse espaço cultural. Outro ponto que veio à tona foi o das crianças perguntarem onde ficavam guardados os livros. Este deu outro mote para o educativo provocar a visita orientada nos diversos espaços, com a pergunta: *onde os livros dormem?*

Buscamos envolver as famílias nesse retorno, conversando em reunião, e a BMA elaborou um cartão especial de empréstimo de livros com o desenho feito coletivamente por cada grupo, realizando o cadastro de todas as crianças para utilizarem com suas famílias, além da BMA, para todas as bibliotecas da cidade de São Paulo. Percebia-se a atualidade da obra, já mencionada, de Pierre Bourdieu, o amor pela arte, pela leitura e pela literatura, que pode ser construído vagarosamente. Códigos dominados por uma classe social podem ser discutidos por outras, inclusive para que se reflita a respeito do porquê da dominação de uns sobre outros via cultura e seus conteúdos. Isso desde os bebês, mas não apenas. Observou-se que as idas à BMA eram formativas também para as professoras do CEI, que conheciam pela primeira vez aquele espaço, assim como as crianças e os bebês. Alijadas do espaço e seus usos para além do capital, temos grandes desafios a transpor, junto das crianças.

A visita orientada na BMA foi dividida em três grandes momentos, intercalando os dois subgrupos formados por adultos e crianças para circulação nos espaços. No primeiro momento, a acolhida a um dos grupos foi conhecer a biblioteca circular, sentados numa grande almofada lendo livros que escolheram entre os disponibilizados nas estantes. Os demais adultos presentes, surpresos, encantaram-se com o interesse das crianças em suas leituras não formais, no mergulho e diálogo com os livros e as revistas. Enquanto isso, outro grupo percorria os espaços a partir dos desafios que as educadoras da BMA lançavam ao caminhar contando a história de onde os livros ficavam e como eles dormiam naquele lugar, até serem acordados pelos leitores. Fizeram os combinados com as crianças que, animadamente, mergulharam na brincadeira proposta. Os dois grupos se encontraram na castanheira para o caça ao tesouro de dinossauro e o *picnic*. Brincaram muito, percorreram o espaço da castanheira, ouviram histórias contadas vestidos de dinossauros. No término da visita orientada deu-se o cortejo dos dinos, também muito esperado pelas crianças quando cada uma recebeu uma sacolinha com a sua carteirinha, cuja capa era o desenho feito coletivamente com a programação e a carta-convite às famílias.

No retorno à Unidade Educacional, os sorrisos trocados entre as crianças e seus familiares apontaram o impacto positivo dessa experiência inesquecível para as crianças que, de acordo com os relatos de alguns pais, mães ou responsáveis, contavam cada detalhe da experiência vivida.

Foram tantos depoimentos que o CEI junto com a BMA filmou cada um dos grupos para socializar com a s demais famílias e ao público da biblioteca BMA pelo *facebook:* os rostos sorridentes das crianças, brincando de dinossauros à sombra da castanheira com os educadores e educadoras, os momentos de leitura na grande almofada e os momentos em que estavam embevecidas ouvindo histórias ou com seus olhos a *curiosar* no espaço, de fato, constituíram parte desse processo que enriqueceu a todos e todas.

A avaliação dos educadores e das educadoras também evidenciou a satisfação com a experiência. Destacaram nas narrativas que compuseram as avaliações individuais:

> ➡ Nunca vimos tantos livros no mesmo lugar, andamos e conhecemos a biblioteca circulante. Pudemos manusear alguns, o pessoal da BMA já tinha separado no almofadão alguns livros para nossa faixa etária... Ampliamos possibilidades de brincadeira! Foi um momento de rica interação envolvendo nossas crianças e adultos, inclusive as educadoras da Biblioteca. Nós professoras achamos que foi um passeio muito rico, gostamos de ver a reação de espanto e admiração das outras pessoas que estavam neste espaço cultural que pararam o que estavam fazendo para olhar nossos pequenos no espaço, pois ficamos muito orgulhosas com a formas com que se apropriaram do espaço e seguiram todos os combinados que fizemos. (Trecho da avaliação coletiva da equipe docente que compôs os relatórios de avaliação das crianças)

Dessa maneira, as crianças desafiaram e "interrogaram" a cidade com seus corpos e peculiares gestos e falas. Acreditamos que Mário de Andrade, cujo nome foi dado à Biblioteca visitada pelas crianças e que lutou junto ao Departamento de Cultura por espaços como os Parques Infantis e as bibliotecas circulantes, espaços em que "se produziam cultura e conviviam com a diversidade da cultura nacional [...] a educação, a assistência e cultura estavam macunaimicamente" (Faria, 1999, p. 62), ficaria orgulhoso, ou nos renderia uma boa conversa!

Em uma das narrações no momento de relatos das vivências entre os familiares e as crianças, uma das mães nos contava, sorrindo, que quando chegou à casa, seu filho falou: *Mamãe, eu brinquei de livros!* Tal frase provocou o desejo de escrever este relato de experiência, e assim fizemos para partilhar com todos(as) e, quem sabe, juntos(as) pulsar pela cidade.

Agradecemos a Juliana Diamente Pito pela participação, pelos ricos questionamentos e contribuições na escrita da primeira versão deste texto. Por nos encorajar a partilhar a experiência.

Referências

BOURDIEU, Pierre; DARBEL, Alain. *O amor pela arte:* os museus de arte na Europa e seu público. Trad. Guilherme João de Freitas Ferreira. São Paulo: Edusp; Porto Alegre: Zouk, 2003.

BRITO, Priscila Fernanda. *"Foi respeitada a expressão da criança quando disse o que fez"?* — Artes nos parques infantis através das fotografias de Benedito Junqueira Duarte. Dissertação (Mestrado em Educação), Faculdade de Educação, Universidade de São Paulo, São Paulo, 2016.

FARIA, A. L. G. A contribuição dos parques infantis de Mário de Andrade para a construção de uma pedagogia da Educação Infantil. *Educação & Sociedade,* ano XX, n. 69, dez. 1999.

FARIA, A. L. G. *Educação pré- escolar e cultura:* para uma pedagogia da educação infantil. São Paulo/Campinas: Cortez, 2002.

GOBBI, M. A. Ocupações e infância: crianças, luta por moradia e culturas infantis na cidade de São Paulo. *Crítica Educativa,* v. 2, n. 2, p. 9-24, Sorocaba, jul./dez. 2016.

HOYUELOS, Alfredo. *La ética en el pensamiento y obra pedagógica de Loris Malaguzzi.* Tradução livre das autoras. Barcelona: Octaedro, 2013.

LA BARRACA TESTONI RAGAZZI. *Carta dei diritti dei bambini all'arte e alla cultura*. Tradução livre das autoras. Bologna: Edizioni Pendragon, 2011.

NEGRÃO, May Brooking. A evolução do Departamento de Bibliotecas Públicas, 1907-1978. *Revista de Biblioteconomia de Brasília*, v. 7, n. 2, p. 186-209. Brasília, jul./dez., 1979. Disponível em: http://www.brapci.inf.br/index.php/article/view/0000002961/c05ec8a076f70adbb7035ab099c420e7/ Acesso em: 10 jan. 2017.

NEGRÃO, May Brooking. *Biblioteca pública municipal de São Paulo:* da criação à consolidação (1926-1951). Breve esboço histórico. 1983. Dissertação (Mestrado em Comunicações e Artes). Escola de Comunicações e Artes, Universidade de São Paulo, São Paulo, 1983.

OSTETTO, L. *Encontros e encantamentos na Educação Infantil*: partilhando experiências de estágio. Campinas: Papirus, 2000.

POSTMAN, Neil. *The Disappearance of Childhood*. London: Penguin, 1983.

SARMENTO, Manuel Jacinto. As Culturas da Infância nas Encruzilhadas da Segunda Modernidade. *In:* SARMENTO, Manuel Jacinto; CELISARA, Ana Beatriz (org.). *Crianças e miúdos*: perspectivas Sociopedagógicas da Infância e Educação. Lisboa: ASA Editores, 2004.

SÃO PAULO (SP). Secretaria Municipal de Educação. *Orientação Normativa n. 01/2013:* Avaliação na Educação Infantil: aprimorando olhares. São Paulo: SME/ATP/DPT, 2014.

TONUCCI, F. A Infância e a cidade. *Revista Pátio*, n. 40, jul. 2014.

"Vamos brincar lá, naquele lugar, outra vez?" Diálogos entre as crianças, a natureza e a cidade de São Paulo

Juliana Diamente Pito

Este texto apresenta o relato de uma experiência vivida no Núcleo de Educação Infantil Paulistinha, da Universidade Federal de São Paulo, no ano de 2017, com um grupo de meninos e meninas com idades entre 2 e 3 anos, suas educadoras[1] e famílias. Inicialmente descreve como nasceu e como se desenvolveu o projeto de trabalho denominado "Entre bolinhos de lama, folhas borboletas e galhos jacarés: crianças, natureza e a cidade de São Paulo". Em seguida apresenta algumas questões, no limite de um artigo, com vistas a problematizar a relação entre as crianças e a cidade no âmbito da Educação Infantil, mas não só, também para além dela.

1. Nesse ano, a turma também foi acompanhada pela educadora Diana Cristina Vicente da Silva. Agradeço a parceria construída de forma tão afetuosa e imprescindível para o desenvolvimento deste trabalho.

Era uma vez um grupo de crianças...

Fundado há 40 anos, localizado na zona sul, próxima ao centro da cidade, o NEI Paulistinha encontra-se em um prédio, com poucas áreas livres, o que historicamente resultou em práticas circunscritas aos espaços das "salas referências". Esse fato, aliado ao desafio de se constituir práticas que tenham como ponto de partida a observação e a escuta das crianças, tornaram-se os centros das nossas discussões em 2017.

No início da jornada com as crianças buscamos organizar a sala referência com diferentes materiais e distribuir as experiências de maneira que as crianças pudessem ter maior tempo para desenvolvê-las, maior autonomia e pudessem transitar pelos demais espaços da escola. Aos educadores e educadoras caberia a função de observar e registrar momentos do dia a dia de maneira a recolher "pistas" para encaminhar os projetos e planejamentos. Um processo construído na perspectiva de uma escola da infância objetivada no encontro entre crianças, educadoras(es) e famílias, considerando a escuta como princípio, conforme ressalta Ostetto (2000):

> O ponto de partida é a observação das crianças: o que buscam saber sobre o mundo à sua volta, quais suas preocupações e que perguntas estão fazendo num dado momento? Afinal: para onde está direcionada a curiosidade das crianças? É necessário, pois, olhar a criança, as diferentes crianças, os movimentos do grupo. É urgente ouvir suas perguntas: no choro, no balbucio, no gesto, na palavra, na ação. A escuta é disponibilidade ao outro e a tudo que ele tem a dizer. E mais: a escuta torna-se, hoje, o verbo mais importante para se pensar e direcionar a prática educativa (2000, p. 194).

Assim, logo nos primeiros dias do ano foi possível observar as formas das crianças escolherem materiais, como construíam suas narrativas, como se organizavam como grupo, mas uma questão em especial passa a ser o foco de nossas reflexões:

➡ "ora, por que, com toda organização da sala referência com diferentes materiais, em que me mantenho no papel de adulta observadora, com todas as experiências brincantes, artísticas propostas à elas nos diferentes espaços do NEI, o lugar preferido das crianças continua sendo o parque? O pequeno parque cimentado, com brinquedos velhos e com seu pequeno canto de terra... Lá as brincadeiras são variadas, os grupos se misturam e se reorganizam, mas uma coisa parece comum: a luz do sol, o vento, a terra, as árvores e as sementes atraem e fazem bem aos pequenos e pequenas! Por que? Qual a relação destas crianças "da cidade" com a natureza? Parece que esse pode constituir-se como importante campo de pesquisa e um importante projeto de trabalho a ser desenvolvido com as crianças" (Caderno de registro da autora, março de 2017)

No Brasil, 84% da população vive em cidades (IBGE, 2010). Para as crianças, morar na cidade implica em viver suas infâncias de formas muito diversas, sobretudo quando entrecruzamos à localidade questões relacionadas à classe social, raça ou gênero. No entanto, de maneira geral, não podemos negar o quanto o atual modelo de crescimento urbano e a disputa pelo uso do espaço tem limitado as experiências das crianças aqueles cada vez mais especializados, segmentados e controlados. Voltaremos a essa questão mais adiante, mas por ora, destaco-a aqui pois foi um importante ponto de partida para o desenvolvimento do projeto. Outra questão que merece destaque refere-se ao que estamos compreendendo por "natureza", destacando nosso cuidado em contrapor o mito da natureza infinita e da supremacia dos seres humanos, compreendendo-nos como parte indissociável e indivisível da comunidade da vida, isto é, utilizamos "natureza" para caracterizar o interesse das crianças pela água, terra, folhas, galhos, fenômenos naturais, as estações, mas sem esquecer que também "somos parte dela".

A estas questões somam-se tantas outras: como, enfim, por meio de nossas práticas político-pedagógicas constituir-se como um "território da infância"?. Trata-se de conceber a escola da infância como local de acesso, construção e reconstrução de culturas, na interação entre crianças, adultos e o ambiente; o local da brincadeira, dos encontros, das emoções e dos saberes; o local privilegiado da articulação do "novo" (ARENDT, 2004) com o mundo. Mas como ter acesso, aprender, questionar e maravilhar-se com o mundo "emparedados" (TIRIBA, 2010) entre os muros da escola?

> [...] se uma criança chega à creche aos quatro meses e sai aos 6 anos, se passa 12 horas diárias lá, e até os 3 anos não frequenta o pátio; se, a partir dessa idade, adquire o direito de permanecer por 2 ou 3 horas, no máximo, brincando do lado de fora, sobre cimento e brita; se as janelas da sala onde fica o restante do tempo não permitem a visão do mundo exterior; se assim os dias se sucedem, esta criança não conhece a liberdade... ela está prisioneira!!! (SILVA; TIRIBA, 2014, p. 125).

E qual é o compromisso da escola com esse processo? Quais são os diálogos e pontes possíveis entre a escola e o mundo, com a cidade em especial, no cotidiano das crianças pequenas? Quais são as possibilidades de experiências e apropriações para além dos muros da escola? É possível repensar o papel da escola da infância de maneira que seus espaços e tempos sejam convergentes aos diversos encontros e relações entre os sujeitos? Seguimos, junto às crianças, em busca de respostas a estas perguntas.

Do parque à cidade: "desemparedar" e garantir o direito das crianças

Passamos a garantir e a priorizar no planejamento que as crianças estivessem ao menos um período do dia ao ar livre, o que se constituiu um desafio no cotidiano do NEI, considerando sua estrutura física e organização dos espaços coletivos. Isso significa que o espaço priorizado foi, inicialmente, o pequeno parque cimentado e seu "pedaço" de terra. Outro importante desafio foi qualificar as experiências nas diferentes linguagens com foco na natureza, suas teorias, suas belezas e relações com os sujeitos e com a cultura, em um movimento de imaginação, contemplação, pertencimento, preservação e respeito.

Dessa forma, o olhar mais atento para as manifestações das crianças durante o período em que estávamos no parque o transforma em um verdadeiro palco de descobertas de "tesouros da natureza". Folhas, sementes e galhos, em experiências brincantes, passam a receber nomes, outras formas, desenhos, incrementam as narrativas das crianças, que, junto de suas famílias, passam a trazer para a escola objetos descobertos em suas saídas nos fins de semana ou encontrados no trajeto de casa à escola. Nosso olhar para o mundo, começa a romper os limites dos muros da escola.

> ➡ **História da "folha-borboleta"... Desde que as crianças e suas famílias foram convidadas a trazerem para escola elementos da natureza, muitas delas adquiriram isso como hábito. Seguia eu pela rua da escola quando observei muitas folhas de árvores no chão. Peguei algumas, tentando retribuir os "presentes" trazidos para a sala e levei para a roda. Perguntei de onde achavam que era aquela folha e Arthur prontamente respondeu: "Aqui da rua, da rua da escola". Perguntei com o que parecia aquela folha e Lucas, com seu olhar atento e curioso: "Uma borboleta, parece uma borboleta". E assim nasceu nossa "folha borboleta", a preferida da turma. Naquele mesmo dia, voltei e coletei outras tantas que estavam na rua da escola. Brincamos, observamos no retroprojetor, pintamos, construímos "brinquedos" com elas durante toda essa semana. (Caderno de Registro da autora, abril de 2017)[2]**

O episódio das folhas-borboletas impulsionou outras ideias: e se todos nós saíssemos pelo bairro para procurar folhas-borboletas pelo chão? Como seria a árvore das folhas-borboletas? Haveria outros "tesouros" para brincar em nosso bairro?

Assim, saímos pelas ruas, munidos com máquinas fotográficas para descobrir e registrar os "tesouros" do nosso bairro. No entanto, sair com as crianças para a rua exigiu um esforço coletivo e planejamento com toda a escola, afinal essa não era uma prática comum para

2. É importante ressaltar que optamos em manter os nomes verdadeiros das crianças como forma de valorizar suas participações no projeto.

a comunidade. Como organizar a saída de um grupo de crianças tão pequenas? Como tratava-se da nossa primeira experiência, dialogamos com as famílias sobre a saída; com as crianças, organizamos pequenos grupos e organizamos uma agenda com registros das saídas, que foi disponibilizada também às famílias na porta da sala. Tínhamos claro que para ser significativo as crianças, elas deveriam participar de toda a organização da experiência.

Foram muitas "saídas" para as ruas do bairro, cada dia com um pequeno grupo de crianças, que conversavam, comentavam sobre tudo, mostravam descobertas e "achados" umas às outras, gargalhavam e paravam para conversar com as pessoas pelo caminho. Seus olhares, em especial aquelas sobre a natureza da cidade, podem ser conferidos por meio de algumas fotografias produzidas por elas:

Fotos produzidas por Miguel e Aurora em saídas pelo bairro Vila Clementino

Fonte: Arquivo pessoal da autora.

Na escola, as fotografias foram apreciadas e escolhidas pelas crianças para transformarem-se em uma mostra,[3] denominada "A natureza da cidade pelas lentes das crianças", mas, nesse processo de escolha, uma questão foi o foco das conversas entre nós: muitas imagens revelavam o lixo jogado pelo bairro, misturado à natureza, motivo de comoção e muita indignação por parte delas. O assunto rendeu muitas oportunidades de diálogos e as crianças logo concluíram que as pessoas responsáveis pela sujeira na cidade tinham que aprender a jogar lixo no lugar certo. Propusemos a elas pensarmos juntos como poderíamos contribuir para solução deste problema, quando Arthur dá uma sugestão:

> ➾ **"Vamos fazer os combinados igual aqui da nossa sala?" (Caderno de registro da autora, abril de 2017).**

Desde então destinamos muitas conversas sobre as possibilidades de intervenção na cidade para que pudéssemos "fazer combinados" com as pessoas, para não jogarem lixo na natureza. Alertamos as crianças que se escrevêssemos os combinados em uma folha de papel, como inicialmente propuseram, essa não duraria muito tempo, por conta da exposição ao vento e à chuva e poderia virar lixo também. Foram muitas as soluções apresentadas por elas:

> ➾ **"Escreve em uma frigideira", diz Aurora.**
> **"Escreve em um papel e coloca dentro de uma garrafa, aí não vai molhar", sugere Nickole (Caderno de registro da autora, maio de 2017).**

Então, em uma conversa com o coletivo de professoras aparece a sugestão do lambe-lambe. Entender seu significado e objetivo enquanto

---

3. As fotografias escolhidas pelas educadoras e crianças foram organizadas na mostra circulante *A natureza da cidade pelas lentes das crianças*, exposta no NEI e demais espaços de convivência na Universidade e Hospital São Paulo, durante o ano de 2017. O que as crianças escolheram fotografar? O que as imagens nos relevam? O que nos provocam? O que denunciam? Questões que acompanharam as imagens provocando aqueles que as apreciaram a refletir, se encantar e aprender com as crianças.

intervenção urbana nos levou a um processo de pesquisa por parte dos adultos, educadores e famílias, e crianças. Com desenhos e frases das crianças, os lambe-lambes foram produzidos e fixados pelo bairro em uma ação protagonizada pelos educadores, crianças e suas famílias.

Enquanto isso, seguimos buscando também articular parcerias e garantir vivências das crianças nos espaços públicos do nosso entorno, que incluía outras escolas, praças, e os próprios espaços da Universidade, que constituem o bairro no qual estamos localizados. Assim, realizamos visitas ao parque do CEI Suzana Campos Tauil Campos, nossos vizinhos, brincamos e nos encantamos com suas "florestas" e espaços de brincar. O Anfiteatro da Universidade se transformou em cinema e as saídas passam a compor nosso cotidiano. As crianças encantadas com as tantas possibilidades do mundo que as cerca, solicitavam com freqüência: *"Vamos brincar naquele lugar outra vez?"*. "Aquele lugar" eram os tantos lugares que poderiam ser percorridos e que poderiam brincar: o NEI já não bastava a elas.

As famílias, parceiras ativas de todo esse processo, acompanhavam e apoiavam nossas saídas, até que em meados do mês de outubro recebemos um convite: conhecer e brincar na casa de uma delas, que morava próxima à escola[4]. A visita incluiria um café da manhã, um passeio à feira livre próxima a residência e brincadeiras no parque da praça pública. Crianças e educadoras receberam o convite com muito entusiasmo e protagonizaram dias de preparação e planejamento coletivo. As crianças, entendendo ser um dia de festa na casa do amigo, sugeriram ir com fantasias. Pesquisamos juntos o trajeto que deveríamos fazer utilizando as ferramentas do Google Maps, desenhamos, escrevemos o que faríamos, respondemos o convite confirmando nossa presença, contamos os minutos até chegar o grande dia.

Mais uma vez, as crianças, que escolheram ir de príncipes, princesas, piratas e super-heróis, educadores e famílias caminharam,

4. É importante destacar que, por se tratar de uma Unidade Universitária de Educação Infantil, muitas das crianças matriculadas são filhos e filhas dos próprios funcionários da UNIFESP e do Hospital São Paulo e residem, portanto, em diferentes bairros e regiões da cidade.

brincaram e aprenderam na cidade. Os sorrisos e os olhares dos adultos cruzavam-se com os de curiosidade e alegria das crianças, suas conversas, cantorias e burburinhos pelo caminho. Caminhar juntos, esperar a vez para atravessar a rua, observar a paisagem. Na casa do amigo, dividir-se em grupo para subir no elevador, dividir brinquedos e conhecer diferentes formas de organização familiar. Seguir para a feira, conversar com seus trabalhadores, comprar morangos (encomenda feita pela nutricionista da escola), comer pastel e brincar no parque. Aprendizagens de vida cotidiana[5].

De volta ao NEI, foi a vez de conversar, desenhar, escolher fotografias para mostrar à comunidade, relembrar o que vimos na feira, dos brinquedos favoritos do parque público, rir das lembranças e das histórias vividas e, claro, planejar a próxima saída: *"vamos brincar lá, naquele lugar, outra vez?"*.

Crianças, cidade e práticas pedagógicas da Educação Infantil

Os últimos anos configuraram importantes avanços à educação das crianças pequenas no Brasil. No desafio de romper a polarização entre práticas meramente assistencialistas ou preparatórias para o Ensino Fundamental, que historicamente marcaram o atendimento das crianças pequenas no país, intensificam-se as discussões em torno da função da Educação Infantil na contemporaneidade. Os avanços no âmbito das pesquisas e das legislações nos permitem compreender a Educação Infantil enquanto lugar que garante a especificidade do educar e do cuidar de bebês e crianças pequenas, compartilhando desta tarefa com as famílias, configurando-se como um verdadeiro

5. Aprender pela vida cotidiana é uma ideia cunhada por Gilles Brougère e Anne-Lise Ulmann (2012), o trazemos aqui como forma de destacar o mundo comum como espaços de aprendizagens, muitas vezes ignorado pela escola.

"território das crianças". Nele se faz, portanto, necessário ressignificar práticas pedagógicas, compreendendo como se constitui seu currículo e "conteúdos".

As Diretrizes Curriculares Nacionais de Educação Infantil (2009) determinam, em caráter mandatório, em seu Artigo 5º:

> ➾ **A Educação Infantil, primeira etapa da Educação Básica, é oferecida em creches e pré-escolas, as quais se caracterizam como espaços institucionais não domésticos que constituem estabelecimentos educacionais públicos ou privados que educam e cuidam de crianças de 0 a 5 anos de idade no período diurno, em jornada integral ou parcial, regulados e supervisionados por órgão competente do sistema de ensino e submetidos a controle social.**

E ainda em seu Art. 3º, definem concepção de currículo:

> ➾ **O currículo da Educação Infantil é concebido como um conjunto de práticas que buscam articular as experiências e os saberes das crianças com os conhecimentos que fazem parte do patrimônio cultural, artístico, ambiental, científico e tecnológico, de modo a promover o desenvolvimento integral de crianças de 0 a 5 anos de idade.**

Conceber o currículo como conjunto de práticas é conceber que ele emerge no cotidiano da Educação Infantil, rompendo com sua tradicional concepção, formatado a partir da lógica dos conteúdos escolares e áreas de conhecimento. Neste sentido, compactuamos com Barbosa (2009), quando esta ressalta:

> Os conteúdos iniciais da educação das crianças pequenas apresentam uma profunda relação com a vida cotidiana. São, inicialmente, os conteúdos desta faixa etária: o alimentar-se, o lavar-se e o vestir-se, o descanso, o controle do corpo, o brincar, o jogar e o explorar a si mesmo e ao entorno, o separar-se e o reencontrar-se, o movimentar-se, o conviver com os demais e tantos outros conteúdos. Nessa perspectiva, as práticas sociais não são ações banais, pois são ações que envolvem emoção, desejo, corpo, pensamentos e linguagens. Os conteúdos da

> educação infantil têm como referência a aprendizagem das práticas sociais de uma cultura, isto é, as ações que uma cultura propicia para inserir os novos na sua tradição cultural. (2009, p. 83)

Assim, estabelecer a relação da cidade com as crianças enquanto constitutiva da prática que emerge no cotidiano é ampliar o olhar para as relações aprendentes e entender que tudo que acontece na cidade, enquanto práticas sociais de uma cultura, é potencialmente "educativo", inclusive a própria ação do coletivo de crianças estar nela, com seus corpos, linguagens, interpretações singulares e criativas, suas formas de ser e estar no mundo, além de possibilitar o encontro entre diferentes grupos sociais. A relação criança e cidade, quando pensada na perspectiva da Educação Infantil deve ter o compromisso de garantir as possibilidades experimentar, ver, enxergar e "curiosar" o mundo, assim como lhes é de direito. Desta forma não se trata da mera reprodução da lógica escolar realizada fora dela: trata-se de reinventar os tempos e espaços educativos, expandindo as possibilidades de experiências para além dos muros da escola.

Neste sentido, cabe ainda ressaltar que as crianças "desemparedadas" (TIRIBA, 2010) se educam, mas, ao mesmo tempo, educam os demais sujeitos da cidade. Em nosso caso, a presença delas, em grupos, mexeu com a dinâmica do bairro: surpresos, os adultos passavam e sorriam, perguntavam sobre o que faziam, conversavam, indo ao encontro do que ressalta o educador italiano Francesco Tonucci, quando destaca:

> [...] a cidade deverá assumir a responsabilidade de acolher as crianças, [...] e agir de modo que possam viver as próprias experiências em ambientes comuns a todos, junto a nós, observando-nos, espiando-nos, imitando-nos, importunando-nos e, de qualquer modo, reeducando-nos (2015, p. 2).

Aliás, as produções de Francesco Tonucci, considerado um dos grandes percursores no debate a respeito de infância e cidade, suscitam importantes questões para refletirmos. Para ele, as crianças devem ser consideradas os grandes paradigmas para se pensar as cidades para todos e todas. Nesse sentido, na cidade transformada no lugar do medo, do perigo e da segregação, que "há perdido su vida [...] se há convertido em algo como el bosque de nuestras fábulas" (2010, p. 5), as crianças estão cada vez mais enclausuradas, conforme já abordamos nesse texto, ou confinadas em espaços projetados somente a elas, corroborando em um círculo infindável de "abandono" da cidade. Para Tonucci (2010), a solução para o cenário urbano estaria no considerar as crianças como prioridade, o que não significa de forma alguma construir uma cidade infantil. "Se trata en cambio de bajar la óptica de la administración a la altura del niño, para no perder a nadie. Se trata de aceptar la diversidad que el niño trae consigo como garantía de todas las diversidades" (2010, p. 12). Trata-se, portanto, de reconhecer o papel político que instituições educativas, desde a creche, tem, ao saírem com as crianças pela cidade: primeiro ao possibilitarem a elas se fazerem presente, produzindo e apropriando-se de seus espaços, conferindo-lhe esse direito que não é só de passar por eles no ir e vir à escola; segundo como forma de contrapor-se ao risco de tornar-se mais um espaço especializado e segregado que enclausura crianças, sob o discurso de ser o único lugar da cidade permitido a elas. Crianças, desde bebês, existem nas cidades, mas quando as vemos? Quando observamos suas marcas, tempos, lógicas e ideias?

No Brasil, temos acompanhado nos últimos anos um aumento de interesse na temática "infância e cidade" como debate político e como campo de pesquisas diversas, sob diferentes perspectivas teóricas e utilizando-se de variados aportes metodológicos, buscando, em geral, articular as diferentes manifestações das crianças a decorrentes temas urbanos, tais como: espaços e lugares, mobilidade, políticas públicas, desigualdade social, violência urbana, além de contribuírem com suas perspectivas e sentidos sobre a cidade e com o debate sobre a produção e apropriação dos espaços urbanos por elas. No limite deste artigo, destacamos as publicações de quatro dossiês sobre a temática infância e cidade, publicados nos últimos anos, organizados por

Gobbi e Anjos (2020); Araújo, Moreira e Fernandes (2019), Araújo e Aquino (2018), Müller e Nunes (2014), respectivamente. A amplitude de pesquisas e contribuições destes dossiês indicam um importante movimento de consolidação do campo, mas também a necessidade de novas pesquisas que aprofundem as discussões sobre as relações das crianças com a cidade, seus conteúdos e a produção das desigualdades sociais, entrecruzadas as questões raciais, etárias e de gênero, por exemplo. Evidenciamos tais lacunas, compactuando e trazendo aqui os questionamentos levantados por Gobbi e Anjos, na apresentação do citado dossiê, como forma de convite a ampliar tal debate:

> quando o assunto é infâncias e cidades onde estão as crianças e como são representadas em nossas vidas, em nossas pesquisas? Entre camadas de catástrofes e considerando as atualmente vividas em nosso país que histórias nos contam as crianças pelas ruas ou longe delas, com teto ou sem ele, em praças e jardins? Como têm sobrevivido e quais marcas deixam? Nas relações que estabelecemos com elas que representações criamos e quais pautam nossos modos de compreendê-las? Mas, ainda fica a pergunta sobre quais crianças considerar, quais são representadas e por quais nos enlutamos, nos alegramos, paramos para cumprimentar, fazer um agrado, vimos ou deixamos de ver quando estão nas cidades (GOBBI; ANJOS; 2020a, p. 18-19).

Ora, concordamos que pensar a relação das crianças, desde bebês, com a cidade exige considerar suas presenças, pontos de vistas, desejos e necessidades, implicações e formas de participação, mas de todas elas: negras, pobres, moradoras do centro, moradoras da periferia, moradoras das ocupações, em situação de rua, indígenas, imigrantes. De qualquer maneira, cabe também destacar como alguns trabalhos e pesquisas apontam para a escola como local privilegiado para se estabelecer discussões sobre a infância, as crianças e a cidade, tal como buscamos abordar neste relato de experiência. Destacamos, nesse sentido, o artigo de Canavieira e Coelho (2020), e as pesquisas de Neiman (2019) e Silva (2020), por também tratarem de tais relações.

Canavieira e Coelho (2020) discutem como as instituições de Educação Infantil podem se constituir como catalisadoras na integração das crianças com o espaço público e político da cidade, por meio dos processos de territorialização. Defendem a potência educativa da "rua", contrapondo-se a lógica desta como espaço do qual as crianças devam ser retiradas e evocam que, para tal, é necessário subverter concepções de educação e de cidade, de forma que as práticas educativas possam ser partes constitutivas da própria cidade.

Já as pesquisas de Neiman (2019) e Silva (2020) apresentam experiências de crianças com o centro da cidade de São Paulo, a partir de suas escolas (municipais) de educação infantil. Na primeira, que tem como objetivo compreender os usos e apropriações do espaço urbano pelas crianças, são propostas situações de caminhada, fotografia e desenho aos arredores da escola como forma de analisar as relações estabelecidas entre elas, adultos e o espaço. Já na segunda, na pesquisa de Silva (2020), as percepções das crianças sobre a cidade foram analisadas a partir das práticas das chamadas "caminhadas-cortejos", que levam as crianças a caminharem coletivamente pela cidade, realizadas por três escolas municipais de educação infantil. Ambas apontam para a possibilidade de apropriações infantis do espaço, assim como apresentam importantes elementos para se pensar a presença das crianças na cidade e a produção do espaço urbano por elas.

Voltando a experiência relatada neste artigo, consideramos também fundamental refletir sobre este ponto: a presença e não só, mas também, a implicação desta presença das crianças na cidade. Em meio as nossas caminhadas, enquanto as crianças, na maioria das vezes, recebiam sorrisos e palavras de afeto das pessoas com as quais cruzavam pelas ruas, as professoras, quase sempre recebiam comentários que exaltavam a "coragem" de estar ali com elas: "*Nossa, que corajosas*!". Que coragem seria esta necessária para sair para caminhar com crianças às ruas? Seria aquela necessária para encarar um lugar perigoso a elas e com elas? Neste sentido, é necessário refletir sobre a tese da cidade como lugar do perigo, percebida, portanto, como espaço antieducativo (VULBEAU, 2012), em especial quando se trata de crianças tão pequenas. Para Müller e Nunes (2014) os ideais funcionalistas do processo de urbanização que acabam por segmentar espaços de morar, trabalhar, circular, estabelecendo rupturas entre as esferas pública e privada, são elementos que contribuem para forjar a ideia da rua como lugar do perigo, em detrimento da falsa sensação de segurança nos chamados "enclaves fortificados[6]" (CALDEIRA, 2000). A quem interessa a imagem difundida da cidade com mais perigos que aprendizagens e possibilidades às crianças? Por que estranhamos encontrar com elas pelas ruas e vias públicas e não em shoppings ou outros lugares de consumo de produtos e lazer, por exemplo?

Müller e Nunes (2014a) destacam como o surgimento de equipamentos e espaços especializados acompanham o processo de urbanização nas cidades, de forma que em alguns deles "se espera e se aceita encontrar crianças; nos demais ela é invisível ou um incômodo para os adultos" (p. 652). Para as autoras, nesse sentido, é necessário ampliar as reflexões sobre as experiências das crianças para além dos limites escolares. Corroboramos com elas, desafiando-nos, portanto, a refletir sobre essas experiências não só para além, mas também a partir da escola.

> Precisamos atentar, contudo, para a naturalização de uma relação de poder, que associa de forma imperativa o uso do espaço urbano quase exclusivamente ao adulto. Por deterem um discurso de proteção às crianças, os adultos facilmente as excluem da cidade, restringindo as interações de ambos ao espaço privado ou lugares previamente demarcados no espaço público. Estes espaços, tomados pelos adultos como os mais adequados às crianças e que geralmente se voltam ao lúdico, dificilmente promovem interações mais diversificadas (MÜLLER; NUNES, 2014b, p. 670)

Assim também defende Jane Jacobs (2011) ao analisar o cotidiano de cidades estadunidenses nos anos 1940/1950, destacando

6. Utilizamos a expressão de "enclaves fortificados" inspiradas em Caldeira (2000), como forma de nos referirmos aos espaços fechados para moradia, lazer ou consumo.

a importância da diversidade, incluindo a de idade, como meio de garantir a vitalidade urbana. Nesse sentido, critica planejamentos que priorizam a organização da cidade em fragmentos e que buscam a homogeneização, excluindo a possibilidade de encontros de diferentes grupos e pessoas. Para Jacobs a presença das crianças nas ruas implicaria na necessidade de um cuidado compartilhados de todas elas pelos adultos, em um processo de construção de responsabilidade pública de uns com os outros e, portanto, uma outra forma de organização social: "espaços e equipamentos não cuidam de crianças. Estes podem ser complementos úteis, mas só pessoas cuidam de crianças" (2011, p. 89).

Por fim, cabe também ressaltar como, aliada a disponibilidade em sair com as crianças pela cidade, a escuta delas, desde muito pequenas, seus interesses sobre as coisas, fenômenos e as hipóteses sobre o mundo, neste caso, o interesse pelas folhas, flores, galhos que estavam ao nosso redor, pode se constituir como linhas possíveis de ações e experiências diversas, que desnaturalizam e apresentam questões muitas vezes despercebidas pelos adultos, como o fato de sair e indignar-se com a sujeira dos espaços públicos. Trata-se, tal qual ressaltam Canavieira e Coelho (2020), de ampliar conceitos tantas vezes restritos aos chamados aspectos "pedagógicos" a dimensões políticas, considerando não só a presença, mas como a capacidade de participação, interferência, negociação e quiçá, de redistribuição das relações de poder entre adultos e crianças.

Quantas surpresas, brincadeiras e aprendizagens as experiências vividas durante esse ano proporcionaram aos educadores, crianças, famílias dessa turma e à própria cidade? Não foi necessário seguir uma lista de conteúdos preestabelecidos, nem mesmo "encaixar" objetivos didáticos nela, mesmo porque, o projeto acabou proporcionando reflexões, questionamentos e ações para além do vivido no cotidiano da escola. Nesse sentido, a cidade tornou-se palco de aprendizagens, de partilha, de construção de culturas, de experiências nas múltiplas linguagens e de aprendizagens para crianças e adultos, de "dentro" e de "fora" da escola.

Esse foi, sem dúvida, um projeto que muito nos ensinou. Um exercício de prática coletiva e democrática intencionalmente planejada por "muitas mãos". Ora, educar nos preceitos da liberdade e da democracia, tão caros no momento histórico em que vivemos, exige de nós movimentos coletivos para repensar as condições de aprisionamento ou emparedamento em que expomos as crianças, desde os bebês, atualmente. Exige também que repensemos o que estamos compreendendo por práticas pedagógicas da e na Educação Infantil, os limites impostos pelos muros institucionais e a própria produção do espaço urbano com a presença das crianças. A escola da infância não pode se furtar a essa responsabilidade... pelas crianças.

Referências

ARAUJO, Vania Carvalho de; MOREIRA, Jader Jane; FERNANDES, Maria Lidia Bueno. Dossiê Crianças e suas infâncias na cidade. *Cadernos de Pesquisa em Educação* -PPGE/UFES. Vitória (ES), a.16, v. 21, n.49, p. 1- 169, jan./jun. 2019. Disponível em: https://periodicos.ufes.br/educacao/issue/view/1010. Acesso em: 10 fev. 2021.

ARAUJO, Vania Carvalho de; AQUINO, Ligia Maria Leão. Dossiê Infância e cidade: diálogos com a educação. *Educação* (Porto Alegre), v. 41, n. 2, p. 163-164, maio/ago. 2018. Disponível em: http://iesc.pro.br/publicacoes_iesc/dossie-infancias-na-cidade-um-dialogo-com-a-educacao/. Acesso em: 10 fev. 2021.

ARENDT, H. *A condição humana*. Rio de Janeiro: Forense-Universitária, 2004.

BARBOSA, Maria Carmen. *Relatório Práticas Cotidianas da Educação Infantil*: base para reflexão sobre as orientações curriculares. Brasília, DF: MEC, 2009.

BARBOSA, Maria Carmen; HORN, Maria da Graça Souza. *Projetos pedagógicos na Educação Infantil*. Porto Alegre: Artmed, 2008.

BRASIL. Ministério da Educação. Conselho Nacional de Educação. *Diretrizes Nacionais Curriculares para a Educação Infantil*. Brasília, DF: MEC, 2009.

BROUGÈRE, Gilles; ULMANN, Anne-Lise (org.). *Aprender pela vida cotidiana*. Campinas: Autores Associados, 2012.

CALDEIRA, Teresa Pires do Rio. *Cidade de muros*: crime, segregação e cidadania em São Paulo. São Paulo: Editora 34/Edusp, 2000.

CANAVIEIRA, Fabiana O.; COELHO, Olívia P. Escola da infância, cidade e democracia: em busca do exercício da cidadania infantil. *Revista Práxis Educacional*, Vitória da Conquista, v. 16, n. 40, p. 47-65, jul./set. 2020. DOI: 10.22481/praxisedu.v16i40.6885. Disponível em: https://periodicos2.uesb.br/index.php/praxis/article/view/6885. Acesso em: 13 fev. 2021.

GOBBI, Marcia Aparecida; ANJOS, Cleriston Izidro. Dossiê Perspectivas para pensar as cidades: infâncias, educação, democracia e justiça. *Revista Práxis Educacional*, Vitória da Conquista, v. 16, n. 40, jul./set. 2020.

GOBBI, Marcia Aparecida; ANJOS, Cleriston Izidro. Apresentação do Dossiê Temático Perspectivas para pensar as cidades: infâncias, educação, democracia e justiça. *Revista Práxis Educacional*, Vitória da Conquista, v. 16, n. 40, p. 13-24, jul./set. 2020a. DOI: 10.22481/praxisedu.v16i40.6986. Disponível em: https://periodicos2.uesb.br/index.php/praxis/article/view/6986. Acesso em: 13 fev. 2021.

IBGE. Instituto Brasileiro de Geografia e Estatística. *Censo Brasileiro de 2010*. Rio de Janeiro: IBGE, 2012. Disponível em: https://censo2010.ibge.gov.br/.

JACOBS, Jane. *Morte e vida nas grandes cidades*. 3. ed. São Paulo: WMF Martins Fontes, 2011.

MÜLLER, Fernanda; NUNES, Brasilmar Ferreira. Dossiê Infância e cidade: perspectivas analíticas para as áreas de Educação e Sociologia. *Educação & Sociedade*, Campinas, v. 35, n. 128, p. 649-809, jul./set. 2014.

MÜLLER, Fernanda; NUNES, Brasilmar Ferreira. Apresentação do Dossiê Infância e cidade: perspectivas analíticas para as áreas de Educação e Sociologia. *Educação & Sociedade*, Campinas, v. 35, n. 128, p. 651-658, jul./set. 2014a.

MÜLLER, F.; NUNES, B. F. Infância e cidade: um campo de estudo em desenvolvimento. Dossiê Infância e cidade: perspectivas analíticas para as áreas de Educação e Sociologia. *Educação & Sociedade*, Campinas, v. 35, n. 128, p. 659-674, jul./set. 2014b.

NEIMAN, Lilith. *Caminhar, fotografar, desenhar: experiências com crianças na Praça da República (SP).* Dissertação de Mestrado, Faculdade de Educação-Universidade de São Paulo. São Paulo, 2019.

OSTETTO, Luciana (org). *Encontros e encantamentos na Educação Infantil.* Campinas: Papirus, 2000.

SILVA, Dilma Angela. *Andarilhar e perceber a cidade com crianças da educação infantil:* cortejo, arte e mediação cultural. Dissertação (Mestrado em Educação, Arte e História da Cultura). Universidade Presbiteriana Mackenzie. São Paulo, 2020.

SILVA, A. M. M.; TIRIBA, L. (org.). *Direito ao ambiente como direito à vida*: desafios para a educação em direitos humanos. São Paulo: Cortez, 2014.

TIRIBA, Lea. *Crianças da natureza.* Consulta Pública DCNEIs, ago. 2010. Disponível em: http://portal.mec.gov.br/index.php?option=com_docman&view=download&alias=6679-criancasdanatureza&category_slug=setembro-2010-pdf&Itemid=30192.

TONUCCI, F. A infância e a cidade. *Revista Pátio.* Porto Alegre: Grupo A Editora, ano XII, n. 40, jul./set. 2014.

TONUCCI, F. *La Ciudad de los Niños*: un modo nuevo de pensar la ciudad. Buenos Aires: Editorial Grao, 2010.

VULBEAU, Alain. A educação ao longo da cidade. *In*: BROUGÈRE, Gilles; ULMANN, Anne-Lise (org.). *Aprender pela vida cotidiana.* Campinas: Autores Associados, 2012.

PARTE 2

Levezas e resistências: crianças em luta por moradia

"Viemos para lutar e fazer amigos": participação política de crianças em organizações sociais

Paula Nurit Shabel

Aos capitães do asfalto de todas as cidades do nosso continente.

Um contexto político vertiginoso

As democracias da América Latina têm realizado, nas últimas décadas, importantes avanços legislativos em matéria de direitos humanos em geral e direitos das crianças em particular. No entanto, as realidades dessas infâncias têm piorado com o aprofundamento da desigualdade que sofreu o continente a partir das implementações das ditaduras civis-militares e o consequente regime neoliberal (Fonseca e Cardarello, 2005). Neste cenário, surgiram já no final de 1970 as autodenominadas *organizações das infâncias*, que são um grupo de instituições do campo popular, cujos objetivos são a luta por uma *infância digna* em termos classistas e participação das crianças nesta disputa. Nós usamos o conceito de *infância digna,* como feito pelas organizações protagonistas desta pesquisa, para nos referir a uma infância que possa exercer a totalidade de seus direitos com as correspondentes garantias que o Estado junto à comunidade local lhe deve fornecer. Desse entrelaçamento, surgiram expressões no continente todo, tais como o Movimento Nacional de Meninos e Meninas de Rua no Brasil, os Gurises Unidos do Uruguai, o Movimiento de Adolescentes y Niños Trabajadores Hijos de Obreros Cristianos do Peru e, posteriormente, o Movimiento Latinoamericano y del Caribe de Niñas, Niños y Adolescentes Trabajadores.

Na Argentina, a maioria das organizações pela infância foi nucleada no chamado Movimiento Nacional Chicos del Pueblo (MNCP), a partir da década de 1980, e, desde então, organizaram passeatas, manifestações e diversas atividades com o objetivo de denunciar as condições de pobreza nas quais as crianças e suas famílias são obrigadas a viver, e, ao mesmo tempo, visibilizar a participação das crianças nas lutas pela igualdade. Embora o MNCP tenha se fragmentado desde há uma década, muitas organizações que o conformaram ainda seguem ativas, e é um grupo destas históricas instituições, junto a outras instituições novas, que decidiram fazer a convocação para um Pré-encontro e um Encontro Nacional da Infância com o objetivo de visibilizar problemas que atravessam as infâncias pobres na Argentina e gerar a unidade entre as diversas organizações que habitam essas infâncias, fazendo partícipes todas as crianças no processo de luta. Tais encontros tiveram lugar em setembro e novembro de 2015, respectivamente, reunindo quase 50 espaços de trabalho com crianças de todo o país, que chegaram a Buenos Aires "para lutar e fazer amigos", tal como foi explicado por Jose, de 11 anos, numa conversa que tivemos no dia do Encontro.

Objeto e método

Neste contexto, o objetivo do presente capítulo é analisar e apresentar as formas específicas de participação propostas e realizadas por estes atores coletivos no entrecruzamento intergeracional e o papel das emoções em tal tecido político. Isto significa que este trabalho não é uma avaliação do grau de participação no Encontro Nacional mencionado, mas sim como a participação das crianças, princípio tão fundamental para os próprios atores, é posta em prática no campo particular do nosso estudo.

Neste contexto, entendemos que a antropologia tem muito a contribuir na construção de um saber que recupere a diversidade desde a igualdade, se consideramos que para além das distintas perspectivas e formas da prática antropológica, esta disciplina sempre tem estudado as "expressões da singularidade sociocultural no gênero humano" (Guber, 2008, p. 67). Por isso, recuperamos a etnografia na sua tradição hermenêutica (Rockwell, 2009), que permite captar as tramas de significados locais, aquilo que as crianças em particular e as organizações sociais em geral tem a dizer sobre a participação infantil e o Encontro Nacional.

O trabalho de campo etnográfico que dá sustentação a este trabalho foi realizado no espaço cotidiano das organizações que impulsionaram o Encontro Nacional de Infância, a maioria espaços onde moram as crianças, ainda que também refeitórios e espaços lúdicos nos quais as crianças comparecem assiduamente. Também foi registrado o espaço das reuniões de todas as organizações, onde foram planejados, discutidos e avaliados os dois eventos, além disso, foram registrados o próprio Pré-encontro e o Encontro Nacional.Em todas as instâncias participaram adultos e crianças desde os 6 anos de idade das organizações da Área Metropolitana de Buenos Aires (AMBA) que foram anfitriões do evento, atingindo cem pessoas no Pré-encontro e quase 500 no dia do Encontro, das quais 200 eram crianças.

Alguns debates sobre a participação infantil

Com o fim dos processos ditatoriais na região, aconteceu uma abertura política que permitiu pensar novos grupos sociais envolvidos na vida democrática. A participação começou a se posicionar como algo positivo nos discursos políticos e nas instituições (Cerletti, 2008), assim, todos os cidadãos foram convidados a participar para legitimar e fortalecer as democracias que renasciam no final do século XX. No campo da infância, foi desenvolvida uma série de debates em torno desse conceito, sobre os quais percorreremos na presente seção, começando por aqueles provocados pela Convenção dos Direitos da Criança e do Adolescente (em diante CDC) que, como filha de seu tempo, trouxe um ar de capitalismo republicano triunfante (Barna, 2013) que invisibilizou as propostas realizadas pelas organizações populares (Liebel, 2006; Shabel, 2017). Mas esta mudança de paradigma gerou diversas tensões éticas, teóricas e legislativas entre as quais se destaca o difícil convívio entre os princípios de autonomia e o cuidado infantil "que não são facilmente conciliáveis na sua aplicação cotidiana" (Padawer *et al.*, 2009, p. 142) nas organizações sociais. Ainda que a Convenção faça menção à participação das crianças em várias ocasiões, esta fica sempre limitada "conforme à maturidade e desenvolvimento" de cada criança (CDC, 1989) e por isto concordamos com Liebel quando afirma que "o que marcou o inicio dos Direitos das crianças não foi nenhum conceito de liberdade senão a proteção das crianças" (Liebel, 2006, p. 56).

No entanto, para além da lei escrita, interessa avaliar como esta tensão aparece na prática cotidiana, na medida em que as disputas compartilhadas intergeracionalmente "forçam e expandem as fronteiras da cidadania, bem como redefinem modos de relacionamento com o Estado e legitimam necessidades e modalidades de ação" (Padawer *et al.*, 2009, p. 145) de pessoas adultas e crianças. E isto acontece tanto no espaço escolar (Batallán *et al.*, 2009), como nas comunidades indígenas (Szulc e Enriz, 2016), e nas organizações sociais urbanas (Gentile, 2014; Morales y Magistris, 2018; Shabel, 2018). Em todos os casos se visibiliza uma infância ativa em seu contexto, reflexiva dos problemas e organizada para atuar diante deles, mas nem por isso perfeita nem isenta de contradições ou desigualdades. Longe de romantizar este estágio da vida, as publicações que se dedicam à participação infantil contribuem na destotalização da infância ao dar conta da enorme variabilidade de práticas que meninos e meninas realizam em cada um de seus contextos particulares (Rabello de Castro, 2002; Szulc, 2006).

Todavia, Cerletti adverte que "o chamamento à 'participação' como positivo em si mesmo, como medida (automaticamente) democratizante, sem considerar as relações de poder, gera uma falsa ideia de igualdade de condições" (2008, p. 13). Isto é o que Sirvent (1999) chama de "como si" ou "participação simbólica", que tem pouca ou nenhuma influência real na vida institucional, que é uma das mais fortes críticas que as organizações sociais fazem à sociedade em geral por pretender "encapsular as crianças dos efeitos dos processos sociais" (Barna, 2013, p. 5) e isolá-los das famílias, das comunidades e das organizações, que em muitos casos são os únicos adultos referências nas suas vidas. Neste sentido, o papel das organizações sociais em disputa pelos direitos de participação em particular e os direitos das crianças em geral normalmente fica invisibilizado ou confuso no amplo campo das instituições da sociedade civil e o terceiro setor, "exceto quando somos chamados para fazer a foto" (Omar, referência de uma organização de infância, registro de campo, 06/2015).

A este tipo de participação faz oposição Cussiánovich (2009 e 2013), acadêmico e referência principal do já comentado movimento "Meninos, meninas e adolescentes trabalhadores" (NNATs iniciais em espanhol) de todo o continente. Este autor afirma que "para que esta participação seja realmente significativa é necessário que os meninos, meninas e adolescentes estejam organizados" (2009, p. 10) e enfatiza a autogestão das crianças e a autonomia destas para tomada de decisões, que é a base ideológica dos NNATs. Este padre do terceiro mundo e mestre peruano propõe que "a participação é um princípio, uma prática e um processo, é por conta disto que a formação para a participação como concretude do protagonismo vira uma necessidade e uma urgência" (Cussiánovich, 2003, p. 91). E a proposta é por uma participação sistemática das crianças em todos os níveis de tomada de decisões e não apenas a participação limitada a certas instâncias ou reuniões nas quais a noção de "dar voz para as crianças" fica fetichizada.

Nesta mesma linha, Sirvent põe o foco da participação nos processos de tomada de decisões que realizam à própria vida. Desde a perspectiva da autora, a participação é "quando os membros de uma instituição ou grupo influem efetivamente sobre todos os processos da vida institucional" (1999, p. 129), o que acontece, dessa forma, é uma mudança na estrutura do poder, que é exatamente o que buscam as organizações sociais analisadas. Nesta corrente de pensamento, "a participação real é concebida como médio e fim de um processo de mudança e desenvolvimento social que vai permitir acabar as desigualdades na distribuição da riqueza nacional" (Sirvent, 1999, p. 130). Nesta perspectiva, se enfatiza a intergeracionalidade, mais do que a autonomia, enquanto os vínculos sociais são o meio através do qual são produzidas as transformações, dando passagem à necessidade humana dos outros e das outras como eixo organizador dos processos sociais.

Estas reflexões deixam em destaque as tensões entre autonomia e cuidado que são produzidas nas organizações sociais no momento de trabalhar a participação infantil (Padawer *et al.*, 2009). Tensões que, não obstante, só são resolvidas em cada caso em particular, segundo os contextos e os sujeitos protagonistas das cenas, e as características de cada uma das organizações que leva adiante a proposta de participação infantil. O que resulta mais comum é o papel que cumprem as emoções na prática política, como condição da possibilidade para participação de adultos e de crianças. Fernández Álvarez (2017) recupera o historiador Edward Thompson para explicar a coletivização das emoções como uma engrenagem fundamental no processo político dos sujeitos, que não se traduz numa causalidade direita, mas que nos auxilia na compreensão dos complexos processos sociais nos quais as crianças estão imersas e das quais são protagonistas. Neste sentido, devemos nos deter para estudar os sentidos que as próprias crianças usualmente conferem a sua participação política (Shabel, 2016 e 2018), estreitamente ligada ao encontro com outras crianças, a brincadeira e a diversão, sem deixar do lado a luta por melhores condições de vida.

Análise de campo: participação, brincadeira e infância

As dez organizações que participaram mais ativamente na preparação e organização do Encontro Nacional da Infância têm diversas histórias e características, mas têm, ao mesmo tempo, acordos e semelhanças que as levaram a realizar esta tarefa conjunta e, por isso, fazemos a análise do campo sob o coletivo. Estas instituições funcionam com diversos projetos como escolas, oficinas culturais, reforço escolar, casa de cuidado, casa de dormir e empreendimentos produtivos. Em sua maioria trabalham com crianças dos 6 aos 20 anos[1] e falam dos jovens (pibes) sem fazer demasiada distinção entre os mais novos e os mais velhos. Todas estas organizações realizam uma crítica à situação política e econômica atual, às políticas públicas e às desigualdades que atravessam as crianças com as quais desenvolvem trabalho, e acreditam que a organização de todo o campo popular é fundamental para a transformação desta realidade. Com um discurso classista e uma luta cotidiana para chegar ao final de mês, as *organizações da infância* que fizeram a convocação para participar do Encontro Nacional possuem diversas identidades políticas que confluem na cobrança pelas e com as crianças e jovens.

Ainda que as dimensões de análise que se apresentaram durante a realização do trabalho de campo foram imensas, vamos nos concentrar, neste caso, em dois dos focos de tensão surgidos nas trocas entre os diversos atores que produziram o evento. Por um lado, vamos problematizar as diversas definições de participação que se disputaram nas reuniões e no próprio Encontro Nacional da Infância e, por outro lado, localizaremos os debates suscitados em torno dos objetivos do Encontro, que também foram desenvolvidos, colocando

---

1. Ainda que a infância conclua-se oficial e legalmente aos 18 anos, essas organizações utilizam o conceito de infância para se referir aos jovens até 20 e 21 anos de idade, principalmente aqueles que ainda estão fazendo estudos de ensino médio e por isso comparecem na escola ou em espaços de reforço escolar das organizações.

em xeque os significados da participação para jovens e adultos e o papel das emoções nesse campo.

Definições de participação

As organizações de infância fizeram uma convocação, primeiramente, a um Pré-encontro para somar adeptos ao fato político e para definição das linhas sobre o que seria o Encontro Nacional com as pessoas e entidades que desejassem participar. A fim de elucidar o argumento, destaco abaixo algumas observações registradas:

> ➡ "Havia muitos jovens sentados, bebendo mate e conversando. Pareciam estar familiarizados com a situação de estar nesse local (sede de um sindicato aliado de algumas organizações). Eles já sabiam onde ficava o banheiro, o quintal e onde procurar erva para o mate. Também pareciam estar confortáveis de participar numa reunião desse tipo, com muitas pessoas sentadas em roda, falando um por um e com intervenções extensas. O discurso do Pré-encontro foi proposto por três adultos, referências das organizações mais históricas, que esclareceram que 'aqui viemos com os jovens, por isso, por favor, vamos tentar que seja um diálogo de todos'. Ao finalizar as palavras, os adultos referências se dividiram em 4 grupos entre as quase 100 pessoas presentes, misturando crianças e adultos por igual. Das 30 crianças que estavam participando nesta jornada, a maioria pertencia a 3 das organizações que fizeram o convite do Pré-encontro, e pareciam se conhecerem de outros eventos. Uma vez em roda, cada grupo discutiu alguns textos sobre pedagogia da ternura e, logo, falaram sobre o que deveria ser o Encontro Nacional da Infância e seus objetivos políticos" (Recorte sobre registros de campo da autora, setembro de 2015).

Os jovens acompanharam a jornada completa, que durou a tarde toda. A forma de permanecer nos espaços e estarem presentes era conversando entre eles, trocando piadas e risadas. Alguns ficavam na roda e compartilhavam olhares, se jogavam bola de papel para chamar a atenção entre eles. Outros se levantavam permanentemente da roda para sair para conversar em outro canto ou acompanhando uns aos outros para ir ao banheiro, para ir beber água etc. Em nenhum dos grupos os jovens fizeram intervenções sobre o texto nem sobre os objetivos políticos do Encontro, ainda que fizessem propostas sobre o que deveria acontecer no dia do encontro, como a presença de oficinas de *murga* e a importância da presença de muitos jovens de todo o país.

Marcela, referência de uma das organizações de infância na periferia da Cidade de Buenos Aires, comentou numa reunião de avaliação do pré-Encontro, umas semanas depois do evento: "eu participei no evento com vários jovens e ficaram... não foram muito incluídos, temos que pensar formas da participação deles, talvez uma comissão particular com coordenador próprio" (Registro de campo, 10/2015). Podemos pensar que esse discurso se encontra alinhado com a proposta do protagonismo infantil de Cussiánovich (2003), relacionado com a autonomia e geração de espaços para crianças separadas de adultos para debater e tomar decisões. Estela, referência de outra organização, no entanto, respondeu que "os jovens estavam participando, estavam ali iguais a nós, falando entre eles. Os jovens que foram conosco gostaram do evento e se não falaram na ronda não falaram. Também nem todos os adultos falaram nem falam sempre" (Registro de campo, 10/2015). Esta perspectiva assemelha-se mais com a outra linha de participação, da qual também comentou Cussiánovich, sobre o coprotagonismo "como uma maneira de participação compartilhada com o resto das pessoas, pois o protagonismo dos meninos, meninas e adolescentes não podia implicar a negação aos adultos do direito de serem protagonistas também" (2009, p. 17). O debate que surge pela particularidade das maneiras de participação das crianças atravessou todo o planejamento e realização do evento e se fez presente em cada um dos encontros.

Naquela reunião de balanço do pré-encontro, na qual participaram uns 20 adultos e 6 crianças das organizações promotoras do fato político, todas nucleadas na Central de Trabalhadores da Argentina, se decidiu fazer mateadas[2] pelos bairros para "somar mais pessoas, para que mais organizações e mais pessoas envolvidas nas temáticas da infância se aproximassem" (Omar, referência de uma organização, registro de campo, 10/2015). Em alguns casos, as mateadas funcionaram quase exclusivamente com os adultos. De fato, numa delas, realizada num bairro do oeste da Província de Buenos Aires, um garoto de uma organização que esteve no planejamento do Encontro falou: "Acontece que tem poucos garotos. Da próxima vez tragam mais garotos e perguntem para eles o que querem que aconteça no encontro da infância, que eles decidam os eixos do debate" (Registro de campo, 10/2015). Porém, na mateada de outros bairros, os debates sobre os problemas dos garotos foram fornecidos por eles mesmos (no geral, participaram crianças entre 10 e 17 anos).

> **➡ "[Na praça de um bairro do sul da Província de Buenos Aires, sentados em roda 8 crianças e 5 adultos de diversas organizações próximas]**
> **Martín [referência adulto]: — Bom, quem sabe por que estamos aqui?**
> **Ramiro [13 anos]: — Porque este governo não cumpre com nossos direitos e vamos fazer uma passeata.**
> **Martín: — Olha só! Vamos fazer uma passeata? [Com tom irônico]**
> **Ramiro: — Sim, vamos fazer uma passeata para que nos escute e nos dê o que lhe reivindicamos.**
> **Martín: — E o que estamos pedindo?**
> **Lucas [15]: — Que a polícia não nos persiga mais**
> **Brenda [12]: — Que nos dê uma casa, porque não podemos viver mais nestes ranchos[3](barracos) que caem em pedaços"**
> **(Recorte sobre registros de campo da autora, outubro de 2015).**

Neste caso, as crianças participaram do debate sem problemas, estavam ávidos por contestar e trocar com os demais sobre todos os temas que se propuseram. Os adultos, por sua vez, estiveram muito

---

2. Uma mateada é um encontro com outros companheiros e companheiras onde o mate é uma razão para compartilhar uma fala e, ness e caso, debater alguns eixos da ação política.

3. Rancho é uma forma de se referir a um lar muito pobre.

tempo em silêncio, exceto por Martin, que atuou como coordenador, fazendo preguntas disparadoras e chamando a atenção das crianças quando estes ficavam distraídos com outro assunto. Podemos pensar que o fato de ter tido mais crianças do que adultos no encontro facilitou a dinâmica, assim como pelo fato de não ter nenhum suporte textual que acompanhasse as reflexões. Isto não significa, todavia, que estas sejam fórmulas estáticas para a participação, sendo que em outros bairros as mateadas resultaram espaços de intercâmbio muito frutíferos, a partir de outras condições e propostas.

O debate sobre a participação das crianças continuou entre os adultos em todas as instâncias de reuniões de preparação para o encontro, nas quais compareciam crianças e velhos, e ali se problematizou como deveria ser a participação dos mais novos. Uma das opções propostas para o dia do Encontro era montar uma comissão de debate separada para as crianças "porque nós [adultos] fazemos intervenções muito compridas e suportamos outros tempos e as crianças não, então podemos propor um espaço específico para eles e óbvio que, se alguns quiserem vir com os mais velhos, que venham, mas temos que preparar algo especial para eles" (Santiago, referência de uma organização, registro de campo, 10/ 2015). Contudo, outras pessoas se perguntavam "como saímos do adultocentrismo se na realidade lhes pedimos que façam seus debates em comissões e façam suas conclusões como nós?" (Camila, referência de uma organização, registro de campo, 10/2015).

Em outra reunião, realizada em novembro de 2015, restando só 15 dias para o Encontro Nacional, foi encaminhado que as crianças tivessem sua própria comissão de debate numa sala particular e que nesse espaço as crianças pudessem escolher as formas como elas queriam participar do Encontro. As crianças se retiraram e tiveram as discussões nas quais nós não podíamos participar por sermos da categoria dos adultos. Após duas horas, as crianças realizaram a leitura de um documento com as considerações debatidas. Talvez, o mais interessante é que não se tratava daquilo que esperavam os adultos, que ao longo da reunião comentaram coisas como "agora, quando as crianças chegarem, vejamos o que eles pensaram" e "as crianças falarão se querem as oficinas ou a comissão". As crianças não voltaram da reunião com um plano de ação ou um planejamento do dia, apenas algumas frases soltas que tinham resultados significativos para a ocasião: "não queremos mais violência"; "respeito"; "juntos vamos fazer um mundo melhor"; "vamos brincar e nos divertir entre nós"; "os sentimentos são levados no coração"; "garotos e garotas, não estamos sós". Podemos pensar que Cussiánovich (2009) se refere a esta forma de participação das crianças, em que elas coletivamente elaboram seus documentos e expõem suas problemáticas. A questão que surge aqui é como transformar isto numa disputa real pelo poder e essa questão se insere nas ações desenvolvidas pelas organizações que lhes conferem sentido a essas frases num contexto de organização maior das crianças e adultos em conjunto, ao voltar na ideia da coparticipação, também do autor peruano. Para aprofundar estas tensões sobre participação infantil, devemos dizer que existiram momentos em que os adultos disseram não diretamente a algumas propostas das crianças, aduzindo à falta de recursos materiais e humanos com os quais se disponha para a realização do Encontro.

Em definitivo, podemos afirmar que se bem foram feitas instâncias conjuntas de debate e tomada de decisões, as organizações pensam a participação das crianças como algo diferente da participação dos adultos e complementar em ambas as direções. Nesta chave é que foi proposta a montagem das oficinas para o dia do encontro, realizado no final de novembro na Faculdade de Ciências Sociais da Universidade de Buenos Aires, numa jornada que foi das nove da manhã às oito da noite e na qual participaram umas 500 pessoas das quais 200 eram crianças.

Nesse espaço, se dispuseram doze comissões de debate para crianças e adultos e especialmente para jovens, as oficinas de murga-dança, murga-montagem de canção e instrumentos, oficina de estêncil e oficina de mural (numa parede na frente da faculdade cedida pela ocasião). Os jovens estiveram quase todos nas oficinas curtindo de uma maravilhosa tarde de sol, enquanto os adultos discutiram em termos mais acalorados nas comissões sobre o papel do Estado e as funções da escola no cuidado infantil. Por sua vez, todas as atividades infantis eram realizadas e coordenadas pelos jovens com o acompanhamento de algum adulto de referência em algum dos casos, mas foram eles que montaram as frases para pintar e os passos da coreografia, eles que tomaram todas as decisões sobre o como e o que estavam fazendo e, em todos os casos, as temáticas se relacionavam fortemente com a luta pela *infância digna*. Nos cartazes feitos com tinta *spray* liam-se frases como: "– violência e + educação"; "direito a decidir"; "não à violência" e "direito de brincar". Pensados pelas crianças na oficina coordenada por uma menina de 15 anos de uma organização que, antes de começar, explicou o sentido da oficina e apresentou exemplos de frases feitas em outras oficinas onde ela já havia participado.

Esta autonomia das crianças na montagem e posta em prática nas oficinas não anula o papel dos adultos no processo de organização política. Pelo contrário, os registros dão conta de diversas formas nas quais as organizações propõem relações recíprocas a partir das quais se podem delinear práticas coletivas que equilibrem a participação e a proteção. Como em outras organizações sociais estudadas, aqui, as relações intergeracionais se apresentam como "exercícios cotidianos de respeito e reconhecimento e, portanto, da cidadania ainda em condições de desigualdade" (Padawer *et al.*, 2009, p. 143). Sobre isto os próprios jovens explicaram no dia do Encontro: "somos jovens, estamos sós, estivemos sós por muito tempo, ninguém se ocupava de nós e chegamos aqui e temos nossas famílias aqui, os educadores são família e entre todos do Encontro somos mais família. Fazemos oficinas juntos, brincamos, conversamos" (Lolo, 15 anos, registro de campo, 10/2015). Nesse sentido, por meio destas relações dialógicas se produz um processo de objetivação da realidade que habilita o pensamento crítico: "O encontro foi bom porque vieram muitas pessoas que eu não conhecia e tomara que se somem a nós, então teremos mais força para lutar pelos nossos direitos. Que aos professores paguem bem. Que chegue tudo o que tem que chegar do governo, e que não nos mantenham desinformados (giles)" (Pipi, 12 anos, registro de campo, 12/2015).

Os adultos das organizações, pela sua parte, também assumem o desafio de estabelecer relações de respeito que colaborem com a construção de uma autonomia infantil, sem jamais deixar de lado o cuidado: "os adultos transmitem às crianças informações que talvez de outra maneira elas não fossem conhecer. Não se pode deixar só aos garotos, um adulto é acompanhante" (Omar, registro de campo, 10/2015); "Existem os direitos da criança enquanto existem responsabilidades adultas, se nós fazemos nossos deveres" (Agustina, referência de uma organização, registro de campo, 09/ 2015).; "Existem os direitos da criança en quanto existem responsabilidades adultas, se nó s faz emos nossos deveres" (Agustina, referência de uma organização, registro de campo, 09/ 2015). Considerando que "a participação real se associa desse jeito à busca de novos estilos de relação social, contrapostos ao [...] exercício do poder baseado na ordem e ameaça, na obediência pela intimidação" (Sirvent, 1999, p. 132), podemos pensar no cotidiano das *organizações da infância* como espaços de participação intergeracional, que atingem a instancia de intercâmbio com outras organizações com esta prática já apropriada (Heller, 1994; Rockwell, 1996). Não obstante, a própria noção de participação fica tensionada na preparação do Encontro Nacional devido as diversas tradições que ali se encontram, e pelos termos adultistas[4] nos quais as organizações têm que se vincular com o Estado, para disputar o poder de definir política pública que alguns atores propuseram como objetivo principal do Encontro.

Objetivos do encontro

O segundo foco das complexidades que pudemos identificar ao longo da preparação do Encontro Nacional da Infância foi, justamente,

4. O adultismo é a opressão específica dos adultos em direção aos jovens e às crianças (Alexgaias, 2014), pelo que as práticas adultistas são aquelas que se moldam em torno da s figuras adultas, deixando do lado de fora a s crianças.

a definição dos objetivos do evento. Em conversações com Marcia (14 anos) e outras crianças depois de uma reunião de organização do evento, ela me disse que "o mais importante aqui é que é um local onde todos estão em condições iguais, não tem diferença entre novos e velhos como acontece fora e essa é a nossa maior reclamação; isso é o que temos que mudar" (Marcia, 14 anos, registro de campo, 11/2015). Por sua vez, Marcos (15 anos), de outra organização, disse sobre os objetivos do Encontro que tinha que ver com melhorar as condições de vida: "é que os garotos estão na rua, eles não têm nada, e esse é o problema, o que viemos mudar" (Marcos, 15 anos, registro de campo, 11/2015). Para a maioria dos adultos das organizações, que fizeram a convocação originalmente para o evento, o Encontro Nacional foi um momento político de "colocar os garotos na agenda" (Omar, registro de campo, 11/2015), disputar poder no Estado e no sentido comum e também um momento de "sair, juntarmos, vencer a fragmentação na qual nos encontramos" (Estela, registro de campo, 11/2015). Essa diversidade de vozes conviveu ao longo do processo de preparação do evento, produzindo ao mesmo tempo a participação das crianças, como explicou Padawer e seu grupo em outros casos: ao mesmo tempo em que se reclama pela proteção das crianças, se lhes tornam protagonistas do exercício de reclamar pelos direitos que lhes são vulnerados" (Padawer *et al.*, 2009, p. 147). O Encontro se apresenta assim como "amostra do reconhecimento de seu direito a participar e expressar sua opinião ainda em contextos historicamente não pensados para eles" (Padawer *et al.*, 2009, p. 147), em que os sentidos que lhe outorgam as crianças ao mundo disputam poder, ainda em circunstâncias adultocêntricas (Rabello de Castro, 2008).

Os jovens, na maioria dos casos, aos serem interrogados pelos objetivos de sua participação no dia do Encontro, responderam, em 18 das 20 entrevistas realizadas naquela jornada, sobre a importância de se encontrarem com outras crianças: "Por que vocês participam hoje do Encontro?" — "Para que juntemos todas as crianças"; "Para nos encontrar"; "Pelo encontro e pela dança" (Crianças entre 7 e 16 anos, registro de campo, 11/ 2015). Em outras ocasiões a diversão e a luta pela infância digna se misturavam nos enunciados das crianças: "Viemos para tocar e para lutar contra o alvo fácil, os abortos, por tudo que seja ruim. A polícia está matando garotos e agora, com o presidente que temos...". "E por que isto lhes parece importante?" — "Porque somos muitos, porque assim temos mais força para sair para lutar, porque se pegam um pegam todos"; "Viemos para brincar e lutar". Estas palavras nos obrigam a centrar o olhar sobre o valor que as crianças conferem aos vínculos afetivos que se forjam nas reuniões e a partir dos quais se estruturam as conceitualizações e ações nas organizações (Worsley, 1980; Jasper e Goodwin, 2006; Fernández Álvarez, 2011 e 2017). Desde essa perspectiva, o estudo da política é sempre o estudo das relações dos sujeitos entre si, compostas em todos os casos por vínculos emocionais, ademais de racionais, que se colocam em jogo em todos os processos sociais.

"Na sede de um sindicato esperamos a que acabem de chegar as organizações para encerrar os últimos detalhes do que vai ser o Encontro Nacional da Infância, em 10 dias. Há 5 crianças de uma organização que lhe perguntam a seu adulto referência pela presença das demais crianças e ele responde que já devem estar por chegar. Carla, de 14 anos lhe disse "olha que você prometeu, que nós viemos até aqui porque você falou que iam estar as crianças" e o adulto referência lhe reafirma que as outras crianças já estão chegando. Quando finalmente chegam as crianças da outra organização, as crianças se abraçam e começam trocar piadas. Imediatamente vão para outra sala do sindicato, explicando que vão a acabar a preparação da 'sua parte' do Encontro" (Registro de campo, 11/2015).

Para Carla o prazer do encontro é o motivo explicito da sua presença na reunião, aquilo que faz ela se deslocar até a sede do sindicato, que fica a mais de uma hora de viagem do lar onde mora com seus companheiros e o adulto referência. Nesta alegria compartilhada as crianças se conhecem e compartilham suas similares experiências de classe (Thompson, 1989) forjando seus próprios modos de comunicar aquilo que vivenciam y desejam modificar: "nó s aqui nos vemos, viu? E batemos um papo assim e resulta que somos todos muito semelhantes, que temos os mesmos problemas que não alcança o dinheiro e que queremos estudar bem e essas coisas" (Ramiro, 17 anos, registro de campo, 2015). Neste sentido, podemos afirmar que as emoções adquirem uma dimensão explicativa das práticas políticas, abrindo a análise aos processos nos quais "se transformam as emoções compartilhadas em *organização*" (Fernández Álvarez, 2011, p. 51). Isto não quer dizer que as emoções sejam causantes diretas da participação das crianças no processo de organização do Encontro, mas que não é possível separar aquilo que os sujeitos pensam e sentem na hora de levar adiante uma ação política. O fato de as crianças gostarem de se encontrar se entrelaça a uma identificação das problemáticas comuns, que se coletivizam na prática e viram motivadores das reuniões, Pré--encontro e Encontro.

"Em uma mateada realizada num município do norte, o silêncio reina no encontro até que uma das referências adultas diz: 'vamos fazer uma brincadeira'. Dividindo a turma em dois grupos, fornece a cada um uma pergunta que precisa ser respondida após alguns segundos de debate coletivo. Para cada resposta oferecida (todas são corretas), o grupo recebe um ponto. E no afã de ganhar, todos se somam para opinar e responder. A sexta questão era sobre a criminalização da juventude, a partir do qual se inicia um debate entre todos os presentes (adultos e crianças), que deixam de lado a brincadeira e abrem espaço para um intercâmbio sem grito de ordem. Rumo ao final da reunião, várias crianças mencionam a vontade de se encontrar novamente, brincar e bater um papo. Marcos, de 15 anos, diz enquanto complementa outras crianças: 'estava muito legal 'che', eu passei muito bem, eu achava que ia ficar entediado, mas foi tudo bem. Nós repassamos o contato telefônico wacho[5], assim combinamos?' E Tiziano, de 9 anos, pergunta à sua referência se pode vir na próxima vez para estar com as crianças" (Recorte sobre registros de campo da autora, outubro de 2015).

5. Wacho é um modismo utilizado pelos jovens na Argentina para se nomear amistosamente. Pode-se entender como "amigo".

Podemos observar com clareza neste registro a maneira em que a preocupação pelas problemáticas políticas que sofrem as crianças e jovens do campo popular se articula com o prazer do encontro com as outras crianças. No debate sobre criminalização, as intervenções deixavam entrever um interesse por parte das crianças nessa temática, que se tornou coletivização da preocupação e depois um prazer no compartilhamento. No mesmo dia do Encontro Nacional várias crianças (entre 7 e 16 anos) planejaram seus objetivos de amizade e entretenimento: "O que esperam que aconteça hoje aqui? Que nos tornemos mais amigos"; "Por que vieram hoje para este local?"; "Para dançar murga" ou "Para encontrar os amigos"; "Para que vieram?" "Pela junta [risadas] e pelos amigos. Para participar, fazer amigos e aprender muito mais". Então teria que se perguntar o que é para estas crianças a participação e não assumir que seu desejo, necessidade e interesse por fazer parte de um processo ou acontecimento, é igual aos dos adultos, para evitar cair em perspectivas adultocêntricas de análise e intervenção. O que se extrai mais claramente dos registros, tal como tem demonstrado estudos anteriores (Shabel, 2018), é que para as crianças o encontro é um objetivo em si mesmo, enquanto para os adultos se juntarem é proposto como um meio, sempre necessário, para um fim maior.

Algumas conclusões

A pergunta que percorre esta apresentação é pelas formas de participação infantil que levam adiante as organizações sociais da infância e o papel que ocupam as emoções nelas. As respostas, sempre parciais, se centram no Pré-encontro e Encontro Nacional da Infância, como ícones da política dessas instituições e, neste sentido, contribui na compreensão do fato social como uma janela a um universo para seguir pensando.

Neste percurso, conseguimos repassar diversas definições da participação que geraram tensões entre as distintas organizações que planejaram o Encontro, mas também ao interior das próprias organizações nas vozes de diferentes referências e, às vezes, até na mesma pessoa encontramos discursos contraditórios sobre este conceito. Para alguns, em certos casos, a participação tinha a ver com a presença das crianças em locais que geralmente lhes são vedados, como as reuniões em que são tomadas decisões e onde se discute acaloradamente. Em outras ocasiões, a participação não parece como tal quando não eram escutadas as vozes das crianças presentes. Para as crianças, por sua parte, a centralidade do evento girava em torno do desfrute que provocava o próprio encontro com outras crianças e a coletivização de suas problemáticas, semelhantes pela sua experiência de classe compartilhada, ainda que cada uma em seu contexto particular. O papel das emoções na prática política se faz explícito neste caso, o que não acontece nos diálogos com os adultos, embora isso não signifique necessariamente que eles não desenvolvam um papel importante na atuação. Como muitas outras questões que se desdobram destas reflexões, resta seguir pesquisando o papel das crianças nas organizações políticas, principalmente no contexto de ajuste e repressão como os que estamos vivenciando em nosso continente, no qual são as crianças as principais vítimas, assim como também os protagonistas de muitas das lutas pela transformação.

Referências

ALEXGAIAS, A. *El Manifiesto Antiadultista*. Galiza: Distribuidora Anarquista Polaris, 2014.

BARNA, Agustín. *Del peligro moral y material al sujeto de derecho universal.* La gestión de la niñez en perspectiva. Tesis de maestría en Diseño y Gestión de Políticas y Programas Sociales, FLACSO, Buenos Aires, 2013.

BATALLÁN, Graciela; CAMPANINI, Silvana; PRUDANT, Elías; ENRIQUE, Iara; CASTRO, Soledad. La participación política de jóvenes adolescentes en el contexto urbano argentino: Puntos para el debate, Última década, 17(30), 41-66, 2009.

CERLETTI, Laura. Tras los sentidos de "participación": un análisis desde la etnografía educativa. *Avá* 13(1), 123-140, 2008.

CONVENÇÃO SOBRE OS DIREITOS DA CRIANÇA. Organização das Nações Unidas, 1989.

CUSSIÁNOVICH, Alejandro. Protagonismo, participación y ciudadanía como componente de la educación y ejercicio de los derechos de la infancia. *En*: *Historia del pensamiento social sobre la infancia*. Lima: Fondo Editorial de la Facultad de Ciencias Sociales, 2009.

CUSSIÁNOVICH, Alejandro. Construyendo juntos una nueva mirada. Hacia una participación protagónica de los niños, niñas y adolescentes. Documento de discusión elaborado por Save the Children, Suecia, 2013.

FERNÁNDEZ ÁLVAREZ, M. I. Além da racionalidade: o estudo das emoções. *Mana*, *17*(1), 41-68, 2011.

FERNÁNDEZ ÁLVAREZ, M. I. *La política afectada*. Rosario: Prohistoria, 2017.

FONSECA, Claudia; CARDARELLO, Andrea. Derechos de los más y menos humanos. *En*: TISCORNIA, Sofía y PITA, María Victoria (ed.). *Derechos Humanos, tribunales y policía en Argentina y Brasil*. Buenos Aires: Antropofagia, 2005.

GENTILE, M. F. *La niñez en los márgenes, los márgenes de la niñez. Experiencias callejeras, clasificaciones etarias e instituciones de inclusión en niños/as y jóvenes del AMBA*. Tesis de Doctorado con mención en Ciencias Sociales, Facultad de Ciencias Sociales, Universidad de Buenos Aires, 2014.

GUBER, Rosana. *El salvaje metropolitano*. Buenos Aires: Paidós, 2008.

HELLER, A. *Sociología de la vida cotidiana*, Barcelona: Ediciones Península, 1994.

JASPER, J.; GOODWIN, J. Emotions and social movements. En Stets y Turner (ed.). *Handbook of the sociology of emotions*. NewYork: Springer, 2006.

LIEBEL, Manfred. *Entre protección y emancipación: derechos de la infancia y políticas sociales*. Madrid: Universidad Complutense, 2006.

MORALES, S.; MAGISTRIS, G. *Niñez en movimiento*. Del adultocentrismo a la participación. Buenos Aires: Chirimbote, El colectivo y Ternura Rebelde, 2018.

PADAWER, Ana; SCARFÓ, Gabriela; RUBINSTEIN, Marina; VISINTÍN, Marina. Movimientos sociales y educación: debates sobre la transicionalidad de la infancia y de la juventud en distintos contextos de socialización. *Intersecciones en antropología*, 10(1): 141-153, 2009.

RABELLO DE CASTRO, L. A infância e seus destinos no contemporâneo. *Psicologia em Revista, 8*(11), 47-58, 2002.

RABELLO DE CASTRO, L. A politização (necessária) do campo da infância e da adolescência. *Psicología política,* 14 (7), 2008.

ROCKWELL, E. La dinámica cultural en la escuela. En: ÁLVAREZ, A. (ed.). *Hacia un currículum cultural.* La vigencia de Vygotski en la educación. Madrid: Infancia y Aprendizaje, 1996.

ROCKWELL, Elsie. *La experiencia etnográfica.* Buenos Aires: Paidós, 2009.

SHABEL, P. Venimos a jugar y a luchar. Participación política de niños y niñas en organizaciones sociales. *Lúdicamente,* 5(2), 82-96, 2016.

SHABEL, P. Atrás de cada pibe de la calle hay un padre desocupado. Organizaciones sociales y sindicales en lucha por la infancia digna (1983-2001). *Anuario del Instituto de Historia Argentina,* 17(2): 1-19, 2017.

SHABEL, P. *"Estamos luchando por lo nuestro". Construcciones de conocimiento sobre la política de niños y niñas en organizaciones sociales.* Tesis de Doctorado en Antropología, Universidad de Buenos Aires, Buenos Aires, 2018.

SIRVENT, María Teresa. *Cultura popular y participación social.* Buenos Aires: Miño y Dávila, 1999.

SZULC, A. Antropología y Niñez: De la omisión a las culturas infantiles. *En*: WILDE, G.; SCHAMBER, P. (comp.). *Culturas, comunidades y procesos urbanos contemporáneos.* Buenos Aires: SB, 2006.

SZULC, A.; ENRIZ, N. La política, las calles y la niñez indígena en Argentina, *Cuadernos de campo,* 8 (2), 200-221, 2016.

THOMPSON, E. P. *La formación de la clase obrera en Inglaterra.* Barcelona: Crítica, 1989.

WORSLEY, Peter. *Al son de la trompeta final*: estudios de cultos "cargo" en Melanesia. Madrid: Siglo XXI, 1989.

Crianças brasileiras e bolivianas na Ocupação Prestes Maia: ocupar e resistir pelos direitos, desde sempre

Carolina Abrão Gonçalves
Marcia Aparecida Gobbi

Quando pensamos sobre direitos das crianças, o que nos ocorre? Que fomos construindo acerca das infâncias e suas vidas quando vividas em diferentes contextos? Esse capítulo não trata especificamente dos direitos das crianças do ponto de vista histórico ou conceitual embora pretenda contribuir com essas discussões. Nosso objetivo é trazer algo bastante restrito e ainda pouco explorado quando os assuntos são crianças e os estudos sociais da infância. Trata-se do direito à moradia, que será abordado neste capítulo considerando particularmente as crianças bolivianas, como desdobramentos de luta pela vida em uma ocupação de edifício situado na região central da cidade de São Paulo[1]. No Brasil, ainda pouco sabemos sobre crianças

1. O capítulo aqui apresentado resulta da dissertação de mestrado: S*er criança imigrante boliviana na Ocupação Prestes Maia: O cotidiano e os sonhos da infância*, pesquisa realizada por

imigrantes, não apenas bolivianas, e menos ainda quando cruzamos questões concernentes à imigração a processos de luta por moradia na cidade. Do desejo por contribuir com respostas a essa lacuna derivou a pesquisa de mestrado "Ser criança imigrante boliviana na Ocupação Prestes Maia: o cotidiano e os sonhos da infância", elaborada por Carolina Abrão sob a orientação da professora Marcia Aparecida Gobbi e com a qual partimos para a escrita deste capítulo. Buscamos tocar em assuntos lacunares, quais sejam, as políticas de habitação somadas àquelas concernentes a migrações e refugiados no país ligados às ocupações de terrenos e edifícios em centros urbanos.

As lutas pela moradia, direitos sociais, por viver digna e igualitariamente demonstraram ocupar e constituir práticas da infância a seu modo e não apenas de seus familiares como convencionamos pensar. Neste capítulo, pretendemos tratar dessas questões a partir de pequeno recorte dentro de algo muito maior que é a vida em luta por moradia, nesta que foi[2] a maior ocupação vertical da América do Sul, Ocupação Prestes Maia, situada em Avenida de mesmo nome, na cidade de São Paulo. Os direitos à cidade, à moradia, à migração ganham novos contornos neste contexto bastante específico e ainda pouco conhecido ou explorado academicamente.

O interesse pelas crianças bolivianas se deu a partir da busca por conhecer a vida de meninas e meninos em ocupações[3] e da descoberta do que poderíamos chamar de ocupações dentro das ocupações

---

Carolina Abrão, em que se buscou compreender aspectos do cotidiano de crianças bolivianas moradoras na Ocupação Prestes, situada em São Paulo, na avenida de mesmo nome, região central da cidade.

2. À época da pesquisa, a Ocupação Prestes Maia era a maior ocupação vertical da América do Sul. Atualmente, seus moradores e suas moradoras aguardam pelo reconhecimento de posse. A Ocupação foi quase toda desocupada, devido ao processo de desapropriação empreendido pelo então prefeito Fernando Haddad destinando-o à moradia das famílias já residentes. Infelizmente, com sua saída, outros gestores que tomaram posse não agiram com a mesma presteza e todos e todas ainda esperam pelas reformas e pelo direito já conquistado.

3. Essa pesquisa compôs investigação mais ampla, ainda em andamento, intitulada Imagens de São Paulo: moradia e luta em regiões centrais e periféricas da cidade, a partir de representações imagéticas criadas por crianças. Fapesp.

em que se observou certa intersecção entre grupos infantis e adultos entrecruzando relações de gênero, raça, idade, religião, imigrantes[4] e migrantes de diferentes lugares que se encontravam espacialmente, mas se distanciavam em alguns momentos pelas maneiras como organizavam e percebiam o cotidiano. O dia a dia era atravessado por inúmeros acontecimentos e relações: pela sucessiva ruptura de vínculos dos pais entre os residentes no Brasil e com o país de origem, a constante busca por moradias, das quais constantemente têm que se retirar pelos mais variados motivos, a língua pouco compreendida, a não aceitação do fenótipo que gerou a criação do apelido "china" destinado às crianças bolivianas moradoras da mesma ocupação. A eles somamos a busca pela estabilidade em morar e ter acesso ao trabalho e a vida digna sem tantas rupturas e incertezas, a ter locais onde as crianças possam brincar e se relacionar com todos e com o entorno. Derivam desses pensamentos e preocupações aspectos cotidianos da vida urbana, de meninas e meninos bolivianos na Ocupação Prestes Maia, que reúne grande número de imigrantes de países sul-americanos e do continente africano.

São consideradas crianças bolivianas as crianças nascidas na Bolívia e as demais, filhas de bolivianos e bolivianas, nascidas no Brasil. Observou-se que a bolivianidade se faz presente e resistente nas pequenas lembranças trazidas nos gestos, nos corpos, em objetos guardados. Ocupam uma dupla posição: imigrantes e militantes na luta por moradia, num país que nem sempre é acolhedor, ao contrário, é violento, desigual e agressivo, contrastando muitas imagens produzidas sobre a nação. Internacionalmente isso se agrava, pois vimos nos 70 anos da Declaração Universal dos Direitos Humanos,

---

4. Ao acabar a escrita deste capítulo, tivemos a informação da saída do Brasil do Pacto de Migração da ONU. Negociado desde 2017, o pacto estabeleceu diretrizes para o acolhimento de imigrantes. Entre os pontos definidos estão a noção de que países devem dar uma resposta coordenada aos fluxos migratórios, de que a garantia de direitos humanos não deve estar atrelada a nacionalidades e de que restrições à imigração devem ser adotadas como último recurso. O documento foi chancelado por cerca de dois terços dos 193 países membros da ONU. A saída exigirá novas análises e práticas de todos os envolvidos com a questão, direta ou indiretamente.

em 2018, políticas excludentes que adensam desigualdades, discriminam grupos e propostas governamentais quanto ao afrontamento direto às políticas de direitos humanos. Tais práticas têm reverberado em muitos países, em destaque, na América do Sul, onde somos hoje um berço de propostas e práticas políticas e sociais que aprofundam injustiças. Como afirma Vladimir Safatle (2018), nos encontramos atualmente como laboratório de ensaio da junção entre o fascismo e o neoliberalismo o que vem sendo comprovado cotidianamente por práticas políticas que não subvertem a essa lógica, ao contrário, as convertem em ações que, ora nos silenciam, ora nos fragilizam e à já frágil democracia em que vivíamos e vivemos. Neste texto, pretendemos, de modo sucinto, apresentar reflexões que registrem aspectos dos modos de vida dessas crianças, sem esquecer de suas famílias, importantes que foram nos processos de entrada e permanência em campo, colaborando para que entendêssemos questões obscuras sobre o ser imigrante em luta por moradia e morador e moradora em ocupações de edifícios em São Paulo.

As idas a campo tiveram oito meses de duração entre os anos de 2016 e início de 2017. O campo de pesquisa foi constituído pelos seguintes espaços: brinquedoteca, áreas livres do último andar da Prestes Maia, corredores e escadas que se configuram não apenas como locais de passagem, mas de construção e afirmação de relações entre moradores. Todos estão entrelaçados e interseccionados exigindo atenção, escuta atenta e presença junto a todos. Destacamos aspectos do cotidiano de crianças em ocupações, formas de morar, viver e se relacionar com o espaço e outras pessoas, dentro e fora da moradia, não exatamente fora do edifício. Observou-se, por exemplo, que os corredores são espaços-fluxos de relações, onde se realizam encontros, trocas, pequenos e informais comércios, avisos sobre a organização das moradias. Ele nos apresenta um belo mosaico revelador do cotidiano em distintas formas de luta.

Numa visada mais superficial pode-se considerar que a relação com as crianças moradoras de ocupações resvala na compreensão de que estão em estado de vulnerabilidade, estão fragilizadas diante das condições de vida a que são submetidas. Marcos Cezar de Freitas e Renata Lopes Prado (2018) chamam a atenção para essa questão ao afirmarem que tal compreensão pode levar a *interditar o reconhecimento da criança como sujeito, subsumida que está à caracterização de suas impossibilidades* (p. 69). As crianças, agentes num processo de construção dos próprios dados das pesquisas, podem ser deixadas de lado, ainda que sob a afirmação de que buscamos fazer a pesquisa com elas. Nesse capítulo não apresentamos apenas as crianças. A presença das mães foi fundamental ao favorecer a aproximação e presença junto a meninas e meninos. Numa aparente preocupação com filhos e filhas, as mães estão sempre presentes, como a autorizá-los, em especial com o olhar, às suas diferentes práticas de brincadeiras e conversas com os colegas. Constatamos que passávamos pelo processo de consentimento dado pelas mães, algo velado, mas observável. Afinal, não é qualquer pessoa que se aproximava das crianças bolivianas. O tempo amigo do encontro era considerado quando o caso era aproximar-se e estar com o outro. Com a confiança alimentada, todos ficamos juntos nos distintos espaços, transformando-os em lugares de encontros. Brincadeiras, desenhos, fotografias estiveram presentes cotidianamente compondo o método. Neste capítulo apresentamos reflexões derivadas de observações e alguns desenhos encontrados pelos corredores e portas das moradias como indícios da presença e das relações estabelecidas pelas crianças com a Prestes Maia.

BOLÍVIA/BRASIL: crianças e ocupações no fluxo migratório

Observa-se um processo de transformações históricas ao longo de décadas com a presença de grupos de imigrantes de diferentes nacionalidades em busca constante por melhores e mais justas condições de vida. Segundo Fábio Serrano Puccia e Maura Bicudo Veras (2017), a década de 1960, no Brasil, traz como forte característica a indústria de confecção e com ela os coreanos, que, ao se estabelecerem de modo definitivo e bastante lucrativo com as confecções no Brasil, sobretudo nos bairros paulistas do Brás e Bom Retiro, passam, décadas depois, a receber os bolivianos como trabalhadores, muitas vezes, em situações precárias, elevada exploração que chegou a um regime de trabalho similar a escravidão[5]. A esses "outros", que não nós, são destinadas às formas mais agudas de exploração e marca profundamente esse período do fluxo migratório de bolivianos ao Brasil. Puccia e Veras (*op. cit.*, p. 281) concluem que a presença dos bolivianos se caracteriza por movimentos circulares e em cadeia, que envolvem indivíduos em deslocamentos provocados por propostas de parentes e amigos já instalados na cidade.

Contudo, afirmam a existência de certa ambiguidade, pois a chegada no país estrangeiro, garantida, por vezes, pela rede de parentesco e amizade, ao mesmo tempo em que permite a salvaguarda, ela aprisiona os recém-chegados, seja a uma rede de favores familiares, seja ao trabalho pouco remunerado ou semiescravo[6]. A mobilidade e a ascensão social almejadas distanciam-se e deixam no lugar o desamparo diante de um mundo desconhecido em que a integração é feita somente entre os iguais e a obtenção de itens básicos para manutenção da vida torna-se grande desafio diário. Concernente às escolas, sabe-se que a maioria não está preparada para o acolhimento do diferente. A burocracia escolar raramente reconhece a matrícula de estudantes sem registros de endereço de residência fixa, assim, fora

5. São inúmeras as matérias jornalísticas que buscavam denunciar o tipo de trabalho ao qual eram submetidos adultos e crianças bolivianas, tais como Ricardo Senra, no BBC-Brasil, em 20 jun. 2016; Mariana Schreiber, em 29 jan. 2015, para o mesmo jornal, e no G1 de Itaquaquecetuba, de 21 abr. 2018, que mostra a existência de trabalho escravo nessa cidade da grande São Paulo.

6. Como soubemos pelo jornal G1, em matéria publicada em 20 abr. 2018: "Bolivianos em situação de trabalho escravo são encontrados em fábrica em Itaquaquecetuba, diz polícia". Entre várias outras manchetes, essa nos dá o tom de como esses trabalhadores são tratados por aqueles que lhes oferecem "emprego" em tecelagens.

da escola, fora do mercado formal de trabalho, diante da ausência de projetos habitacionais para todos, pouco resta.

Os imigrantes passam a compor o meio fio das práticas políticas das cidades para onde vão, embora indiretamente façam peso para tomada de posicionamentos sobre os rumos dos grupos que chegam aos países. Destaca-se que nessa caminhada carregam elementos culturais, histórias, desejos, colaborando para a construção de certo hibridismo cultural, tal como afirma Nestor Canclini. Observam Arthur Roberto Capella Giannattasio e Renan Moutropoulos Fortunato (2017) que os imigrantes podem passar a ser considerados participantes da vida política, já que habitantes de um novo país e mais, geradores de renda. Contudo, há muitas limitações quanto à participação política que fica restrita aos cidadãos, excluindo, ainda mais, os estrangeiros. Não criando mecanismos de inserção e representação política os direitos, veem-se prejudicados, ou inexistentes, forçando, entre outras coisas, a clandestinidade. Temos aqui uma questão importante: os imigrantes, embora contribuam para o crescimento do país, o fazem de modo a reiterar a subalternidade, são invisibilizados, não tendo acesso a direitos básicos, tais como saúde, moradia, educação. São vistos como intrusos que devem ser expurgados das cidades para onde migram, já que podem tirar postos de trabalho e garantias sociais daqueles nativos de um determinado país. Os movimentos de luta por moradia e as ocupações propriamente ditas têm se constituído como forma de luta pela diminuição desse abismo, incluindo imigrantes e migrantes de diferentes nacionalidades no conjunto de suas reivindicações.

A vida é, em síntese, constante desafio nesses espaços e nos processos de luta e conquista das moradias unindo crianças e adultos em condições precárias semelhantes. Nesse contexto, as crianças podem ser entendidas em suas singulares formas de compreender a labuta diária pela conquista de vida digna. Como afirmaram Freitas e Silva (2015), trata-se dos "outros que chegam", numa condição geradora das mais diferentes relações e conflitos, especialmente na escola, ambiente cuja exclusão se firma em várias ações, tais como rechaçar aqueles cujas línguas não são as mesmas faladas pela maioria.

"9º andar do bloco B" e a confluência Brasil/Bolívia na luta por moradia pelas e com as crianças

A cidade de São Paulo conta atualmente com 12 milhões de habitantes e um déficit habitacional bastante grande. Isso resulta da ausência de políticas habitacionais que permitam o teto a todas e todos os habitantes. A isso soma-se um número elevado de imóveis ou terrenos ociosos que não cumprem o artigo 5º, cláusulas 23 e 24 da Constituição Federal de 1988 (Brasil, 1988), que inclui a função social da propriedade como direito fundamental de todos os cidadãos e disso não podemos excluir as crianças. O déficit indica a necessidade de construção de novas moradias para atender à demanda habitacional da população. Contudo, observa-se a existência, em São Paulo, de número igual ou superior de edifícios ociosos, que poderiam servir ao cumprimento da Lei e das necessidades populacionais.

Afirmamos, com Saskia Sassen (2010), a existência de cidades globais conectadas. Alimentando-nos em seus estudos, temos como hipótese que, embora cosmopolitas, e com movimentos por moradia de caráter bastante próximo, há algo que lhes informam em contextos particulares. Há atores globais, e diríamos agentes, situados em lugares específicos compondo redes sociais e esferas que se aproximam de modo mundial e que, embora com lutas e práticas sociais específicas, travam debates e enfrentam dilemas que os circundam e integram o que Sassen chamou de espaços transfronteiriços que conferirão poder, peso e particularidades aos movimentos que se deslocam com suas ideias, ainda que sem sair do lugar, enraizando-se. Essa prática cria formas de compreender o fenômeno ocupação: ela funciona como força resistente ao movimento de expulsão estudado por Sassen (2016). Para não ser expulso, ou mais uma vez retirado à força de onde residia, busca-se um terreno ou edifício vazio onde "enraizar-se". Assim, não é exatamente um fluxo contínuo, de chegadas e partidas constantes que ocorrem em alguns locais, mas uma movimentação para se fixar-se, alojando-se e compondo vozes — das crianças e das mulheres — com metodologias nem tão usuais de lutas e modos de viver, junto aos filhos e filhas, ou netos e netas. Infere-se que isso se dá invariavelmente juntos, pois, parece-nos, que ter casa implica ter futuro seguro para as futuras gerações, diferente de um presente errante.

Os bolivianos compõem um histórico de décadas de migrações em que países latino-americanos expulsavam, no entendimento de Saskia Sassen, parte de sua população. O 9º andar do primeiro bloco B da Prestes Maia abriga pequena parte desses moradores imigrantes, em sua maioria bolivianos e, com isso, expressa aspectos de suas lutas. Chegam, como muitos, batendo à porta pedindo "um lugar para ficar". No pedido estão implícitos elementos da vida que os colocaram, muitas vezes, nas ruas ou em cortiços, cujos altos preços expulsam a todos. O direito à cidade torna-se o negado direito a permanecer na cidade. Não podemos passar incólumes da percepção de processos de gentrificação existentes nesses locais, região central da cidade, que geram deslocamentos físicos e emocionais e as crianças não estão privadas disso.

O cágado, as crianças e o edifício cercado: construindo métodos de pesquisa

O acesso à Ocupação Prestes Maia não foi simples. Foram necessárias negociações, idas e vindas e muito diálogo para apresentar a proposta de pesquisa junto às crianças. Essa parte era e é imprescindível quando se pensa em pesquisar com as crianças e sobre elas. Conhecer os propósitos que levam pesquisadoras a realizarem suas pesquisas é fundamental, pois não se trata de ter no outro um mero objeto de investigação. Uma das questões que trazíamos conosco é: quem somos nós diante do movimento social e das coordenadoras, e ainda mais, das crianças suas moradoras. Após dois meses de exposição dos objetivos da pesquisa, as idas a campo tornaram-se constantes, resultando na composição de vínculos entre todos.

Logo nos primeiros dias de pesquisa, numa tarde de 2016, a chegada à Avenida Prestes Maia mostrou-se mais difícil. Ela estava mais agitada do que costumeiramente. Policiais se movimentavam e almejavam entrar na ocupação. O motivo para a agitação? Acabara de ocorrer algo inusitado, porém, revelador de relações e representações sobre o outro. Um cágado de estimação de uma das famílias de moradores tinha acabado de cair do alto do edifício. Esse fato mobilizou pessoas, sentimentos, concepções dos de fora em relação aos de dentro da moradia. Um animal tinha morrido. Naquele momento, buscavam entrar no local, e, mais do que indagar os moradores, a ameaça era entrar e reprimir homens e mulheres e responsabilizá-los por maus-tratos aos animais.

A chegada à Ocupação Prestes Maia deu-nos o tom do que viria nos próximos dias quanto a tessitura diária envolvendo policiais, luta, preconceitos, moradores e moradoras, modos de vida, sotaques, universos diferentes, ora em disputa, ora em sintonia profunda. A Prestes Maia tem um histórico de luta que dura mais de uma década de idas e vindas entre ocupação e reintegração de posse. No final do segundo semestre de 2018, a escrita da história desses moradores começa a ser feita de outro modo. Adultas e adultos e crianças estão desocupando o edifício por um processo previamente acordado entre o movimento social responsável pela ocupação e a Prefeitura de São Paulo, na gestão Fernando Haddad em 2016 para a efetivação de reformas do prédio, para onde as famílias retornarão a morar mais dignamente. As gestões posteriores de João Dória Junior e Bruno Covas não manifestaram interesse na continuidade do processo, o que gerou e ainda gera desconfortos e inseguranças entre moradores.

Buscamos encontrar metodologias de pesquisa que incluíssem as falas das crianças considerando-as como importantes interlocutores ao longo do processo investigativo e agentes no mesmo, já que parte dos caminhos foram não apenas trilhados com elas, mas alterados a partir de suas contribuições e sugestões, como veremos adiante. Procurou-se o afastamento de metodologias que considerem as crianças sob o ponto de vista da falta e da incapacidade, com o intuito de superar as falas adultocêntricas, que enfatizam apenas o olhar dos adultos sobre as crianças (Rosemberg, 1976). Nosso intuito foi a ênfase no processo de construção da pesquisa com as crianças como parceiras e (re)produtoras interpretativas de saberes e culturas (Corsaro, 2011).

Ao longo de oito meses entre os anos de 2016 e 2017, pode-se afirmar que houve uma imersão no campo, buscando estar junto com as crianças e conhecer aspectos de suas vidas. Para tanto, foram propostas oficinas de desenhos, fotografias digitais e contação de histórias com as crianças, ao mesmo tempo em que, assegurados pela presença de uma adulta pesquisadora, eram possibilitadas as explorações de espaços tidos como perigosos, tais como o último andar da Ocupação onde havia entulhos, tecidos velhos, restos de máquinas da antiga fábrica de jeans.

Parte das histórias e modos de vida das crianças foram conhecidos ao longo da elaboração de brincadeiras entre os meninos e as meninas moradores da Ocupação. Eles se apresentaram como ricos materiais que serviram para conhecermos um pouco mais de suas histórias, de seus modos de vida no interior na moradia, revelando cenas que expressam a infância das crianças imigrantes ou filhas de imigrantes e ao mesmo tempo se configurando como importante oportunidade para início e manutenção de diálogos entre todos, sobretudo durante o processo de elaboração dos mesmos, em especial dos desenhos que foram compreendidos não somente como fonte para as pesquisas dos adultos com adultos, mas destes com as crianças e a partir delas (Gobbi, 2009).

Crianças e famílias: trajetórias bolivianas na Ocupação

Estar com as crianças bolivianas exigiu algo não previsto inicialmente. O diálogo com as famílias, em especial, com as mães das crianças foi de fundamental importância, quase um abre-alas para a entrada e permanência em campo. Entendeu-se isso como uma forma de aproximação, sobretudo, por parte dos bolivianos que pareciam estranhar a presença de pesquisadoras numa proposta de relação direta com as crianças, suas filhas.

Buscava-se, inicialmente, conhecer as crianças e o consentimento a estar com elas, sobretudo na ausência de adultos e adultas. Pelas conversas, pode ser notado que a presença e participação no Movimento Social é responsável por mudanças positivas na vida, o que é dito de modo constante. Como afirmou Guilherme Boulos (2017), trata-se da construção do sentido de pertencer a um grupo, de manter a vida pulsando na forma de engajamento, em diferentes maneiras. Alguns dos moradores voltaram a estudar fazendo cursos de especialização, como eletricista e confeitaria, enquanto outros mantinham-se na informalidade obtendo alguma renda como vendedores ambulantes. A chegada à ocupação frequentemente se dá após uma longa jornada de busca por vagas em cortiços, com altos valores cobrados pelos aluguéis, o que dificulta a permanência, a isso pode ser somado a recusa à presença de famílias com filhos. Muitos donos de cortiços chegam a criar taxas a mais para cada criança.

Percebe-se o rechaço às crianças pobres nos cortiços, ora por fazerem barulho, ora por implicarem outras formas de organização espacial na moradia, que podem levar ao descuido com o local, encarecendo a manutenção. Nesse contexto, as ocupações se configuram como porta de entrada para novas possibilidades de viver na cidade. São importantes fontes de formação sobre direitos, não apenas à moradia, pois alimentam, pelo que foi percebido, diferentes desejos concernentes à educação, usos da cidade, relações com o outro e com o trabalho, aproximando-se da acepção de Henri Lefebvre sobre o direito à cidade, em livro de mesmo nome.

DESENHOS: traçados de vida espalhados pela moradia ocupada

Foto 1 Desenho criado a lápis sobre madeirite rosa.

Fonte: Acervo da autora Marcia Gobbi, ano 2017. Sem identificação autoral

Seguíamos evidências da presença de crianças pela Ocupação. Na Prestes Maia a presença das crianças era anunciada por desenhos que mostravam figuras humanas e outros elementos. Eles derramavam-se e caíam às bordas. Ocupam paredes de concreto e madeira, em especial aquelas usadas para separar os cômodos. Essas linhas-desenhos, quando vistas pela primeira vez, suscitaram a pergunta: se os desenhos estão lá, onde estarão suas autoras e/ou seus autores? Os desenhos adornavam suas moradias, linhas e traços que evidenciam, além de suas presenças, levantes silenciosos de uma infância em formas peculiares de luta na Ocupação. Com atenção e tempo percebeu-se a presença das crianças bolivianas e seus familiares nos corredores, pátios e andares praticamente inteiros, como o 9º andar do edifício da Prestes Maia. Elas pertencem à segunda geração de imigrantes bolivianos, que se caracteriza por aqueles nascidos na Bolívia e que migraram com seus familiares ou os já nascidos no Brasil, mas são filhas de imigrantes bolivianos, como anunciado nos estudos de Baeninger e Oliveira (2012) e Ana Paula Silva (2014)[7]. O que podemos notar é que mesmo tendo nacionalidade daqui ou de acolá, as crianças transitam entre os dois países, pois mesmo residindo no Brasil, compartilham experiências pertencentes à cultura, ao idioma e à religião bolivianos:

> [...] para se referir às crianças nascidas na Bolívia, mas que vieram ainda pequenas para o Brasil e, às brasileiras, filhas de pai e/ou mãe bolivianos, adotou-se a nomenclatura *segunda geração de crianças imigrantes bolivianas* ou *crianças imigrantes bolivianas de segunda geração.* (Silva, 2014, p. 21, grifos da autora).

A segunda geração de imigrantes na Ocupação é composta em sua maioria por crianças que estão compartilhando suas experiências e modos de viver entre Brasil e Bolívia, e junto de seus pais estão demonstrando um sentimento de pertencimento aos vizinhos conterrâneos ao se considerarem de uma mesma família, apesar dos apelidos dados e da mostra de certo constrangimento diante deles. A comunidade boliviana no 9º andar desenvolveu uma relação de parentesco com os vizinhos conterrâneos, na qual crianças denominam-se por "primos e primas" e referem-se aos adultos como "tios e tias". A relação se dava em forma de parentesco, porém, não havia consanguinidade entre este grupo. Observou-se que essa foi a forma encontrada para suprir a falta de familiares no país, construindo "novas famílias" entre este

7. Em sua pesquisa de mestrado sobre as crianças bolivianas nas escolas municipais de educação infantil em São Paulo, a autora questionou: "as crianças filhas de pais estrangeiros, nascidas no Brasil, poderiam ser consideradas imigrantes?" (p. 20).

grupo, cujos membros se identificavam entre si e transmitiam esse sentimento às crianças, que reproduziam a tratativa.

"Só os china podem participar?"

A brinquedoteca se configurou como um dos locais essenciais para encontros com as crianças e nela a pesquisa transcorreu em grande parte do tempo. Ela foi organizada pelas coordenadoras do Movimento MMLJ (Movimento de Moradia e Luta por Justiça) e continha brinquedos e livros doados, cuidadosamente organizados. Muitos títulos e assuntos estavam bastante desatualizados, tais como manual de computadores e livros paradidáticos antigos.

Só os china podem participar? Num dos dias de pesquisa, ao abrir a porta da brinquedoteca, uma criança fez essa pergunta que causou surpresa. Muitas crianças queriam brincar e usar a brinquedoteca, que raramente estava aberta às crianças. China era o apelido dado às crianças bolivianas na expressão de estranhamento das crianças brasileiras. Elas eram as "*chinas*". Chamou-nos a atenção, afinal o que são chinas? Há um preconceito contra chineses impregnado nos moradores da ocupação? Em caso positivo, qual sua origem? Ficamos com uma resposta, talvez mais simples. A denominação referia-se aos olhos puxados e cabelos bastante lisos. Marcas nos corpos que evidenciam culturas e evocam representações. Percebia-se uma aparente cisão entre as crianças brasileiras e bolivianas, o que logo se dissipou diante de brincadeiras feitas conjuntamente. Ao longo da pesquisa, as crianças que não eram bolivianas, mas que também eram moradoras da Ocupação, reivindicavam o direito de participar das oficinas, ou melhor, o direito a brincar. Pesquisar com as crianças e considerar suas vozes ao longo da pesquisa exige da pesquisadora ou do pesquisador constantes exercícios de idas e vindas. Neste âmbito, apesar do clima conflituoso que a experiência nos proporcionou, observamos que essa relação compõe parte do cotidiano das crianças bolivianas que, como resposta e talvez como ferramenta de proteção, formaram um grupo isolado dos demais ao longo das brincadeiras e após alguns minutos me pediram para voltar para casa, alegando cansaço. Contribui com a luta dessas crianças superar representações que as colocam em lugares pouco confortáveis.

No dia seguinte ao episódio narrado, a brinquedoteca estava repleta de crianças brasileiras, que não participavam da pesquisa, mas que desejavam ocupar aquele espaço ainda pouco ocupado pelas bolivianas. Notava-se que aos poucos os grupos construíam pontes de comunicação, principalmente no que se referia aos interesses comuns, que eram os brinquedos e as brincadeiras. Logo, a denominação *china* foi substituída colocando em seu lugar o uso dos nomes próprios dos meninos e das meninas. Uma das hipóteses que se confirmou é que coadunavam os interesses dos grupos que se tornavam comuns no momento das brincadeiras atenuando conflitos entre eles.

Um aspecto que evidencia o trânsito entre as experiências é a alimentação. Ao visitar a casa de Marcos, ele me chamou a atenção para o fato de gostar de comer feijão na merenda da escola e o pai não saber fazer a comida. No momento em que me confidenciava, o pai de Marcos ouvia a conversa e aproveitou para justificar que não conseguia cozinhar o feijão, pois na Bolívia não estavam acostumados a comer, sendo frustradas as tentativas de fazer o alimento. O rapaz aproveitou para me mostrar uma pilha de alimentos dizendo: *"Não comemos este tipo de comida, mas as pessoas dão cesta básica e eu fico com vergonha de falar... estão ajudando, né."* (Jonas, Entrevistado em 08/05/2017). A solução encontrada pela família foi explicar ao menino que só iria comer feijão na escola, fato este que não agradou muito a criança, que registrou a reclamação, me confidenciando em diálogo.

A polêmica do feijão também fazia parte do cotidiano da moradia de Violeta, mãe de uma das crianças, que nos relatou:

➡ La comida de nós és diferente, nós cozinhamos. O feijão no cozinho muito não. Agora eles vai na escola e eles comem na escola. Entonces és raro quando eu cozinho aqui. Quando eles fala: Mama, faz feijão... daí eu faço

> **um pouco para eles. Mas quando vão na escola, não, por que eles comem na escola. Eles gostam muito, gostam muito (se referindo a comida da escola). A Nuria[8] come na escola. Depois a comida é tudo de Bolívia nossa, comida boliviana. Choclo és o que falamos para milho. És mas grande. Comemos outras coisas tambien, coisas que não tem aqui... nós compramos nas feiras, na Kantuta. Mas tem algumas que tem bolivianos que tem tambien, ai um aqui perto. Eles fazem tambien pão boliviano, então nós consumimos aí. (Violeta, Entrevista no dia 20/02/2017).**

Quando ia ao pátio próximo à moradia de Júlia, mesmo estando com seu irmão e amigos, notei que a criança sempre me trazia algo de dentro de sua moradia, normalmente eram balas e chocolates, que também compartilhava com os amigos. Porém, em uma das vezes Julia adentrou sua moradia e voltou com sua mãe me trazendo um pão boliviano. Fiquei surpresa com o presente, pois não estava esperando ganhar um pão, cuidadosamente embrulhado no papel alumínio. Então, a mãe contou que naquele final de semana haviam ido à Feira da Praça Kantuta[9] e que aquela era uma maneira de conhecer algo da Bolívia. O presente chega como dádiva, no sentido dado por Marcel Mauss, em que as trocas eram feitas e demonstravam certo princípio em que dar, receber, retribuir orientariam relações entre todos, porém, agora guiados pelas crianças.

A partir do pão, Julia e seu irmão Lucas contaram o quanto se divertiram na Praça Kantuta, principalmente no pebolim, disse Julia, já Lucas falava insistentemente do pula-pula. Quando perguntei da comida, tinham a resposta na ponta da língua do que não gostavam, que era chuño, um tipo de batata. Sobre o que gostavam de comer durante o passeio foi sopa de amendoim e milho. A mãe de Julia, durante o diálogo fez o convite para ir a sua casa no Ano-Novo, data

8. Alteração no texto original para modificação do nome da criança, como forma de manter o sigilo dos participantes.

9. Posteriormente abordada no mestrado de Julia Audi Feigenblatt denominado "Entre São Paulo e Bolívia: a vida na cidade narrada pelas crianças bolivianas na Praça Kantuta", FE-USP, 2019.

em que teria comidas típicas. "*Pode ficar tranquila que aqui nós comemos cedo, das dez à meia-noite gosto de brincar com eles de estourar bombinha, essas coisinhas. Faço um fricassê, chicharrón...*". Quando o assunto das crianças voltou à Praça Kantuta, reclamaram que ela ficava muito longe, e aos sábados costumavam ir à Rua Coimbra, onde o pão era vendido a um real.

A alimentação típica da Bolívia está presente nas moradias, feiras e festas propiciando encontros entre conterrâneos que aproveitam para trocar informações sobre oportunidades de empregos, enviar dinheiro ao país, assim como para participar de comemorações típicas, como carnaval boliviano, festa de Alasitas ou até mesmo o dia das crianças, que é comemorado todos os anos tanto na Praça Kantuta, quanto na Rua Coimbra.

Os momentos de trocas e aprendizagens acerca das experiências das crianças bolivianas e seus familiares no Brasil nos demonstraram que as fronteiras, que nos referimos inicialmente, não são muralhas que segregam a identidade das crianças em ser brasileiras ou bolivianas, mas se tornam pontes que permitem as crianças transitarem entre aspectos culturais advindos das duas nações. Segregar as suas identidades seria então trazer uma falsa dicotomia, já que ambas as culturas estão presentes no dia a dia das crianças imigrantes bolivianas de segunda geração e não teria como afirmarmos possuírem uma identidade ou outra. O que desejamos mostrar entre as relações infantis é aquilo que elas e eles nos apontaram ao longo desta trajetória no campo de pesquisa, que estão em trânsito entre as experiências de pertencer a diferentes culturas, percurso este que não é pacífico, mas permeado por conflitos, desejos, imaginação e brincadeiras.

Podemos sugerir que os meninos e as meninas estão em contato com os brinquedos e brincadeiras transmitidas pelos familiares bolivianos, ao mesmo tempo em que estão em contato com brinquedos de amplo apelo comercial, difundidos e vendidos no Brasil e em outras regiões globalizadas. Esses traços revelam uma infância que pode ser chamada de híbrida, tal como nos sugere Canclini (2015):

Como a hibridação funde estruturas ou práticas sociais discretas para gerar novas estruturas e novas práticas? Às vezes, isso ocorre de modo não planejado ou é resultado imprevisto de processos migratórios, turísticos e de intercâmbio econômico ou comunicacional. Mas frequentemente a hibridação surge da criatividade individual e coletiva. Não só nas artes, mas também na vida cotidiana e no desenvolvimento tecnológico (2015, p. XXII).

Foto 2 — No buraco da parede, no meio do caminho para a laje, tinha um menino brincando

Fonte: Fotografia tirada por Marcia Gobbi na Ocupação Prestes Maia.

➡ "Enquanto houver sem-teto, enquanto houver imóvel vazio sem função social, a luta vai continuar!" (Ivanete Araújo, Liderança das Ocupações da MMLJ)

Por isso que se chama movimento, é para se movimentar todo mundo! (Silmara, coordenadora das Ocupações da MMLJ)

Referências

ABRÃO, Carolina Gonçalves. *Ser criança imigrante boliviana na Ocupação Prestes Maia:* o cotidiano e os sonhos da infância. Dissertação (Mestrado em Educação). Faculdade de Educação, Universidade de São Paulo, São Paulo, 2018.

BAENINGER, Rosana; OLIVEIRA, Gabriela Camargo de. A segunda geração de bolivianos na cidade de São Paulo. *In:* BAENINGER, Rosana (org.). *Imigração boliviana no Brasil.* Campinas: Núcleo de Estudos de População-Nepo/Unicamp; Fapesp; CNPq; UNFPA, 2012.

BOULOS, Guilherme Castro. *Estudo sobre a variação de sintomas depressivos relacionada à participação coletiva em ocupações de sem-teto em São Paulo.* Dissertação (Mestrado em Psiquiatria), Faculdade de Medicina, Universidade de São Paulo, São Paulo, 2017.

CANCLINI, Néstor Garcia. *Culturas híbridas*: estratégias para entrar e sair da modernidade. 4. ed. Tradução: Heloísa Pezza Cintrão e Ana Regina Lessa. São Paulo: Edusp, 2015.

GIANNATASIO, Artur Roberto e Renato Matropoulos Fortunato. Imigração e participação política de estrangeiros: uma análise da formulação da política municipal de São Paulo para imigrantes. *Revista de Direito da Cidade,* v. 09, n. 4. ISSN 2317-7721, p. 1499-1528.

FREITAS, Marcos Cezar de; PRADO, Renata Lopes. Concepções de Infância, vulnerabilidade e ética na pesquisa com crianças. *In:* FONSECA, Claudia; MEDALS, Chantal; RIBEIRO, Fernanda Bittencourt (org.). *Pesquisas sobre família e infância no mundo contemporâneo.* Porto Alegre: Editora Sulina, 2018.

NASCIMENTO, Maria Letícia B. P. Reconhecimento da sociologia da infância como área do conhecimento e campo de pesquisa: algumas considerações. *In:* FARIA, Ana Lúcia Goulart de; FINCO, Daniela (org.). *Sociologia da infância no Brasil.* Campinas, SP: Autores Associados, 2011 — (Coleção Polêmicas do nosso tempo; 102).

CORSARO, William A. *Sociologia da infância.* 2. ed. Tradução: Lia Gabriele Regius Reis. Porto Alegre: Artmed, 2011.

GOBBI, Marcia. Desenho infantil e oralidade: instrumento para pesquisas com crianças pequenas. *In:* FARIA, Ana Lucia; DEMARTINI, Zélia de Brito Fabri; PRADO, Patrícia Dias (org.). *Por uma cultura da infância:* metodologias de pesquisa com crianças. Campinas, SP: Autores Associados, 2009 — (Coleção Educação contemporânea).

PAIVA, Odair da Cruz. *Histórias da (i)migração*: imigrantes e migrantes em São Paulo entre o final do século XIX e o início do século XXI. São Paulo: Arquivo Público do Estado, 2013.

PUCCIA, Fábio M. Serrano; VÉRAS, Maura P. Bicudo. Bolivianos em São Paulo: territórios e alteridade. *PLURAL,* Revista do Programa de Pós-Graduação em Sociologia da USP, São Paulo, v. 24, n. 2, p. 276-299, 2017.

ROSEMBERG, Fúlvia. Educação para quem? *Ciência e Cultura (*SBPC), v. 28, n. 12, p. 66-71, 1976.

SAFATLE, Vladimir. *Um dia essa luta iria ocorrer*. São Paulo: Editora n-1, 2018.

SASSEN, Saskia. *Sociologia da globalização*. Porto Alegre: Artmed, 2010.

SASSEN, Saskia. *Expulsões: brutalidade e complexidade na economia global*: brutalidade e complexidade na economia global. Rio de Janeiro: Paz e Terra, 2016.

SILVA, Ana Paula. *¡No hablamos español!* Crianças bolivianas na educação infantil paulistana. Dissertação (Mestrado em Educação e Saúde) — Universidade Federal de São Paulo, Escola de Filosofia, Letras e Ciências Humanas, Universidade Federal de São Paulo. Pós-Graduação em Educação e Saúde na Infância e na Adolescência, 2014.

A formação política e o trabalho da educação infantil popular

Carolina de Roig Catini

Há tempos Walter Benjamin nos alertou para as consequências pedagógicas de não se considerar profundamente as condições de vida da criança das camadas populares. Isso porque, dizia ele em texto escrito na década de 1920, tal condição, que penetra esses pequenos desde o ventre materno, é um elemento decisivo do processo educacional, que orienta a formação do sujeito de modo muito mais impactante do que qualquer projeto pedagógico, quase sempre formulado à distância das condições materiais e das relações sociais nas quais a criança cresce (Benjamin, 2002, p. 121-125).

Nas creches e escolas de educação infantil, a despeito de todo intenso trabalho de formação e profissionalização da atividade das educadoras das últimas décadas, e em parte por causa desse trabalho mesmo, frequentemente a atividade educativa é concebida a partir de seus propósitos assistenciais e de cuidados "femininos" da primeira infância, em detrimento da socialização e da educação propriamente dita. Com isso, corrobora-se para despolitizar a prática, isto é, parece que vence a tendência a dissociar a relação entre a infância e a política.

Florestan Fernandes (1986) preocupava-se com tal cisão da atividade educativa e do "pensar politicamente" sobre ela. De modo ideológico, essa clivagem se justifica como compromisso de imparcialidade docente dentro da sala de aula, ou neutralidade das educadoras nos espaços de educação da infância. Ora, mas se os esforços educativos se voltam para a necessidade de provocar mudanças numa sociedade desigual e injusta, como se costuma afirmar, é possível desconsiderar o caráter eminentemente político da prática educativa? Qualquer mudança social não seria um processo necessariamente político? Para Florestan Fernandes, se a pedagogia ou os projetos educativos mantiverem essa pretensa neutralidade, contribuirão tão somente para uma mistificação e esvaziamento da ideia de transformação social. Isso porque se cada educadora "ignora a pessoa de seus estudantes e as condições em que vivem, obviamente não vai aprender a pensar politicamente" (Fernandes, 1986, p. 24).

Muitas vezes a prática política desse trabalho essencialmente feminino se dá em separado das crianças e de suas condições de vida, isto é, politiza-se a luta de mulheres trabalhadoras por creches, ou a luta da categoria para melhoria de suas condições de trabalho como educadoras. Nos dois casos, contribui-se para a consideração da educação infantil como tarefa política, seja por afirmar o papel fundamental da mulher na organização das comunidades pobres, seja por tornar as condições de trabalho pedagógico menos aviltantes e opressoras.

Em um país em que falta cerca de um milhão de vagas na educação infantil "obrigatória" (entre os 4 e 5 anos de idade), onde o déficit de vagas nas creches (de 0 a 3 anos) se eleva a 150 mil em uma metrópole como São Paulo, em que o trabalho das educadoras está profundamente desvalorizado socialmente, com baixos salários e pouca visibilidade, tais lutas são fundamentais. Não obstante, não foram suficientes para impedir a recente onda de privatização da educação infantil estatal, que, cada vez mais, passa a ser gerida e organizada por ONGs, associações ligadas às igrejas evangélicas ou católicas ou outros tipos de organizações sociais privadas que terceirizam o serviço educativo, com frequência implicando maior precarização do trabalho pedagógico, fortalecimento de redes clientelistas, e afirmação do caráter assistencialista da educação infantil e redução da educação a um negócio a ser gerido como meio para garantir ganhos monetários, com o repasse de recursos estatais para entidades privadas.

Na sequência, buscaremos evidenciar o caráter eminentemente político da própria prática educativa de crianças pequenas, ao trazer elementos de duas experiências de autogestão do trabalho de educação infantil popular, em conjunto com processos de formação política das educadoras.

Educação e auto-organização

Numa recente atividade de formação de educadoras de creches e centros de educação infantil das periferias da cidade de São Paulo, contratada pela própria Prefeitura, discutia-se o tema do "livre brincar", falava-se da importância da presença do lúdico no cotidiano, e eram feitas orientações para que a organização do trabalho das educadoras se desse em função do favorecimento das interações entre as crianças em sua máxima potência criadora e criativa. Em meio ao debate, uma educadora pergunta: como poderia trabalhar com tanta liberdade, se a diretora da creche não permite o que considera "bagunça", e se a coordenadora não permite o livre acesso aos brinquedos e tampouco a circulação das crianças no espaço da creche? Outra educadora é ainda mais provocadora: deve-se favorecer o ambiente de criação mesmo quando as crianças reproduzem cenas de agressão vividas no cotidiano doméstico? Qual deveria ser sua atitude quando os pequenos e pequenas brincam de fumar *crack*, e outras situações similares, vivenciadas em outros locais de socialização?

De modo sintomático, a emergência dessas questões — políticas, diga-se de passagem — causou surpresa e mal-estar às formadoras. Para boa parte das educadoras, ao contrário, tais indagações deveriam se encontrar no cerne das práticas e dos planejamentos pedagógicos. O desconcerto criado numa situação como esta advém do fato de que a formação formulada "de fora" da prática educativa tende a ignorar as questões que movem as educadoras e que emergem das condições e situações de vida das crianças.

Em oposição a essa tendência, consideremos brevemente duas práticas de educação popular. A primeira delas se refere a uma creche construída por moradores e moradoras de uma ocupação de terra no Grajaú — bairro periférico, situado no extremo sul da cidade de São Paulo —, que tem por escopo desenvolver processos educativos de crianças pequenas, filhos e filhas de mães trabalhadoras. Cabe recordar que a ocupação de terras tem sido uma forma tradicional de luta no Brasil, tanto no campo quanto nas cidades, como modo de enfrentar o déficit de moradias, seja com caráter de denúncia, seja como solução habitacional.

Neste caso específico, a ocupação foi iniciada em agosto de 2013 e batizada como Jardim da União por seus moradores. Depois de cinco despejos em um terreno da Prefeitura de São Paulo, firmou-se em outro terreno — no Jardim Varginha, onde permanece desde outubro de 2013. De início estava constituída por cerca de 500 famílias. Entre diversas questões em seus espaços organizativos, emergiu a questão de falta de vagas em creches públicas, em conjunto com a evidente impossibilidade da maioria das famílias de arcar com os custos de creches privadas, o que levava a muitas mulheres a deixar seus filhos e filhas sozinhos durante a jornada de trabalho, ou a pagar vizinhas desempregadas como "cuidadoras". Nas reuniões realizadas para buscar soluções para o problema, surgiu a ideia de construir uma creche, com espaços, infraestrutura e recursos pedagógicos mais adequados, para que as crianças passassem a ser atendidas pelas referidas mulheres, antes "cuidadoras", reunidas em uma cooperativa de educação infantil. Assim, com o envolvimento de um conjunto de moradores da ocupação, bem como de pessoas solidárias a essa luta, dentre os quais encontravam-se educadores da rede pública de ensino e universitários, levou-se a cabo a passagem de um trabalho assistencial individual para um trabalho pedagógico coletivo, no interior de um espaço bastante politizado pela luta direta por moradia e por diversas práticas de auto-organização da vida coletiva, que incluíam as reuniões organizativas, a realização de mutirões de limpeza e construção de espaços coletivos, a criação de cooperativas, como a de costura e a de reciclagem etc. Assim, pode-se dizer que a própria vida coletiva no terreno, associada à necessidade das mães trabalhadoras de deixar suas crianças em um local seguro durante sua jornada de trabalho, impeliu à assunção dessa importante tarefa, que levou à criação da creche "Filhos da Luta", em outubro de 2014.

A segunda experiência que nos serve de subsídio a essa reflexão terminou em 2011, tendo durado mais de uma década como uma espécie de "ocupação" de um clube da Prefeitura de São Paulo, outrora abandonado, e que se situava no bairro da Barra Funda, região central da cidade. O Piá — nome que significa criança em tupi-guarani, língua de povos originários do Brasil — consistia numa tentativa de colocar em prática princípios libertários de educação infantil. As crianças e educadoras se encontravam cotidianamente: as crianças pequenas passavam o dia todo no Piá, já as maiores frequentavam o espaço no contraturno escolar. De modo geral, elas eram oriundas de favelas e cortiços bastante pauperizados, que incluíam um número considerável de migrantes bolivianos que se encontravam em situação ilegal no país, submetidos a condições de trabalho análogas à da escravidão, nas indústrias têxteis paulistanas.

O que a princípio foi um coletivo de estudantes que queriam experimentar outras formas de educar as crianças, aos poucos se aproxima da comunidade, chegando-se assim mais perto também das condições de vida e das lutas travadas pelas mães das crianças do Piá. Com o desenrolar de tais relações, algumas mães foram integrando-se ao coletivo de educadores, primeiro ajudando mais pontualmente em festas, dias de passeios etc., depois passando a participar de atividade e das reuniões e, finalmente, tornando-se também educadoras.

Nessas duas experiências, o ponto de partida para tomar a educação infantil como tarefa política consistiu em grande medida na tentativa de colocar em prática *a autogestão* do trabalho de educar. Nos dois casos, isso significou transformar a reflexão e atuação da educação em *processo coletivo* entre os que educam (educadoras, mães, pais etc.), retirando-a da sua redoma de "coisa da vida privada", onde cada um educa sob seus preceitos próprios. Com isso, foi possível fazer transbordar os limites de concepções individuais, tornando-se um ato politizado, uma vez que, partir de conhecimentos provenientes de diversas crenças e valores, colocou-se como necessidade o exercício de *decisão conjunta* sobre os rumos de tal *trabalho coletivo* voltado ao conjunto das crianças.

O grande salto de qualidade para tomar a educação infantil como prática política está relacionada, nos dois casos, com a chance de instaurar um processo de decisão coletiva e ter nas condições materiais de vida o motor das propostas educativas. Parece muito pouco, mas a simples tentativa de romper com a clássica separação entre quem pensa e quem faz; entre os que formulam, planejam, elaboram planos de educação, e que os executam, e, mais ainda, entre os primeiros e as comunidades que recebem projetos de educação sem nunca serem consultadas sobre os métodos e os conteúdos da educação infantil, desloca completamente as posições quase sempre ocupadas, onde uns falam e outros silenciam e trabalham. Ainda mais quando se trata das camadas populares, na prática quase sempre excluídas de qualquer processo de decisão e elaboração de propostas.

Em certa altura, os dois coletivos em questão eram compostos por mulheres de classes sociais, formação e experiências de trabalho bastante distintas, o que enriqueceu as discussões da educação. Os educadores "profissionais", mobilizando decisivos aportes teóricos e metodológicos, contribuem assim para a organização do trabalho e para a realização de todo um conjunto de atividades, como as de alfabetização. Já as mães e outros membros das comunidades tendem a renovar esse conhecimento técnico e metodológico, e não deixam subsistir nele qualquer idealismo de projeto pedagógico que não esteja aliado a sua própria vida. Não deixam também colocar em prática qualquer forma de estetização da pobreza, ou de redução da pobreza a uma mera questão moral e assistencial, deixando de lado as clivagens sociais que estruturam as formações sociais capitalistas.

Não obstante, mesmo no caso da creche "Filhos da luta", no interior de um espaço que já contava com uma forma de vida bastante politizada, a questão da educação das crianças podia ser considerada cindida da luta pela terra, bem como da organização para a vida coletiva. Mesmo aqui a noção que se tinha de creche era majoritariamente assistencial, e somente no decorrer da caminhada, com as atividades de formação, nas quais se discutem aspectos fundamentais da organização do trabalho da educação das crianças, foi-se construindo a noção de que toda escolha de educadoras está relacionada a uma visão de mundo. E não somente a uma visão de mundo, mas, para complicar um pouco mais, também das mudanças nas relações sociais que se quer colocar em prática, de uma visão do mundo que se quer construir. Ao refletir, por exemplo, sobre nossa responsabilidade, como educadores, de oferecer os meios com os quais os pequenos e pequenas vão interagir entre eles e com os adultos, mesmo quando há muitas limitações das circunstâncias, coloca-se um conjunto de importantes discussões da educação infantil atual, tais como a organização do espaço, do tempo, da rotina, a relação com mães e pais das crianças, a autonomia das crianças, e tantas outras, tributárias de decisões políticas que precisam ser tomadas de modo consciente. Por esse motivo, para os conflitos cotidianos tratados em reuniões coletivas, como a possível brincadeira com consumo de drogas, havia um repertório de respostas tão ricas quanto variadas, construído com base nas distintas vivências experimentadas pelas mulheres desses coletivos.

Parece-nos que é importante olhar para o significado político da educação infantil atribuído pelas experiências de organizações populares às práticas que inventam para suprir suas próprias necessidades. Longe de uma desconsideração dos conhecimentos mais propriamente teóricos e especializados, trata-se do estabelecimento de uma dinâmica mais complexa e profícua entre teoria e prática, situando os processos pedagógicos no contexto social em que eles se desenvolvem. Ao fazê-lo, tomamos a educação como intervenção que faz no mundo, como um ato de *criação coletiva* e não apenas de repetição de programas prontos, descontextualizados, sem relação com as condições concretas de existência e resistência. Ademais, descobrimos que organizar coletivamente o espaço de educação infantil é um ato político que se refere ao confronto a um tipo de pedagogia que reproduz as hierarquias, bem como as formas de apassivamento e estigmatização das classes populares.

Referências

BENJAMIN, Walter. *Reflexões sobre a criança, o brinquedo e a educação*. São Paulo: Editora 34, 2002.

FERNANDES, Florestan. A formação política e o trabalho do professor. *In*: CATANI, D. B.; MIRANDA, H. T.; MENEZES, L. C.; FISCHIMANN, R. (org.). *Universidade, escola e formação de professores*. São Paulo: Editora Brasiliense, 1986.

PARTE 3

Nas ruas, o encontro com as diferenças

"Augusta, graças a Deus, entre você e a Angélica, eu encontrei a Consolação, que veio olhar por mim e me deu a mão" (Tom Zé)

Naime Silva

Não é de hoje que a ocupação dos espaços públicos tem ganhado relevância como temática. No âmbito das Ciências Sociais são importantes, pois se apresentam, ora como cenário e palco de interações sociais de vários níveis e aspectos, ora no cômputo das defesas de sua morte e modificação das relações sociais nele mantidas, devido ao surgimento de outros espaços, tais como shoppings centers, praças fechadas e demais em que o confinamento se sobrepõe e recria formas de vida, que poderiam ser chamadas "de passagem", tal como sugere Richard Sennett (1988).

Neste capítulo, buscam-se espaços ainda plenos em sua capacidade de relações e construção de civilidade e a construção de fissuras por crianças num cotidiano cerceador de lugares infantis em que se possa viver com outras pessoas de todas as idades, gênero, raça, etnia. Não são raras as vezes em que encontramos famílias a seu modo participando de piqueniques em parques públicos. Os "rolês" de skatistas por ruas e avenidas, a Clínica Pública de Psicanálise em atendimento a diferentes pessoas na Praça Roosevelt e Vila Itororó, as ruas e avenidas fechadas aos domingos, tal como a Avenida Paulista, em São Paulo, ou o Minhocão, garantem outro tempo e uso das ruas centrais pela população, entre outras propostas, individuais e coletivas, que têm colocado em pauta os usos sociais e culturais da cidade e provocando debates entre sociólogos, arquitetos, urbanistas, antropólogos, gestores públicos, educadores.

Há, contudo, uma questão que gostaria de apresentar como ponto de partida para debates: a educação pública, voltada para crianças pequenas e a infância em São Paulo e a possibilidade reclamada de conquista de espaços públicos também para as crianças. Para tanto, apresento cenas da proposta pedagógica de uma escola pública de educação infantil, da qual participei como professora e posteriormente coordenadora pedagógica nomeada, e convido a todos e todas para entrar nessa que é uma escola municipal de educação infantil paulista (EMEI). Entremos por suas portas cheirosas devido às jaqueiras que a adornam desde que ela abrigava um dos Parques Infantis do município de São Paulo, nos idos anos 1960.

Mais que passagem, enraizamento

No quase meio da Rua da Consolação, na cidade de São Paulo, encontra-se a Escola Municipal de Educação Infantil Gabriel Prestes, doravante denominada EMEI. Ela atende meninas e meninos de 4 e 5 anos acolhendo em média 200 crianças matriculadas anualmente. São dois turnos de seis horas cada envolvendo a criançada em suas mais diferentes atividades. Pretendo dialogar com os leitores e leitoras deste livro, tendo como mote algumas das práticas citadinas propostas às crianças no ano de 2017.

Para situá-los e situá-las geograficamente vale informar que a EMEI Gabriel Prestes está anexada a centenária Chácara Lane, próxima à histórica Rua Maria Antônia, ao polêmico Parque Augusta, ao Cemitério da Consolação — considerado um Museu de Arte a céu aberto da cidade devido às obras de artistas consagrados que adornam túmulos —, à ocupação de artistas e arte-educadores do Quilombo AfroGuarani Casa Amarela, à igreja da Consolação, ao Sesc Consolação, à Biblioteca Monteiro Lobato, à Biblioteca Mario de Andrade, à Escola Estadual Caetano de Campos, à Praça Roosevelt, à Praça da República e à EMEI Armando de Arruda Pereira. Assim, entre outras tantas possibilidades como cinema, teatro, feiras livres, livrarias, supermercados, sacolões, padarias etc., configuramos o que temos chamado na EMEI de "Território Ceuzinho ou território central das infâncias", ou propriamente, um entorno recheado de possibilidades educadoras para as crianças pequenas.

É nesse território, privilegiado de equipamentos socioculturais, que o olhar para construção de bairros educadores fez com que Arlete Persoli, diretora da EMEI Gabriel Prestes durante o período de 2005 a 2009, iniciasse, na equipe, a construção vagarosa de propostas e olhares para a criação de uma cidade educadora — ainda incipiente — e o investimento na chamada cultura de paz por meio do brincar e do diálogo com as crianças. Tempos antes o terreno da escola foi tomado pela especulação imobiliária na antiga luta entre o público e privado que a escola trava com a Faculdade Presbiteriana Mackenzie, a EMEI Gabriel Prestes constrói uma proposta político-pedagógica calcada no diálogo, escuta e construções coletivas e colaborativas, transbordando o currículo para além-grades da escola. Esse receio levou à criação de projetos cujo propósito volta-se à formação de atividades que promovam debates entre familiares, crianças e funcionários e coloquem em pauta a cidade e seus usos. O local em que a EMEI está situada é objeto de disputas constantes devido ao alto valor econômico de seu terreno o que gera frequente insegurança em todos os que dela fazem uso: professoras e demais funcionários, crianças e seus familiares.

A EMEI Gabriel Prestes existiu como Parque Infantil, criado há 65 anos, quando observamos sua arquitetura de caráter modernista e à moda dos Parques Infantis criados por Mario de Andrade, quando chefe do departamento de Cultura da cidade de São Paulo. Entre tantas disputas territoriais envolvendo a EMEI, documentos que registram sua história foram perdidos, sendo difícil acessar e construir aspectos de sua história. Há documentos com registros apenas dos últimos 17 anos. Em 1999, a escola foi fechada e entregue à Faculdade Presbiteriana Mackenzie por um ano. Em 2000, a escola reabre, sem nenhuma documentação, e retoma construindo uma nova proposta político-pedagógica. O acesso à sua memória histórica é imprescindível e, para tanto, busca-se atualmente a escuta atenta de ex-frequentadores e demais práticas de recolha de documentos que porventura estejam com familiares e funcionários de "outros tempos". A isso se concatena a proposta, já mencionada, e iniciada pela então diretora Arlete Persoli em 2005 que se configuraria como prenúncio do que se debate hoje na região, a chamada cidade educadora. Não se pode negar que tal proposta existia cravejada pelo forte medo de perder novamente a escola, o que leva o corpo docente, junto à diretora Arlete, a uma jornada de mudança institucional. Isso é fortalecido nos anos posteriores pela via dos projetos político-pedagógicos que são escritos e se inscrevem, pela via das práticas, no entorno do bairro da Consolação. Mais que isso, pode-se afirmar com segurança que marcam as imediações àqueles que participam do que se tornariam os cortejos que, errantes, saíam pelas ruas centrais da cidade.

O território central de São Paulo merece, nesse capítulo, uma atenção especial, e sublinha o plano das políticas públicas de educação, saúde, moradia, políticas voltadas às infâncias e suas culturas, pois, ao mesmo tempo que se configura como um *Não Lugar* (AUGÉ, 1994), locais sem pertencimento, com violência urbana, desumanizados e desprovidos de direitos sociais, políticos, ambientais e até mesmo civis, conforme afirma Augé (1994) é lugar de encontros entre as diferenças e produção de culturas, sem esquecer das crianças.

> O Não Lugar é diametralmente oposto ao lar, à residência, ao espaço personalizado. É representado pelos espaços públicos de rápida circulação, como aeroportos, estações de metrô, e pelos meios de transporte — mas também pelas grandes cadeias de hotéis e supermercados. (AUGÉ, 1994, p. 75).

O chamado centro de São Paulo se revela com coletivos e histórias de resistência travando lutas políticas intensas na área da saúde, educação, moradia, combate a epidemias como aids e crack, movimento LGBT e até mesmo de resistência indígena. Ainda destacamos que a política de "estado" implantada na região, há no mínimo três décadas, é de concepção higienista, em que a disputa entre o público e o privado é intensa e feroz, o que coloca em risco políticas voltadas para população mais pobre e vulnerável socialmente.

Esta afirmação é retratada pela briga da sociedade civil organizada com a especulação imobiliária e nos focamos nas lutas pelo Parque Augusta, que serão destacadas posteriormente, devido à participação das crianças, a luta de 36 anos do Teatro Oficina contra o grupo Silvio Santos, como também pelo Movimento Sem-Teto e dos Artistas Populares que ocupam os prédios vazios, não cumpridores de sua função social, situados nesta região e que vivem processos de reintegração de posse, de forma a terem seus direitos civis e humanos violados, em detrimento de uma lógica capitalista na qual nos comportamos, cada vez mais, como laboratório, segundo palavras de Boaventura de Sousa Santos. Lutar pode ser compreendido como verbo que dá sustentação à permanência e reconhecimento desse lugar em que se encontra a Consolação e nela a EMEI Gabriel Prestes.

Se luta é verbo nessa região e transborda pelos muros da escola junto às crianças, desde tão pequenas, ela alimentava, cada vez mais, os projetos pedagógicos da escola. Trata-se, evidentemente, não de torná-lo panfletário, mas de uma leitura de mundo, tal como nos ensinou Paulo Freire, enfatizando a temática a ser discutida por todos em amplos processos de formação, nada fragmentada em segmentos, mas contando com todos: crianças, familiares, profissionais não apenas da EMEI sede, como de outras EMEIs e coletivos do entorno. A base em que se sustentava inicialmente o projeto em costura era garantir discussões sobre o território a partir de consultar e garantir as vozes de todos. Esse compreendido, segundo Milton Santos, como área usada e não somente de forma mercadológica, que precisa ser conhecida e reconhecida e que exige rigoroso tratamento analítico e sistemático das realidades que o formam, de dentro e de fora, de maneira a provocar que não se perca o sentido da existência coletiva. Essa crença intensificava-se à medida que a observação acurada e ensejada, principalmente por professoras, buscavam instigar demais segmentos da escola e se fortalecia. As crianças? Encontravam-se nesse contexto com suas vozes e corpos manifestando-se em gestuais, indignações e desejos.

Essas questões, discutidas há 17 anos pela EMEI Gabriel Prestes, como comentado, nos fez tomar uma decisão política em relação à nossa proposta político-pedagógica: entrar numa articulação entre vários parceiros, preocupados em transformar o centro de São Paulo num território educador, e construir juntos uma proposta de trabalho para a região. Assim, temos construído e reforçado a ideia de que a educação de crianças pequenas não se dá apenas no interior da escola, mas também no pertencimento ao seu bairro, ocupando e se apropriando das ruas pelo conhecimento histórico de onde nasceu, nos diálogos de seus problemas e trazendo seus saberes infantis pelas brincadeiras de rua. Com isso a EMEI Gabriel Prestes recebe Daniel Ianae, André Gravatá e Antônio Sagrado Lovato, do Movimento Entusiasmo, e estabelece uma parceria que abre suas portas à cidade para a I Virada Educação. A Virada Cultural está se consolidando como importante acontecimento cultural e educacional na cidade de São Paulo e inspira a Virada Educação, essa com temáticas específicas. Em 2014 se propõe a debater não somente questões pedagógicas, mas estendê-las a outros debates, tais como a ligação ou afastamento entre escolas e a cidade em que estão inseridas. Experiências de diferentes características são propostas a todos os participantes que, em um dia, têm acesso a intensos debates e processos criativos e propositivos para a cidade, a partir da educação. Foi nesses diálogos que relatamos nosso desejo de construir o território CEUZINHO, quando compreendemos a educação que transborda a escola e vai para a praça, a feira, o supermercado, o museu, a escola vizinha com as crianças ocupando o entorno e propondo seus saberes. Vale o registro das famílias, segundo as quais o espaço externo que a escola apresenta foi a principal decisão para que seus filhos e filhas viessem estudar na EMEI Gabriel Prestes, pois essas crianças moram em locais apertados e limitados para brincadeiras, encapsuladas dentro de suas próprias casas. Outra narrativa é que gostam de saber que a escola leva as crianças para o entorno: à feira, ao mercado, ao sacolão, à livraria, para fazerem suas pesquisas inventadas com a professora.

Destaca-se que as propostas realizadas estavam em consonância com as Diretrizes Nacionais Curriculares de Educação Infantil, o que alimentava a proposta político-pedagógica que, no interior da unidade, realizava constantemente reflexões de quebra de paradigmas de um currículo centrado em datas comemorativas, inovando com a busca de saberes infantis, pela autoria de professoras nas escritas de suas histórias de vida, como profissionais e cidadãs, cuja cidadania é por tantas vezes negada. Sublinham-se as saídas, com as crianças, pelo entorno da escola, muitas delas calcadas na pesquisa das histórias das culturas das famílias e crianças, bem como nas memórias locais e do entorno. Tínhamos delineado uma nova proposta de trabalho no território cujas bases encontravam-se no próprio território e no conhecimento que ele suscitava. E daí lutas e cortejos começaram a atravessar ruas e avenidas, mercados e praças, atingindo momentos imprescindíveis e altamente discutidos entre todos os participantes. A participação, tão almejada e propalada, buscava ressonância em todos.

E as crianças cortejam a população e a cidade

Foto 1 Desenho criado por Vinicius, uma das crianças da EMEI Gabriel Prestes em dia de cortejo e luta pelo Parque Augusta

Fonte: Acervo da professora Edna Monteiro, fotografia tirada do desenho.

No Cortejo Poético das Infâncias, crianças, famílias, educadoras e movimentos sociais foram levados à Luta pelo Parque Augusta e de nossa fauna e flora da Mata Atlântica do centro de São Paulo. O Parque Augusta é uma área de 24.603 metros quadrados, localizada na confluência da Rua Augusta com a Rua Caio Prado e a Rua Marquês de Paranaguá, no bairro de Cerqueira César, no distrito da Consolação, próximo ao centro da cidade de São Paulo. O parque é uma das raras áreas verdes existentes nessa região e local potencialmente frequentável pelas crianças, muitas delas moradoras deste bairro em que seus pais trabalham como zeladores, motoristas, empregadas domésticas, vendedores de lojas. Em nossas discussões no interior da Gabriel Prestes, havia o intuito de formar para ver o entorno, assim, não poderíamos nos furtar a participação em luta pelo parque. O engajamento nada mais era que colocar-se em frente dos acontecimentos e conhecê-los *in loco*. A leitura de mundo, de caráter provocador, cumpria sua finalidade à medida que problematizava os acontecimentos e exigia posicionamentos. Vale mencionar que a presença das crianças contou com um longo processo para tornar visível o próprio Parque e sua importância para a cidade e, em especial, os moradores dessa região e suas crianças, desprovidas de espaços para relações. A escola, esparramada em seu território, tomava fôlego e o observava de modo pulsante. É em 2016 que esse diálogo ganha maiores proporções, pois se já se discutia sobre o Parque como espaço a ser reivindicado às crianças e por elas, segundo suas vozes e representações. Nesse ano, na gestão do então prefeito João Dória Junior, as negociações e uma possível disputa com grandes construtoras ganha maior espaço e gera grande temor na população local que poderia perder o terreno para empreendimentos privados. Como afirmado, estamos numa região em constantes disputas evidenciando a predominância do discurso capitalista e sua perniciosa busca pelos empreendimentos imobiliários de caráter lucrativo e privatista. O Parque Augusta não seria liberado, contudo, Prefeitura — que se afirmava sem dinheiro para comprar e manter o terreno — e empreiteiras, após lutas da população local e presença física de muitas crianças, chegaram junto ao Ministério Público exigindo que duas das construtoras proprietárias do terreno pagassem multa pelo período em que o parque esteve fechado e em descumprimento das regras pelo desuso do local. A ação civil baseava-se na ausência de áreas verdes no local e da não preservação de patrimônio tombado localizado no terreno. Impasses e impasses resultarão em vitória em que o terreno se torna bem público e comum cumprindo sua função socioambiental. Registra-se aqui que o projeto coletivo e comunitário não prescindiu a presença das crianças, que deixaram marcas nesse processo.

O desenho, elaborado por uma criança, resulta de uma imagem-prática bastante corrente e mostrada em jornais à época em que pessoas abraçavam o parque, sendo suas árvores o fundo a ilustrar esse abraço. Num dos dias do abraço, as crianças estiveram presentes.

No II Cortejo Poético das Infâncias, traz a construção das histórias do território. As crianças do Infantil I — como denominados os grupos de crianças — e as professoras Vanessa Oliveira e Keila Martins, desenham nas ruas o tema da II Festa da Cultura Popular Brasileira e de outros povos do mundo. Em sua segunda edição, apresenta: Memórias da São Paulo de Piratininga e da São Paulo da Garoa, levando 300 crianças a um diálogo com a Praça da República e a EMEI Armando de Arruda Pereira. Juntos, a EMEI Gabriel Prestes, a EMEI Armando de Arruda Pereira, a Escola Estadual Caetano de Campos, o Movimento Entusiasmo, os Movimentos Sociais do território e a Guarda Civil Metropolitana mostram ao entorno nossa discussão de cultura popular e o chamado para a Virada Educação 2015, que se encerra com uma roda de música e o grupo Trupicalhada, na Biblioteca Monteiro Lobato.

Como num bordado em que as linhas alinhavam e traçam riscos firmes num amplo tecido, fomos fomentando diálogos entre as sete escolas no território central. As Viradas Educação em 2016 e 2017 começam enfim a construir a conversa de modo mais próximo, promovendo formações e encontros num calendário comum e colocando questões observadas por todas as escolas como: invisibilidade de crianças de ocupações, a questão das drogas e violência, os refugiados vindos clandestinamente de países africanos, a questão de gênero e LGBTTQIA+ e a invisibilidade das infâncias no centro de São Paulo.

Estamos em curso dessa história, em plena efervescência dessa construção coletiva. Sonhamos com a construção da educação integral para as famílias e suas crianças e de atender plenamente e com qualidade às suas expectativas de ampliação etária e de tempo educativo das crianças na escola e no coletivo de escolas no território. Um dos desejos é continuar fazendo com que crianças e educadoras explorem possibilidades educativas no entorno, aprendendo a conviver com a cidade, e provocando nela o reconhecimento de que as crianças são suas moradoras, que merecem respeito, e ao devolvermos a cidade às crianças, termos a esperança de continuar na promoção desse direito humano.

A cidade é uma produção social e cultural de todos aqueles que nela vivem. O objetivo desse capítulo foi destacar brevemente algumas singelas contribuições para sua transformação, questionando sutilmente seu valor de uso e de troca, este último, cada vez mais presente orientando as relações que ocorrem nos diferentes territórios. Se a cidade é, como diria Henri Lefebvre (1976), obra e produto, as crianças que nela se fazem e a constroem não podem ser excluídas de amplos processos criadores dos e nos espaços. Isso se produz como prática pedagógica, elaborada e materializada dentro de escolas de educação infantil, no âmbito de políticas públicas mais abrangentes e inclusivas, nas discussões sobre os diferentes agentes que compõem as cidades e seus tantos espaços. Repito aqui que essas relações e lutas ocorrem com as crianças e desde que nascem. As escolas públicas de educação podem servir como polo irradiador e enraizador desses processos. Retomando o excerto da canção de Tom Zé, *entre a Paulista e a Angélica, encontrei a Consolação, que veio olhar por mim e me deu a mão*. OXALÁ, mãos sejam dadas e que construamos tantas outras formas dignas e justas de estar e fazer a cidade, com todes, todos e todas, desde os bebês.

Referências

AUGÉ, Marc. *Não lugares:* introdução a uma antropologia da supermodernidade. Campinas, São Paulo: Papirus, 1994.

GADOTTI, Moacir. *Educação integral no Brasil:* inovações em processo. São Paulo: Instituto Paulo Freire, 2009.

LEFEBVRE, Henri. *Espaço e política.* Belo Horizonte: UFMG, 2008, 190p. (El espacio. *In:* LEFEBVRE, Henri. *Espacio y política:* El derecho a la ciudad II. Barcelona: Península, 1976).

MEC. Brasil. Programa MAIS Educação, série MAIS Educação — Cadernos pedagógicos — Territórios Educativos para a Educação Integral: a reinvenção pedagógica dos espaços e tempos da escola e da cidade. Brasília, 2010.

SENNETT, Richard. *O declínio do homem público.* São Paulo: Editora Companhia das Letras, 1988.

Sites e documentos

Avaliação na Educação Infantil: aprimorando os olhares

› http://www.portalsme.prefeitura.sp.gov.br/Documentos/BibliPed/Textos-Legais/coletanea_201 4_Orientacoes_Normativas_Outras%20Secretarias_Comunicados_SME.pdf

Construindo um Regimento da Infância

› http://portalsme.prefeitura.sp.gov.br/Documentos/BibliPed/TextosLegais/LegislacaoEducacio nal/OrientacaoNormativa_01_04.pdf

Diretrizes Nacionais Curriculares para a Educação Infantil

› http://portal.mec.gov.br/index.php?option=com_docman&task=doc_download&gid=9769&It emid=

Educação Infantil e práticas de igualdade racial

› http://portal.mec.gov.br/index.php?option=com_docman&task=doc_download&gid=11284&I temid= Parâmetros Nacionais de Qualidade para a Educação Infantil Volume I -http://portal.mec.gov.br/seb/arquivos/pdf/Educinf/eduinfparqualvol1.pdf

Volume II

› http://portal.mec.gov.br/seb/arquivos/pdf/Educinf/eduinfparqualvol2.pdf

EMEI Gabriel Prestes

› http://portal.sme.prefeitura.sp.gov.br/Main/Page/PortalSMESP/EMEI-Gabriel-Prestes

Facebook Emei Gabriel Prestes

› https://www.facebook.com/pages/Emei-Gabriel-Prestes/1592459884328189

Virada Educação

› http://viradaeducacao.me

Livreto contando a história da Virada Educação

› http://viradaeducacao.me/arquivos/livreto_virada_educacao_movimento_entusiasmo.pdf

Portal Aprendiz

› http://portal.aprendiz.uol.com.br/2015/08/21/protagonizado-por-criancas--cortejo-poetico- espalha-sorrisos-pelo-centro-de-Sao Paulo/

Viver e morar na periferia: as crianças e os seus percursos pelas ruas e casas do Itaim Paulista

Margarida de Sousa Barbosa

Foto 1 Vista da lavanderia de uma das casas visitadas pelas crianças da EMEI Laura

Fonte: Arquivo pessoal da autora, 2017.

Diante das ondulações acinzentadas do telhado, nosso olhar é direcionado para o horizonte. É do telhado que podemos avistar uma pequena parte do bairro do Itaim Paulista, periferia da cidade de São Paulo, onde por entre casas e ruas, condomínios de prédios populares disputam o espaço. Ver e fazer esta imagem só tornou-se possível porque ultrapassei, como professora, junto com as crianças, os limites dos muros da escola.

No ano de 2017, o projeto pedagógico desenvolvido pela Escola Municipal de Educação Infantil Laura da Conceição Pereira Quintaes, localizada no bairro do Itaim Paulista, foi nomeado de "Território: identidades e brincadeiras" e pretendia promover experiências com as crianças para além dos muros escolares, compreendendo o território como lugar de aprendizagem e identidade. A partir das leituras de Milton Santos (2007), podemos entender o território para além de um espaço dado geograficamente. Como um espaço habitado, construído, de aprendizado, de vida e também de direito das crianças,

> O território não é apenas o conjunto dos sistemas naturais e de sistemas de coisas superpostas; o território tem que ser entendido como o *território usado*, não o território em si. O território é o chão mais a identidade. A identidade é o sentimento de pertencer àquilo que nos pertence. O território é o fundamento do trabalho; o lugar da residência, das trocas materiais e espirituais e do exercício da vida. [...] (2007, p. 14).

De acordo com tal definição, começamos (equipe gestora e professoras) a refletir sobre o que significava esse território para nossas crianças e como precisávamos descobrir, juntamente com elas, outras formas de olhar e entendê-lo e, principalmente, como era pertencer a ele.

Sendo assim, como professora desta escola e ouvindo minha turma, decidi que faríamos visitas às casas das crianças, cujas famílias concordassem, para que eu pudesse me aproximar do que significava viver e morar nas diferentes casas do entorno da escola. Meu interesse estava em descobrir como seria estar com as crianças em seu cotidiano no bairro, conversando sobre suas vidas fora da escola e como esse tempo e espaço poderiam ser considerados como parte do projeto pedagógico. Desta maneira, foram realizadas quatro visitas que contaram com a participação das crianças, duas professoras e uma agente escolar. Os trajetos foram fotografados por mim através do celular com o objetivo de registrar, sempre que possível, essa experiência sensível pela imagética produzida ao longo do caminho. As fotografias iam surgindo conforme a caminhada e o encontro, misturadas com a orientação e os cuidados para com as crianças e a atenção com as famílias. Assim, o Itaim Paulista, bairro por vezes esquecido na metrópole paulistana, ganhava outro *status* nesses trajetos.

De acordo com Peter Burke, "uma imagem é necessariamente explícita em questões que podem ser mais facilmente evitadas em textos. Imagens podem testemunhar o que não pode ser colocado em palavras." (2004, p. 38). Por isso, as expressões, os gestos, os corpos, as ruas, as casas, os carros, os objetos e as pessoas que surgem nas imagens trazem informações outras, que, passado o tempo da experiência e olhando com calma e distanciamento, podemos identificá-las. Fazemos então um convite a ver: eu e as crianças que participaram das andanças por esses caminhos. Apresentamos apenas algumas das fotografias como forma de puxar fios de memórias dos trajetos e diálogos neles suscitados, bem como dos conhecimentos e vínculos formados. Dessa forma, a metodologia mescla as imagens, capturadas durante os percursos e as visitas, com a escuta e as conversas vivenciadas com as crianças durante o projeto. Boa caminhada.

"Mas depois da minha janela, tem uma janela mostrando que eu tô também em uma curva, uma curva de barro..." — Morar e viver no Itaim Paulista

Iara[1]

A constituição de uma parte do bairro do Itaim Paulista, mais precisamente no Jardim Nélia e Cidade Kemel, onde a EMEI[2] está

1. Com o intuito de não comprometer a forma escrita e a narração dos acontecimentos, optou-se por usar nomes próprios para as frases das crianças. Contudo, para não revelar suas identidades, com a finalidade de protegê-las, foram escolhidos pela pesquisadora nomes fictícios.

2. Doravante Escola Municipal de Educação Infantil será denominada EMEI.

situada, foi resultado de inúmeras lutas por moradia. Tal informação era de conhecimento da equipe escolar pelos relatos de antigos moradores das casas vizinhas à escola e que foram ouvidos ao longo do projeto pedagógico. Observando as ruas, é possível perceber casas construídas de modos muito similares, resultantes de grandes loteamentos destinados à construção de moradias populares promovidos pela Prefeitura da cidade no final dos anos 1980, na gestão de Luiza Erundina. Essa gestão, de acordo com Karin Blikstad (2012), trouxe a proposta dos mutirões autogestionários. Diferentemente do mutirão tradicional, caracterizado por uma ajuda aos moradores pelo setor público, este tornava as associações populares como gestoras da construção das unidades habitacionais. Nesta proposta, as associações populares tinham maior autonomia, pois: selecionavam o terreno; participavam dos projetos arquitetônicos; contratavam a mão de obra e adquiriam os recursos materiais.

Um dos antigos moradores do bairro explicou, durante uma conversa informal, como os próprios moradores escolhiam os lugares em que passariam as ruas e onde seriam construídas as escolas, inclusive a escola estudada neste artigo. Foi possível perceber em seu relato a importância e o significado deste protagonismo. No entanto, com o passar do tempo, muitas destas casas foram modificadas, seja pela busca de melhoria dos espaços, ou pela ampliação para acolhimento da família em crescimento. Por isso, observam-se casas em processos contínuos de construção.

Além das casas, é possível notar no bairro a grande presença de condomínios de prédios populares, promovidos pelo governo do Estado de São Paulo e construídos pela Companhia de Desenvolvimento Habitacional e Urbano — CDHU[3]. As pessoas que moram nestes apartamentos geralmente provêm de outras regiões da cidade, inscritas em programas governamentais de habitação ou que moravam em locais de risco. Também há casas construídas de forma irregular

3. O programa CDHU, implementado pela Secretaria de Habitação do Estado de São Paulo, desde 1949, tem como objetivo incentivar a construção de moradias populares, promover a urbanização de favelas, além de ações preventivas em áreas de risco.

e precária às margens e sobre os córregos, em terrenos públicos ou abandonados, e estendem-se por uma grande área. Decorrente disso, existem muitas tensões sobre a moradia e a questão da propriedade e, juntamente com elas, estão as crianças e suas famílias, vivenciando conflitos, incertezas e sendo afetadas pelas questões habitacionais, participando assim, a seu modo, dos processos de construção e manutenção de suas moradias.

Isso leva-nos a perguntar: o que significa morar e ser criança em um bairro da extrema periferia de uma grande cidade como São Paulo? Conforme Jader Janer Moreira e Tânia Vasconcelos (2006), as crianças também são impactadas pelos lugares em que moram e vivem. Ou seja, ser criança no Itaim Paulista é ser afetada por todos esses contextos, que podem ser próximos ou totalmente diferentes daqueles que uma criança de outros bairros da cidade, pois as infâncias são permeadas pelo território em que estão inseridas, na mesma medida em que os lugares são atravessados e alterados com as vidas infantis presentes nesses territórios (Santos, 2007).

Por isso, a temática das casas e moradias transpassam o cotidiano das crianças dentro da escola, pois sempre que possível elas narram suas mudanças de endereço, relatam situações de despejo ou de inundações, mas também convidam para festas, trazem objetos e brinquedos que gostam, contam sobre melhorias, tais como a construção de um quarto novo, uma pintura diferente ou a aquisição de algum móvel. Demonstrando o quanto viver e morar é algo significativo e construído diariamente por elas, no bairro ao qual pertencem.

"Não tem uma descida lá? Lá, aí, vai para aquela rua dali... E tem uma rampa? Aí tem a minha casa, lá em 'cimão'" — Nossos caminhos

Mateus

As visitas às casas permitiram maior aproximação das famílias com a escola. Assim, ao ultrapassarmos os muros escolares, conhecemos aspectos diversos sobre as crianças, como seus modos de viver, de morar e como se articulam dentro dos arranjos familiares. Os cotidianos vividos pelas crianças e seus familiares, que, para mim, como professora, e para minhas colegas de trabalho, estavam invisíveis devido à relação mantida entre comunidade e escola, por vezes excludente, passaram a ser compreendidos dentro do universo escolar como ainda não havia acontecido. Os diálogos e as vivências, decorrentes das saídas com as crianças, alimentaram o processo de formação das professoras e demais funcionárias, além de nutrirem o sentido de pertencimento de todos ao bairro ao se reconhecerem nos percursos e nas moradias, incluindo a escola dentro de sua comunidade.

Foram constantes aprendizados as experiências de vida e morte, das vidas em distintas gerações e seus modos de compreender e atuar no mundo, o trabalho formal e informal, a clausura e os medos do mundo de fora da casa, as desventuras impostas cotidianamente, além da dificuldade de mobilidade urbana. Por isso, mais do que nunca, era preciso valorizar o conhecimento que se produz na vida cotidiana, conforme afirma Gilles Brougère e Anne-Lise Ulmann:

> [...] As aprendizagens da vida cotidiana, longe de serem fáceis de fazer, obrigam a operar um deslocamento do olhar sobre as coisas para revelá-las de outro modo e fazer emergir sentidos ocultos. Esse novo olhar sobre o comum transforma as representações do cotidiano e, desse modo, não nos deixa nem exteriores nem indenes, mas nos transforma igualmente. As representações do mundo mudam, e ao mesmo tempo, o trabalho operado por esse deslocamento de olhar nos descobre de outro modo e modifica a nossa apreensão de mundo. Essa transformação portadora de aprendizagem, por vezes difícil de aceitar num plano identitário, vem atestar aqui que por trás desse cotidiano, que se pretende banal, estruturam-se e sedimentam-se maneiras de pensar e agir que resistem aos novos questionamentos.[...] (2012, p. 3).

No início dessas andanças pelo bairro, havia, inegavelmente, um primeiro receio: sair de um lugar aparentemente seguro como a escola e ganhar as ruas do entorno com as crianças, exigindo lidar com as calçadas e com situações que provavelmente encontraríamos no caminho, sendo o mais difícil o perigo da velocidade dos carros. Nesse sentido, Jane Jacobs (2014) afirma que, mesmo sem apresentarem casos de violência, as pessoas ao temerem as ruas acabam por não as utilizar, o que as torna lugares cada vez mais perigosos. Ainda de acordo com Jacobs (2014), a segurança das ruas não pode ser relacionada com seu esvaziamento. Pelo contrário, é onde existe a presença das pessoas que as ruas se tornam mais seguras, algo que pude observar de fato nessas andanças com as crianças pelo bairro.

Ana Lúcia Castilhano de Araújo, por sua vez, comenta que no decorrer do século XX houve:

> [...] a transformação do espaço de convivência da criança de áreas externas como a rua e os terrenos baldios para espaços internos, em grande parte das sociedades atuais. Como espaços internos das infâncias atuais, ao menos no ocidente, podemos apontar a residência da criança, sob o controle da família, e a instituição escolar.[...]" (2016, p. 110).

Era preciso superar a crença de que as ruas são perigosas para as crianças e, principalmente, de que lugar de criança é na escola ou no espaço privado, em casa com suas famílias, naturalizando processos de confinamento e medo. Começamos, as crianças e eu, levando conosco parte das inseguranças geradas ao longo de nossas vidas citadinas, o que não nos impediu de prosseguir com o projeto. Durante o percurso, ao atravessarem as ruas, os motoristas paravam os carros, demonstravam respeito, gentileza e proteção, além de uma certa curiosidade ao se depararem com tantas crianças ocupando as ruas. Tal estranhamento fornece a dimensão do quanto é incomum a circulação livre de crianças pelas ruas, já apropriadas pelos carros e seus motoristas, e o quanto nos falta perceber e considerá-las como cidadãs, moradoras do bairro e da cidade. Assim, de acordo com Paula Vicente:

> Na manutenção dessa transformação que renuncia os espaços públicos e favorece a mobilidade por meios de transportes individuais, ocorre

> também um afastamento da escala humana e um privilégio, cada vez maior, aos automóveis, com obras urbanas para a ampliação de seus locais de circulação em detrimento da redução de áreas para os cidadãos. Há uma inversão de prioridades, privilegiando os carros em detrimento dos pedestres, incluindo-se aí, sobretudo, as crianças. Ao optar-se por governar uma cidade a partir dos parâmetros do homem, adulto, trabalhador e motorista, desprivilegia-se e exclui-se os demais cidadãos que não pertencem a essa categoria, delegando-lhes as atividades e os espaços privados. (Vicente, 2018, p. 46).

Apesar disso, durante o percurso para chegarmos às casas, as crianças caminhavam observando tudo por onde passavam, como os animais, reconhecendo pessoas nos pontos de ônibus, cumprimentavam comerciantes locais, contavam dos trajetos que conheciam para chegarem à uma igreja, à escola, ao mercado ou à casa de um parente. Foi por meio desses caminhos e encontros que muitas descreveram quais trajetos percorriam para chegar em suas casas: *"Não tem uma descida lá? Lá,* aí, vai para aquela rua dali... *E tem uma rampa? Aí tem a minha casa lá, em 'cimão'"* (Mateus). Com isso, demonstravam reconhecer o território, não pela sua constituição física, mas a partir dos seus usos, dos encontros com as pessoas e das relações afetivas com o lugar.

Na fotografia (figura 2), é possível observar alguns dos obstáculos encontrados em nossos trajetos, dando a ver na imagem as questões e os desafios que perpassam a vida cotidiana das crianças em seus percursos pelo bairro. Vemos as crianças disputando a calçada com o lixo, ao mesmo tempo em que escolhiam por onde iriam caminhar e identificando os objetos que estavam espalhados no chão, oriundos das sacolas rasgadas. Ao lado, uma caçamba transbordava lixo, indicando que sua demanda era muito maior do que podia comportar. No plano de fundo da imagem, aparece-nos um carrinho de mercado, usado por catadores de recicláveis para transportar o material que extraem deste rejeito a fim de garantirem a própria sobrevivência. Animais como pombos buscam comida entre o lixo espalhado no chão. Ainda ao fundo, na parede, pode-se observar uma pixação revelando a entrada da comunidade e as possíveis forças que atuam nela. Essa é uma questão

Foto 2 Crianças caminhando na calçada

Fonte: Arquivo pessoal da autora. Ruas do Itaim Paulista, 2017.

muito tensa no bairro, que sofre com a violência e a criminalidade, e que também é um dos receios das crianças em várias conversas:

> Alice: *A favela é onde que a polícia pega eles. É a polícia que vem e mata e o bandido ficou preso.*
> Luan: *Minha vó Maria mora na favela, ela não é bandida.*
> Julio: *Não tem ladrão e nem polícia, nem bazuca. Só quem rouba coisas.*
> Iara: *Favela é música de funk.*

Em conversas durante as andanças, as crianças expressam visões preconceituosas sobre favela, trazendo elementos como a criminalidade e o "funk", revelando os discursos recorrentes que nossa sociedade tem sobre territórios periféricos. Conforme Jailson Silva: "[...] os moradores das favelas são identificados como marginais inatos ou indivíduos intrinsecamente passivos [...]" (2007, p. 219). As crianças não estão apartadas desses espaços, elas também constroem significados sobre eles através das experiências que vivenciam e do que o mundo e a sociedade muitas vezes mostram para elas. Talvez por isso Luan rebate a fala dos colegas, alegando que sua avó mora neste lugar, mas não é criminosa, questionando as generalizações expostas.

De acordo com Araújo, "... nas cidades, a criança cresce andando por ruas, subindo ladeiras, contemplando prédios ou passando por portas e igrejas. Assim, o espaço das cidades é um espaço humano. [...]" (2016, p. 109). Entretanto, em nossas caminhadas, as calçadas nos apresentavam desafios, como imensos degraus que exigiam que crianças pequenas tivessem que escalar, pular ou desviar-se para a rua; lixeiras onde, distraídas, batiam suas cabeças; esgoto com mau cheiro; cachorros bravos nos portões; plantas com espinhos; restos de entulho, materiais de construção e carros estacionados que impediam que prosseguíssemos a caminhada de maneira segura. Portanto, a crença de que o espaço público não pertence às crianças se reflete em toda a constituição do bairro, com todas as dificuldades e a falta de estrutura que impedem e reduzem a livre circulação nestes lugares. Para mudar tal situação é preciso repensar toda sua estrutura, assim como a ideia de que as crianças não devem estar nas ruas. Segundo Francesco Tonucci,

> Para que as crianças possam exercitar seu direito ao jogo, as cidades devem mudar, renunciando a algumas características estruturais e a alguns comportamentos que tornam impossíveis esta experiência fundamental para um crescimento correto dos cidadãos menores. Em primeiro lugar, há de se devolver aos cidadãos o espaço público, o que significa que as calçadas, as ruas, as praças e os parques não podem estar nas mãos dos automóveis que os ocupam ou transitam por eles; e os espaços não podem ser separados e especializados, porque se são exclusivos para usos das crianças ou para idosos, deixam de ser públicos. Os espaços devem estar abertos às necessidades e oportunidades

> de todos os cidadãos e, especialmente daqueles menores e mais fracos. (2006, p. 66, tradução minha).

Com isso, percebemos a urgência de tornar as ruas do bairro, quiçá da cidade, mais caminháveis para todos: bebês, crianças maiorzinhas, idosos, pessoas com deficiência ou com dificuldade de locomoção. Pertencer é também sentir-se seguro e acolhido nesses espaços.

"Sua casa é muito bonita!" — As visitas

Maurício

Adentrar as casas das famílias significou observar aspectos da realidade vivida pelas crianças em âmbito privado. Essa proximidade permitiu escutá-las para além de sua função social de "alunas". Neste sentido, escutar as crianças implica não somente ouvi-las no sentido estrito do termo, mas com todos os sentidos (Rinaldi, 2012, p. 124), e requer, também, ouvi-las para além da sala de referência da turma, considerando sua comunidade e suas maneiras de viver. Ou seja,

> [...] escutar torna-se uma atitude natural que envolve sensibilidade a tudo que nos conecta aos outros — não apenas ao que precisamos aprender na escola, mas também ao que precisamos para viver nossas vidas. (Rinaldi, 2016, p. 237).

Nas casas visitadas pude perceber algo em comum: a força e resistência das mulheres, chefes de família, que se desdobravam para cuidar dos filhos e manterem suas casas, seja acolhendo os demais familiares, seja tornando-se a principal responsável pelo orçamento doméstico. Preocupavam-se com a educação de seus filhos e/ou filhas, e com a sua própria também. Chamo atenção para a união entre as mulheres como forma encontrada para sobreviver e resistir, por vezes abrigando na mesma casa várias gerações, como na casa visitada em que moravam bisavó, avó, filha e neta. Não raro, essas casas se apresentaram como lugar para morar e como lugar para o trabalho, como a oficina de costura que encontramos em uma das casas visitadas. Este foi um dos momentos que mais instigou a curiosidade das crianças, devido à presença de máquinas, tecidos e manequins.

Foto 3 Oficina de costura

Fonte: Arquivo pessoal da autora. Casa no Itaim Paulista, 2017.

A partir da fotografia (figura 3) é possível observar o registro de um flagrante: nossa chegada ao terceiro andar, onde estava a oficina em que a avó da menina, ao fundo, olha para mim no momento do registro, enquanto a tia-avó continua seu trabalho na máquina rodeada pelas crianças observando seus movimentos. Neste momento, Vivian reconhece uma das roupas costuradas: *Minha mãe tem uma igual a essa!!!!* Dessa forma, as mulheres desta família cooperam entre si, encontrando meios para viver, construir suas vidas, seus laços de afeto e amenizar as dificuldades. Tal como afirma Silva:

> Todas essas ações são exemplos de práticas desenvolvidas em diferentes localidades, a fim de melhorar a qualidade da vida cotidiana, independentemente dos juízos que possam fazer sobre algumas delas. Afinal, as pessoas inventam múltiplos mecanismos para terem uma vida cotidiana mais feliz e intensa, em um quadro de dificuldades que não é ignorado, mas enfrentado de forma criativa e, sem dúvida, muitas vezes sofrida. (2007, p. 220).

Foi preciso sair da escola, andar pelas ruas, entrar nas casas e partilhar experiências para que, como professora, pudesse compreender a situação social realmente vivenciada pelas famílias e pelas crianças, que, apesar disso, criam suas maneiras solidárias de resistirem e de sobreviverem. E foi assim que uma das visitas ocorreu para além do planejado. A mãe da Alice, que estava com sérios problemas de saúde, faleceu, fazendo com que a menina se ausentasse da escola por uma semana. Inicialmente, houve receio de tratar deste assunto com as crianças, entretanto, conforme Mauro Koury, "a morte parece ter-se tornado um tabu, que não se deve falar em público nem tampouco obrigar aos outros a fazê-lo" (2002, p. 98). O assunto do luto e de como estamos tornando esse sentimento em algo que se refere somente à esfera do privado, faz com que gradativamente abandonemos o seu lado social, distanciando cada vez mais ações de acolhimento e solidariedade.

> As relações sociais do luto passaram assim a ser mantidas com a máxima discrição possível. O não saber comportar-se em uma situação limite, como a do sofrimento causado pela morte, parece ter aumentado a insegurança no social dos sujeitos que a vivenciaram. O que se afigura, assim, no prolongamento da sensação de desconforto dos indivíduos na trama e no drama social do luto O que faz crescer o estranhamento, forçando os indivíduos a adequarem-se à distância nos relacionamentos obrigatórios da vida cotidiana. (2002, p. 102).

Em vista disso, decidimos ir com as crianças à casa da Alice, para exercitarmos a solidariedade e compartilharmos nossos abraços. Perder a mãe é um dos medos de grande parte das crianças; muitas ficaram bastante sentidas com esse momento. Dessa forma, ainda na EMEI conversamos sobre a morte das pessoas que nos são queridas e as crianças compartilharam seus saberes e experiências: *Meu passarinho morreu porque ficou muito velhinho* — Juliana; *Nos asilos as pessoas muito velhinhas usam fralda porque não dá tempo deles irem no banheiro, porque eles não conseguem andar.* — Estela. Nas palavras das crianças nota-se que a morte se relaciona com a idade das pessoas, em que algumas mostraram-se inconformadas, pois, como isso poderia acontecer com uma mãe, já que estas em sua maioria eram jovens?

Foto 4 Crianças observam os pássaros na gaiola

Fonte: Arquivo pessoal da autora. Casa no Itaim Paulista, 2017.

Mesmo diante do luto, a família fez questão de receber as crianças. Alice estava exultante por nossa presença, utilizando o celular de sua tia para fazer fotografias e enviá-las ao pai, que estava trabalhando, e que dessa forma pôde acompanhar a visita. As crianças entregaram seus desenhos com mensagens de saudades e pedidos para que Alice voltasse à escola. Isso fez com que a menina distribuísse mais papéis e lápis, a fim de fazerem mais desenhos para que fossem levados depois ao cemitério e entregues à sua mãe morta. Compartilhou conosco sua casa, seus brinquedos, seus espaços, seus passarinhos que estavam na gaiola e era abraçada de tempos em tempos por seus colegas de turma. As crianças mostravam-se solidárias, não a deixavam entristecer, criavam perguntas e brincadeiras e retribuíam a atenção dos avós e tias de Alice. Dois dias após a visita, quando ela finalmente retornou à escola, foi recebida com muita festa e comemoração pelas crianças. Assim, uma experiência de morte, que provavelmente ficaria restrita à vida privada, silenciada dentro de casa, ganhou outro significado à medida que foi partilhada com outras crianças e adultos/as, através de ações de solidariedade e de acolhimento. Para adentrar na intimidade da vida de Alice foi necessário, primeiro, andar pela impessoalidade do espaço público, saindo da escola e ganhando as ruas.

Foto 5 Menino observa a rua pela janela

Fonte: Arquivo pessoal da autora. Apartamento do CDHU, Itaim Paulista, 2017.

Outra parte das visitas aconteceram em apartamentos do CDHU. Como dito anteriormente, a região possui muitos condomínios desta companhia e grande parte das crianças matriculadas na escola moram nesses apartamentos. Durante várias reuniões de familiares, ou em outros momentos de participação da comunidade na escola, ouvimos relatos de como sentem-se morando neles. Descrevem sensações de insegurança nas áreas comuns desses condomínios, impedindo que as crianças frequentem esses espaços e deixando-as confinadas dentro dos apartamentos. Por isso, não é incomum ouvir uma fala depreciativa em relação a essas moradias. Segundo Teresa Caldeira,

> Os apartamentos para as classes trabalhadoras normalmente são construídos por agências estatais como a COHAB (Companhia Metropolitana Habitacional), são extremamente desvalorizados e associados à alta criminalidade e ao consumo de drogas. (2000, p. 286).

Foto 6 Meninos conversam sobre refrigerante na casa de uma das crianças visitadas

Fonte: Arquivo pessoal da autora. Apartamento do CDHU, Itaim Paulista, 2017.

Os dois condomínios possuíam a mesma arquitetura e espaço interno dos apartamentos, contudo algumas diferenças foram identificadas, tais como a forma em que os condôminos se organizavam em relação aos espaços comuns, e também o envolvimento dos moradores em sua construção. O primeiro condomínio visitado havia sido construído somente pela CDHU, sem a participação dos moradores[4]. Os espaços coletivos são abertos, geralmente ocupados exclusivamente pelos carros dos moradores, e nas portas dos apartamentos não há grades, pois, a segurança acontece na entrada de cada bloco, onde cada morador possui um controle remoto de acesso. No segundo condomínio, a construção aconteceu com a participação dos moradores, que continuam a se articular para organizar coletivamente os espaços comuns e investindo em jardins, salão de festa e em espaços para as crianças brincarem. Contudo, enquanto subíamos as escadas para o terceiro andar, notava-se a forte presença de grades e cadeados. Algo que nos provoca a pensar como estamos vivendo em nossa cidade. Assim, segundo Caldeira:

> Finalmente, o aumento do crime violento e o medo desde meados dos anos 1980 provocou a fortificação da cidade, à medida que moradores de todas as classes sociais buscam proteger seus espaços de residência e trabalho. Além disso, como o medo e o crime aumentaram, os preconceitos articulados na fala do crime não só ajudaram a exacerbar a separação de diferentes grupos sociais, mas também aumentar as tensões e suspeitas entre eles. (2000, p. 232)

Nos prédios, a singularidade daqueles espaços provocou nas crianças uma imensa euforia, além da correria entre o terceiro e o quarto andar na busca pelos apartamentos que iríamos visitar. Dentro

---

4. Existem três modalidades de construção das unidades habitacionais do CDHU: 1) em que a obra é feita por uma empreiteira; 2) sistema de mutirão, em que as famílias participam diretamente da obra; 3) o método misto, em que uma parte da obra é feita por uma empreiteira e outra parte por mutirão. Para saber mais: http://www.saopaulo.sp.gov.br/spnoticias/ultimas-noticias/cdhu-lanca-parceria-com-municipios-para-construcao-de-moradias/

dos apartamentos a disputa era por algum cantinho na janela que possibilitasse uma outra visão, uma perspectiva de cima, em que fosse possível avistar ruas distantes, assim como casas, pessoas e carros, na tentativa de reconhecer algum lugar, como a escola ou a sua própria casa.

As cozinhas bem arrumadas e os lanches dispostos em mesas ou estantes devido ao espaço ou à falta dele demonstravam o planejamento das famílias em receberem as crianças, a preparação e a sensibilidade em compartilhar a rotina do lar. Nestas experiências, as fotografias mostram as tentativas de captar através de imagens seus espantos, seus gestos, ou, como afirma José de Souza Martins (2009), aquilo que não pode ser dito com palavras. Os meninos que olham, tocam e conversam sobre o refrigerante em cima da pia nos dizem sobre os encontros, sobre respeito e curiosidade. As fotografias, ainda segundo Martins, são "Expressão, também, de que os usos da imagem, mesmo a fotográfica, se expandem não como mero instrumento supletivo da linguagem falada ou escrita, mas como discurso visual dotado de vida e legalidade próprias. " (2009, p. 30).

"Muito obrigado por nos receber em sua casa!" — Considerações finais

Luan

Os/as adultos/as e as crianças que participaram destas experiências relataram uma imensa alegria, expressando reflexões e transformações nos modos de olhar e pensar sobre as infâncias com as quais convivemos cotidianamente em nossa escola. A funcionária da escola que acompanhou as visitas descreveu essa experiência como algo transformador, que permitiu aproximar-se dos diferentes modos de vida de nossas crianças e conhecê-las de outros pontos de vista. Aliás, parece que carecemos, enquanto escola, desse exercício: descentralizar nosso olhar e nossas formas de compreensão do mundo agregando outras maneiras provocativas de viver e compreender o outro. Muito mais que conhecer aspectos da realidade de uma comunidade periférica de São Paulo é identificar nela uma parte da cidade. No caso da escola, ponto de partida para as andanças, a maioria das pessoas que nela trabalham são pertencentes à própria comunidade e moram nos arredores. Entretanto, não se reconhecem como pertencentes ao território. Nas palavras de Miguel Arroyo,

> Como é duro ver que ainda a escola culpa as famílias, as mães, os coletivos populares pela precariedade de seu indigno viver e pelos corpos precarizados dos(das) filhos(as). Não é essa a função de uma instituição pública nem a postura profissional mais ética. Ainda o olhar da pedagogia escolar para a família popular é preconceituoso. É antiético. (2012, p. 53).

Destaco, entre os diferentes aspectos suscitados nas visitas, a solidariedade como motor propulsor para a vida dentro das casas, abrigando diversos familiares, unindo força de trabalho, de cuidado de uma geração para outra e, principalmente, a mulher como chefe de família.

Contudo, trata-se de modos de vida enclausurada, cercada por muros, grades, onde anda-se de bicicleta dentro do apartamento por medo da violência, das drogas e do vizinho. Percebe-se um processo de estreitamento dos encontros em espaços públicos ou áreas comuns, restritos muitas vezes aos encontros entre iguais, como nos condomínios, em determinados bairros e shoppings centers. Tal como afirma Christian Dunker (2015), torna-se previsível a saturação das relações na ausência do contato com o diferente, ocasionado pela privatização e desconhecimento da vida em espaços públicos. Portanto, a casa torna-se, neste sentido, um refúgio ou mesmo uma fortificação. Entre ruas quietas e vazias, poucas famílias arriscam-se com crianças. É nesse sentido que as ruas não convidam ao passeio, à caminhada ou a uma conversa.

> As crianças, ao perderem as cidades, perdem também a possibilidade de viver experiências necessárias para seu correto desenvolvimento, como o jogo, a exploração, a aventura. As cidades, ao perderem as crianças, perdem segurança, solidariedade, controle social. As crianças necessitam da cidade; a cidade necessita das crianças. (Tonucci, 2009, p. 147, tradução minha).

Para saber e conhecer sobre as diferentes infâncias que ocupam os nossos territórios, é preciso ultrapassar os muros do espaço escolar e ocupar as ruas de seu entorno. Conhecer seus trajetos cotidianos e as relações que tecem nas ruas é parte fundamental do trabalho educativo. É preciso contar suas histórias, suas lutas diárias, seus modos de viver e estar no mundo. Algo manifesto por Arroyo, ao afirmar que:

> Os estudos da infância vêm denunciando a invisibilização da infância na história, porém há infâncias tidas não apenas como invisibilizadas, mas inexistentes. São aquelas infâncias e seus coletivos sociais, raciais, não reconhecidos como parte da nossa história social, econômica, política, cultural e pedagógica. Passa-se uma história social, política, cultural e pedagógica feita por e para os coletivos que se autodefinem como racionais, cultos, laboriosos, superiores e se relega à inexistência histórica ou outros coletivos pensados irracionais, primitivos, imprevidentes, à margem da história intelectual, cultural, da lei. Inexistentes. (2012, p. 38).

Sobre as fotografias criadas ao longo dos percursos, foram registros fundamentais para conhecer o bairro e as crianças nas casas, nos apartamentos e nas ruas. Registros fotográficos que foram expostos na escola ao final do ano letivo com a intenção de que a comunidade pudesse vê-los e tomar conhecimento sobre o trabalho desenvolvido. Ao se depararem com as imagens, muitas famílias reconheceram-se nelas, identificando o que as aproxima e aquilo que possuem em comum e a força que as une neste lugar. Nesse sentido, a fotografia

> muito acrescenta à indagação sociológica na medida em que a câmera e a lente permitem ver o que por outros meios não pode ser visto. Ao

> mesmo tempo ela introduz alterações nos processos interativos, na pluralidade de sentidos que há tanto no lado do fotógrafo quanto no lado do fotografado e do espectador da fotografia. (Martins, 2009, p. 36).

Enfim, neste caminhar foi possível viver e ver pessoas que sorriem, que se encontram e podem ajudar na travessia de uma perigosa avenida. Encontramos crianças que ainda brincam nas ruas, conhecem as vielas, os cachorros dos portões e os mercadinhos para comprar pães e doces. Pessoas que se espantam com nossa ousadia de "esparramar" as infâncias por lugares considerados perigosos, fazendo com que moradores saiam de suas fortificações para ver a criançada fazendo bagunça na calçada, assim como "A Banda"[5] de Chico Buarque, provocando diversas reações, mas, principalmente, o encontro com o próprio bairro, com sua rua e sua infância, por vezes tão esquecida e tão invisível.

Referências

ARAÚJO, Ana Lúcia Castilhano. Infância e cidade: reflexões sobre espaço e lugar da criança. *In: APRENDER* — Caderno de Filosofia e Psicologia da Educação. Vitória da Conquista, BA. Ano X, n. 16, 2016.

ARROYO, Miguel. Corpos precarizados que interrogam nossa ética profissional. *In:* ARROYO, Miguel; SILVA, Maurício Roberto da (org.). *Corpo infância*: exercícios tensos de ser criança; por outras pedagogias dos corpos. Petrópolis, RJ: Vozes, 2012.

BLIKSTAD, Karin Deleuse. *O agir coletivo nas interfaces da sociedade civil e do sistema político:* o caso da atuação do movimento de moradia de São Paulo sobre a política pública de habitação. Dissertação de Mestrado. Universidade Estadual de Campinas. Instituto de Filosofia e Ciências Humanas. Campinas, 2012.

BURKE. Peter. *Testemunha ocular:* história e imagem.Tradução: Vera Maria Xavier dos Santos. Bauru, SP: Edusc, 2004.

5. Música composta e interpretada por Chico Buarque em 1966.

BROUGÈRE, Gilles; ULMAN, Anne-Lisse. Sair da sombra: as aprendizagens cotidianas. *In*: BROUGÈRE, Gilles; ULMAN, Anne-Lisse (org.). *Aprender pela vida cotidiana.* Campinas, SP: Autores Associados, 2012.

CALDEIRA, Teresa Pires do Rio. *Cidade de muros:* crime, segregação e cidadania em São Paulo. São Paulo: Edusp; Editora 34, 2000.

DUNKER, Christian Lenz. *Mal-estar, sofrimento e sintoma:* uma psicopatologia do Brasil entre muros. São Paulo: Editora Boitempo, 2015.

JACOBS, Jane. *Morte e vida de grandes cidades.* São Paulo: Martins Fontes, 2014.

KRAMER, Sônia. Autoria e autorização: questões éticas na pesquisa com crianças. *Cad. Pesqui.* [online], 2002, n. 116, p. 41-59. Disponível em: http://www.scielo.br/pdf/cp/n116/14398.pdf. Acesso em: 7 jan. 2019.

KOURY, Mauro Guilherme Pinheiro. Sofrimento íntimo: individualismo e luto no Brasil contemporâneo. *RBSE,* v. 1, n. 1, p. 93-107, João Pessoa, GREM, abril de 2002.

LOPES, Jader Janer Moreira; VASCONCELOS, Tânia. Geografias da infância: territorialidade infantis. *Currículo sem fronteiras,* v. 6, n. 1, p. 103-127, jan./jun. 2006.

MARTINS, José de Souza. *Sociologia da fotografia e da imagem.* São Paulo: Contexto, 2009.

RINALDI, Carla. *Diálogos com Reggio Emilia:* escutar, investigar e aprender. 1. ed. São Paulo: Paz e Terra, 2012.

SANTOS, Milton. O dinheiro e o território. *In:* BECKER, Bertha; SANTOS, Milton (org.).*Território, territórios:* ensaios sobre o ordenamento territorial. Rio de Janeiro: Editora Lamparina, 2007.

SÃO PAULO. Secretaria da Habitação. Companhia de Desenvolvimento Habitacional e Urbano. Disponível em: https://cdhu.net/o-que-e-cdhu.html. Acesso em: 3 set. 2018.

SILVA, Jailson de Sousa. Um espaço em busca do seu lugar: as favelas para além dos estereótipos. *In:* BECKER, Bertha; SANTOS, Milton (org.).*Território, territórios:* ensaios sobre o ordenamento territorial. Rio de Janeiro: Editora Lamparina, 2007.

TONUCCI, Francesco. La ciudad de los niños ¿Por qué necesitamos de los niños para salvar las ciudades? *I. T.*, n. 75, p. 60-67, 2006. Disponível em: https://presupuestosparticipativos.com/wp-content/uploads/2017/01/08-Francesco-Tonucci.pdf>. Acesso em: 7 jan. 2019.

TONUCCI, Francesco. Ciudades a escala humana: la ciudad de los niños. *Revista de educación*, Madrid, número extraordinário, p. 147-168, 2009. Disponível em: http://www.revistaeducacion.mec.es/re2009/re2009_07.pdf. Acesso em: 7 jan. 2019.

VICENTE, Paula Martins. *Novos olhares*: uma leitura da cidade por suas crianças. Dissertação (Mestrado em Arquitetura). Faculdade de Arquitetura e Urbanismo da Universidade de São Paulo. Área de concentração: Paisagem e Ambiente. Universidade de São Paulo, São Paulo, 2018.

A pedagogia da paisagem: o saber de experiência(s) feito

Catharina Pinheiro C. S. Lima
Paula Martins Vicente

Introdução

A questão do direito à cidade, sobretudo a partir de formulação estruturada por Henri Lefebvre, em 1968 (Lefebvre, 2001), tem, progressivamente, ganhado força em pesquisas e debates acadêmicos, constituindo núcleo central de legislações distintas como o Estatuto da Cidade, desenhando pautas de agências internacionais (Organização das Nações Unidas) e inscrevendo-se igualmente no imaginário de movimentos sociais e populações urbanas, periféricas ou não. Trata-se de um inalienável direito a bens essenciais como saúde, moradia e saneamento básico, educação acessível e de qualidade, entre outros considerados universalmente como essenciais à sobrevivência humana e sua qualidade de vida.

No presente artigo, trataremos de uma dimensão qualitativa do habitar o ambiente urbano que se fundamenta na ideia do direito à cidade, mas busca avançar no entendimento de que esta seja além de funcional e programaticamente adequada, um lugar prazeroso de morar e circular, com o qual os citadinos se identifiquem e desenvolvam sentimentos de pertença, um lócus onde a tensão histórica natureza e cultura possa ser superada, enfim onde as questões de paisagem e ambiente sejam consideradas e promovidas como essenciais ao desenvolvimento humano.

O termo paisagem não raro é associado a ambientes agropastoris, idílicos e contemplativos; essa associação decorre fortemente do florescimento da pintura paisagística na Europa a partir do século XVIII que tinha como mote as paisagens campesinas, sobretudo as da Inglaterra. Entretanto, considerando que conceitos são construções culturais e as palavras guardam o sentido que lhes é atribuído, pode-se, contemporaneamente, conferir ao vocábulo paisagem outros significados. A rigor, paisagem é mesmo um termo polissêmico, adquirindo colorações distintas em áreas tão diversas como a Geografia, a Ecologia (da Paisagem), a Filosofia (da Paisagem), o Direito (de Paisagem) e a Arquitetura Paisagística, para citar alguns.

Para os nossos propósitos neste artigo, consideraremos paisagem como uma totalidade que se expressa (interações entre processos socioculturais e sistemas naturais) e é percebida. Paisagem, tomada nessa chave, se configura como a expressão do mundo mesmo e deflagrando afetos na perspectiva da experiência estético-sensorial. Dessa forma (na chave da afecção), é imprescindível que, para haver paisagem, haja, igualmente, um ser humano a percebê-la, experienciá-la; não sendo assim, o léxico seria outro: ambiente, bioma, ecossistema, floresta, cidade; a dimensão sensível é elemento crucial para a sua existência; seu vocabulário não será outro senão o egresso do campo dos sentidos.

> A paisagem pressupõe uma presença do homem, mesmo onde ela toma forma de ausência. Ela fala de um mundo onde o homem realizava sua existência como presença circunspecta e atarefada... não é em sua essência feita para ser olhada, mas inserção do homem no mundo, lugar de um combate pela vida, manifestação de seu ser com os outros, base do ser social. (Dardel, 1952, p. 41).

Nesse sentido, é plausível inferir que para além das paisagens monumentais e sublimes, possa-se pensar em uma paisagem banal, que "acontece" de forma disseminada e circunstancial, oferecendo-se generosamente no cotidiano das cidades, impactando a percepção dos seus vivenciadores.

Essa ideia foi referendada pela International Union for Conservation of Nature, no âmbito de uma Conferência realizada em 2004, na Inglaterra, a qual reconheceu que:

> A paisagem interessa a todos nós. Afeta nossa vida diária; influencia como nos sentimos sobre os locais onde vivemos, trabalhamos e relaxamos; é nosso hábitat humano e nossa história viva, um complexo misto de elementos culturais; dá-nos o contexto da biodiversidade e seus reflexos no funcionamento dos sistemas de terra e água; tem a capacidade de nos inspirar e incitar; pode nos dar um senso de identidade, pertencimento e influenciar diretamente nossa qualidade de vida, promovendo o bem-estar junto às comunidades locais. (IUCN, 2004, p. 1).

Nesse sentido, a pesquisadora Elaine Albuquerque desenvolveu uma tese de doutorado defendendo justamente a ideia de uma paisagem banal, sob a monumentalidade da paisagem da Vila de Paranapiacaba. É uma paisagem que acontece

> à luz do corriqueiro, da normalidade e na lida do dia a dia e, mesmo que por vezes, pareça pouco perceptível no embaçamento da rotina, está mais à mão, como algo que pode acontecer (e surpreender) a qualquer momento... é na experiência com a paisagem banal que o vivenciador é lembrado de sua indissolubilidade com o mundo e que sua participação na constituição da cena é indispensável. Detecta-se nisso um sentido de pertença. (Albuquerque, 2018, p. 41).

A nossa hipótese é a de que, se a paisagem, em sua cotidianidade, afeta ("para o bem e/ou para o mal") os habitantes da cidade, essa experiência pode ser problematizada, levando ao florescimento ou expansão de uma consciência crítica capaz de operar transformações nos lugares de vida. Paisagem, então, além de percebida (espectro do sensível) pode guardar uma dimensão política no que se oferece como leitura crítica e de mundo. Aqui identificamos um potencial extraordinário para o florescimento de um espaço transdisciplinar entre as searas da Educação e do Paisagismo (como atividade de projeto dedicada à elaboração de projetos para os espaços livres urbanos) capaz de agregar o campo dos afetos ao da política, no sentido da contribuição do citadino para a Pólis.

Se também compreendermos paisagem na perspectiva de uma construção coletiva onde todos indistintamente têm o direito de possuir ingerência sobre os seus lugares de vida, então, aceitaremos o fato de que o projeto de espaços livres públicos (praças, parques, calçadas, vias públicas, áreas de preservação etc.) deve ser desenvolvido de forma participativa com a colaboração de todos, o que inclui crianças, jovens, adultos e idosos.

Dessa forma, abre-se um espectro de possibilidades culturais, cognitivas e projetuais inimaginável em suas possibilidades educacionais. Tomando o projeto de paisagismo dos espaços livres públicos como prática pedagógica, criamos um campo aberto de informação e formação para populações urbanas, nesse espectro que se delineia do sensível ao político, com objetivos prospectivos de transformação dos lugares de vida.

Com efeito, a paisagem, que já possui uma latência pedagógica, quando experienciada, problematizada e projetada coletivamente se afigura como um fértil campo de reflexões e práticas pedagógicas.

A partir dessa leitura do espaço urbano como processo metodológico que potencializa as relações e o deixar-se afetar pela paisagem, na sequência será apresentada uma experiência construída conjuntamente com a comunidade escolar de uma unidade municipal localizada na região noroeste do Município de São Paulo, no distrito do Jaraguá.

Esse exemplo, assim como outros realizados através do viés da leitura urbana e dos potenciais propositivos das crianças e educadores, coloca meninos e meninas moradores de regiões periféricas de São Paulo como sujeitos capazes de elaborarem propostas para uma construção mais democrática da cidade e, de acordo com suas necessidades, identificando oportunidades e projetando seus lugares de vida cotidiana.

Parque Pinheirinho d'Água: uma história em construção

A região noroeste do município de São Paulo, sobretudo a partir da década de 1990, apresentou um acelerado e desordenado processo de ocupação territorial por moradias — favelas, assentamentos autoconstruídos (muitos deles em regime de mutirões) e conjuntos habitacionais edificados pelo estado e pelo município — em detrimento de planejar uma ocupação ordenada onde as questões ambientais também fossem colocadas. Como resultado, criou-se uma enormidade de fragmentos ambientais à espera de conexões que potencializem as condições ambientais para trazer melhorias à vida de seus moradores.

Somando-se as condições naturais, a região forma-se também por meio de um mosaico social que exibe seus contornos mais injustos, com a precariedade de muitas moradias e a ausência de infraestrutura básica em termos de saneamento, equipamentos públicos, mobilidade urbana e segurança, onde a insuficiente atuação das políticas públicas, em suas diferentes instâncias, não se mostram capazes de voltar suas atenções e investimentos para atender às demandas locais. Por outro lado, na recusa de aceitar um destino que parece imposto e imutável, desenvolvem-se práticas de resistência expressas por movimentos sociais, coletivos de cultura e grupos organizados de educadores e estudantes, entre tantos outros que aqui poderiam ser citados.

Diante desse quadro, a região de Pirituba-Jaraguá mostra-se singular dentro do Município de São Paulo, apresentando paradoxos socioambientais e constituindo um desafio para arquitetos, urbanistas, paisagistas, geógrafos, ecólogos e outros tantos estudiosos e projetistas do espaço urbano.

Em 2002, aconteceram os primeiros contatos com a Faculdade de Arquitetura e Urbanismo da Universidade de São Paulo — FAU-USP — para discutir questões urbanas e paisagísticas, motivadas pela demanda dos moradores para a implantação de um parque urbano próximo à área onde havia se implantado um conjunto habitacional sob regime de mutirão. Esses moradores, compreendendo que a necessidade de morar também se expande para fora da porta de suas casas e implica habitar também a cidade, se articularam com as escolas da rede pública da região e realizaram uma parceria com técnicos da Prefeitura e integrantes da universidade para elaborar o projeto do parque na área reservada para tal finalidade.

Essa parceria mobilizou muitos estudantes e moradores em torno do projeto do atual Parque Municipal Pinheirinho d'Água. Dentro das propostas de construção desse espaço, as escolas realizaram atividades de estudo do meio físico da região e dos córregos que permeiam a área do parque, aplicaram questionários aos moradores para levantamento das demandas e desejos para o espaço, promoveram a eleição do nome do parque, realizaram oficinas para elaboração de projeto e participaram de reuniões junto ao corpo técnico da Prefeitura Municipal. Esse processo foi longo e resultou em um projeto participativo muito rico de propostas para a implantação do parque, tendo sua construção assumida pela Secretaria Municipal do Meio Ambiente da Prefeitura de São Paulo (SMMA).

Em 2009, parte do projeto elaborado de maneira participativa entre os moradores — adultos e crianças —, estudantes da pós-graduação da FAU-USP e técnicos do Departamento de Parques e Áreas Verdes (Depave) da SMMA foi implantado e entregue à população. No entanto, devido à ausência de equipamentos — brinquedos e mobiliários urbanos — e o desrespeito a alguns elementos importantes do projeto, a população não se apropriou desse espaço, tornando-o ocioso e inserido em um cenário urbano de grande carência e demanda por áreas públicas de lazer.

Nesse contexto, em 2011 e 2012, solicitado por integrantes do Conselho Gestor do Parque Pinheirinho d'Água, que também eram educadores de escolas da região — Márcia da Penha Rezende, coordenadora pedagógica da EMEF Padre Leonel Franca, e Fernando José Mendonça de Araújo, diretor da EMEF Deputado Rogê Ferreira — e que se mostravam bastante envolvidos com o compromisso de tornar o espaço vivo e democraticamente apropriado, realizou-se o projeto de extensão universitária *Por um Parque Vivo: a Luta de uma Comunidade pelo Espaço Público*. Essa pesquisa teve como objetivo desenvolver o levantamento do projeto arquitetônico e urbanístico implantado, comparando-o com a proposta elaborada coletivamente, e buscou compreender os motivos da não apropriação daquele espaço pela população, encontrando formas para reverter esse quadro.

Desse modo, no primeiro semestre de 2012, após algumas reuniões entre as pesquisadoras da FAU-USP e os educadores da EMEF Deputado Rogê Ferreira para elaborar coletivamente um cronograma de atividades voltadas a todo o corpo discente, com o propósito de intensificar as relações de caráter pedagógico entre escola e parque, realizou-se nessa escola uma semana de atividades voltadas para pensar o Parque Pinheirinho d'Água junto às crianças e aos jovens estudantes. A proposição em trabalhar o estreitamento dessa relação também se fortaleceu pelo entendimento que se fez do equipamento escolar como um catalisador de transformações comunitárias a partir do desenrolar das atividades pedagógicas, que em sua convivência com um parque público oferece e recebe, simultaneamente, materiais e situações para o desenvolvimento do ensino e de pesquisas.

Esse conjunto de atividades realizadas na EMEF foi denominado de *Charrette*, inspirando-se nos processos metodológicos realizados, no século XIX, nas Escolas de Belas Artes de Paris, nos quais os estudantes de arquitetura ficavam imersos, durante uma semana, na elaboração de um projeto complexo; ao final desse prazo, uma charrete (a rigor, um carrinho de mão) passava entre os estudantes recolhendo os projetos finalizados. A *Charrette 2012*, assim nomeada pelas pesquisadoras, inspirada na sua origem francesa, instigou as crianças e os jovens estudantes a elaborarem proposições para o uso do parque e pensarem em formas de utilização desse espaço pela escola, que tem o parque em seu quintal, pois está localizada em área originalmente pertencente a esse espaço.

Durante a semana da *Charrette*, as aulas tradicionais foram suspensas e os estudantes e professores se dedicaram exclusivamente ao projeto. O parque foi estudado não como elemento distante das crianças e dos jovens, mas como espaço cotidiano e a partir dos conhecimentos e usos feitos por eles; foi um momento de refletir sobre assuntos relacionados à cidade e as suas realidades. Buscou-se não ser apenas um evento, mas uma nova possibilidade de pensar o ensino construído junto e a partir dos conhecimentos dos alunos, como preconiza Paulo Freire (2016). Em cada dia de atividades havia a proposição de uma temática diferente, porém, os professores tiveram a autonomia para conduzir os trabalhos da maneira mais adequada dentro de suas áreas de ensino. Não existiu um roteiro a ser seguido e alunos e professores elaboraram os mais criativos produtos — maquetes, desenhos, mapas, colagens, fotos, textos, poemas, músicas e dança — para responder à demanda de apropriação do parque pela escola.

As atividades se desenvolveram entre os dias 19 e 23 de março de 2012 e teve uma produção de cerca de 1740 trabalhos propositivos, individuais e coletivos, de intervenção nas áreas do parque. A programação elaborada em conjunto entre os educadores da escola e integrantes da universidade previa trabalhar a partir do histórico de construção do parque, possibilitando que as crianças se apropriassem dessa memória, passando pela sensibilização e construção de conhecimento a partir de suas vivências nesse território, até finalizar o processo com as proposições feitas em cima dessas bases. Desse modo, realizaram-se visitas ao parque, estudos com mapas e fotos aéreas e a elaboração de propostas para expressar os desejos de transformação desse espaço em um lugar mais atrativo, com mais atividades e equipamentos, buscando uma ligação e usos mais intensos pela escola.

Foto 1 Alunos e alunas da EMEF Deputado Rogê Ferreira trabalhando sobre foto aérea e mapa do parque

Fonte: Foto de Vanessa Rabelo, EMEF Deputado Rogê Ferreira.

Foto 2 Alunos e alunas da EMEF Deputado Rogê Ferreira em visita ao parque durante a *Charrette* 2012

Fonte: Foto de Paula Martins Vicente, Parque Municipal Pinheirinho d'Água.

Foto 3 Alunos e alunas da EMEF Deputado Rogê Ferreira realizando atividade durante a *Charrette* 2012

Fonte: Foto de Paula Martins Vicente, EMEF Deputado Rogê Ferreira.

O sucesso dessa experiência só foi possível devido à grande parceria que existiu entre a escola — estudantes e educadores — e as pesquisadoras da FAU-USP. Participaram desse projeto cerca de 1.200 estudantes dos Ensinos Fundamental I e II e do EJA, Educação de Jovens e Adultos, que têm suas aulas ministradas no período noturno.

A *Charrette* possibilitou não apenas uma reflexão sobre o parque, mas também mobilizou e modificou, durante toda aquela semana, os processos pedagógicos da escola. Os estudantes circulavam pela escola, vivenciavam o parque e construíam o conhecimento a partir dos elementos e dos desafios colocados na prática. Pode-se dizer que eles tornaram-se sujeitos das suas produções de conhecimento e os educadores criaram possibilidades para essa construção, também aprendendo junto com os educandos (Freire, 2016). Nesse processo, estudantes e professores também se apropriaram de instrumentais da arquitetura — mapas, plantas, fotografias aéreas, maquetes e processos projetuais — no intuito de realizar propostas para o parque.

A intensa semana de atividades e reflexões se encerrou em uma grande festa com apresentações artísticas e a exposição dos trabalhos produzidos. Todo esse material foi recolhido e sistematizado, identificando-se as percepções no que tange ao imaginário do parque e as demandas das crianças e dos jovens para a área. Esse processo de interpretação dos resultados preconizou tanto a recorrência (quantitativa) dos desejos e demandas expressos quanto a ocorrência (qualitativa) de expressões singulares e distintas da maioria.

Nas proposições feitas, os itens que mais se destacaram foram os brinquedos, evidenciando uma carência pelo lazer nos espaços públicos. Na sequência, observou-se uma manifestação do desejo por árvores, flores e água, expressando a necessidade de maior contato com a natureza. Também foi possível visualizar nas propostas o conhecimento e o entendimento que os estudantes desenvolveram sobre as áreas ambientalmente sensíveis, as APPs, onde foram elaboradas sugestões inteligentes e criativas para a implantação de equipamentos compatíveis com a fragilidade do suporte natural, tais como: trilhas, mirantes, casa na árvore, observatórios de pássaros, observatórios de estrelas, tirolesas e estruturas para a prática do arvorismo — caminhos suspensos, que não impactam o solo. As crianças desenvolveram um repertório projetual que os arquitetos envolvidos no projeto não haviam pensado até aquele momento.

O protagonismo das crianças e dos jovens também merece ser destacado como fundamental para o sucesso da *Charrette*, pois eles demonstraram envolvimento e conhecimento de seus locais de vivência, detectaram problemas sociais e urbanos e elaboraram propostas criativas e sensatas a partir da apropriação de um instrumental, muitas vezes, circunscrito ao círculo restrito dos arquitetos.

"Os projetos envolvendo as crianças e seus contextos de vida contribuem para a consideração delas como cidadãs ativas e competentes e nos mostram que essas estão bastante atentas ao espaço que as rodeia." (Oliveira, 2017, p. 174-175). Trabalhar as propostas infantis para a cidade também diz respeito aos seus papéis enquanto sujeitos sociais e seus direitos na produção do espaço urbano.

Foto 4 Desenhos produzidos por alunos da EMEF Deputado Rogê Ferreira durante a *Charrette* 2012

Fonte: Acervo de Paula Martins Vicente: *Charrette* 2012.

Os resultados da *Charrette* possibilitaram a construção de conhecimento para todas as partes envolvidas: crianças, jovens, educadores e pesquisadoras da extensão universitária. Não existiu um processo de transferência de conhecimento, mas sim de sujeitos capazes de elaborar e formar seu próprio conhecimento a partir da realidade dada (Freire, 2016). A todo momento, os papéis de educadores e educandos se alternavam, possibilitando a construção de um rico aprendizado coletivo. Nesse momento, foi possível desfazer a ideia da "criança como receptáculo de ensinamentos." (Nascimento, 2009, p. 47).

Além dos produtos elaborados pelos estudantes, também foi importante tomar contato com a visão e com a forma como os professores conduziram as atividades durante a semana da *Charrette*. Através de relatos foi possível perceber, em grande parte dos envolvidos, um entusiasmo em desenvolver projetos pedagógicos promissores e ligados às questões cotidianas. A apropriação de instrumentos e potenciais da arquitetura e do urbanismo também foram elementos que despertaram o interesse de estudantes e de professores, pois, naquele momento, eles tinham o poder de transformação do mundo.

O percurso construído pelas oficinas, apesar de apresentar potencial educativo, não teve a intenção de criar uma prática ou teoria pedagógica, situou-se em uma visão de atuação arquitetônica de transformação urbana a partir de processos participativos, nos quais os cidadãos exercem seus direitos para a construção de espaços e sociedades mais democráticos, ou seja, não se busca apenas uma participação pontual e efêmera, mas refletir sobre pontos de uma prática participativa que envolva elementos sociais e políticos estruturais (Maricato, 2008).

Finalizada a *Charrette 2012*, esse processo se desdobrou em outras escalas, na continuidade de um processo participativo da comunidade escolar em torno dos temas do parque e favoreceu uma retomada de reflexões junto aos moradores, sendo uma espécie de combustível que incentivou as posteriores mobilizações sociais.

Em 2013 e 2014, a EMEF Deputado Rogê Ferreira, por sua vez, consolidou e expandiu o escopo da parceria que já vinha realizando com a FAU-USP, por meio de um trabalho de formação de professores numa perspectiva de pesquisa e extensão universitária, experiência que fez parte do trabalho *Fenomenologia e paisagem: espaços de transitividade em intervenções associadas ao paisagismo e arte contemporâneos*, financiada pela Fundação de Amparo à Pesquisa do Estado de São Paulo (Fapesp).

Também iniciado em 2013, desenvolveu-se no âmbito da Diretoria Regional de Ensino (DRE) Pirituba, um processo de trabalho amplo, que envolveu 23 escolas públicas do entorno do Parque Pinheirinho d'Água, com o objetivo de transformá-lo em um Parque Educador, apropriando-se desse espaço e elaborando propostas para potencializar seus usos e atividades pedagógicas. Para isso, as escolas se reuniam mensalmente no intuito de socializar experiências de atividades didáticas, reformular pautas político-pedagógicas, criar projetos para desenvolvimento de afetos entre a continuidade escolar e esse valioso espaço livre público.

Outro importante desdobramento foi o compromisso da Prefeitura Municipal de São Paulo, por meio da Secretaria Municipal de Desenvolvimento Urbano — SMDU — para a criação de um Território CEU tendo o Parque Pinheirinho d'Água como importante equipamento na delimitação e na concepção desse território na região noroeste.

À guisa de uma conclusão

Um dos aspectos mais marcantes dessa experiência, como um todo, foi o fato de ela ter assumido uma dimensão processual — o engajamento das escolas municipais, na região do Jaraguá, vem se desenvolvendo há mais de uma década e os seus resultados pedem uma avaliação de sua validade, sua sustentação no tempo e espaço e um pensar crítico sobre os papéis dos atores sociais envolvidos, incluindo os órgãos municipais, entre outros.

Entretanto, mesmo com todos os percalços implícitos e fragilidades em um processo que guardou contradições e conflitos, é possível atestar o potencial da interface entre os campos da Arquitetura, Urbanismo e Paisagismo e da Educação no desenvolvimento de um processo de formação para todas as pessoas e instituições envolvidas.

Com efeito, muitas são as escolas que, de longa data, têm em seus projetos político-pedagógicos a cidade e seu ambiente como objeto de estudo; os estudos do meio são um exemplo disso; os campos da Arquitetura, Urbanismo e Paisagismo agregam a essas boas práticas, o desejo de transformação dos lugares de vida, expresso em projetos que dão materialidade a esses sonhos. Esse viés concreto e prospectivo é ainda um campo aberto a ser pesquisado.

Referências

ALBUQUERQUE, Elaine Moraes de. *Desvelando a paisagem da Vila Ferroviária de Paranapiacaba.* Tese (Doutorado em Arquitetura e Urbanismo, na área de Concentração Paisagem e Ambiente) — Faculdade de Arquitetura e Urbanismo, Universidade de São Paulo, São Paulo, 2018.

BOUCINHAS, Caio; LIMA, Catharina. P. C. dos Santos. Parque Pinheirinho d'Água: a luta por reconhecimento e visibilidade. *Pós. Revista do Programa de Pós-Graduação em Arquitetura e Urbanismo da FAU-USP,* n. 20 (33), p. 11-34. Disponível em: http://www.revistas.usp.br/posfau/article/ view/80918/84560, 2013.

CUSTÓDIO, Marluce. *Introdução ao Direito de Paisagem:* contribuições ao seu reconhecimento como ciência no Brasil. Rio de Janeiro: Lumen Iuris, 2014.

DARDEL, Eric. *O homem e a terra:* natureza da realidade geográfica. Tradução: Werther Holzer. São Paulo: Perspectiva, 2011 (1952).

FREIRE, Paulo. *Pedagogia da autonomia:* saberes necessários à prática educativa. 54. ed. Rio de Janeiro/São Paulo: Paz e Terra, 2016.

IUCN. *Future landscapes*: working with the principles of the European Landscapes Convention. Conference on "Future landscapes — Working with the Principles of the European Landscape Convention" which was held in Oxford 7-9, May 2004, ICOMOS-UK, and IUCN UK Committees. Disponível em: http://pt.scribd.com/doc/4243088/Future-Landscapes-2004.

LEFEBVRE, Henri. *O direito à cidade*. Tradução: Rubens Eduardo Frias. São Paulo: Centauro, 2001.

MARICATO, Ermínia. Nunca fomos tão participativos. *Revista Sem Terra,* n. 43, p. 17-20, 2008.

NASCIMENTO, Andrea Zemp Santana do. *A criança e o arquiteto:* quem aprende com quem? Dissertação (Mestrado em Arquitetura e Urbanismo, na área de concentração Paisagem e Ambiente) — Faculdade de Arquitetura e Urbanismo, Universidade de São Paulo, São Paulo, 2009.

OLIVEIRA, Fabiana. Reflexões a respeito de uma experiência de participação infantil no Brasil envolvendo os espaços urbanos e a perspectiva das crianças. *Revista Portuguesa de Educação,* n. *30*(1), p. 157-179, 2017. Disponível em: http://www.scielo.mec.pt/pdf/rpe/v30n1/ v30n1a08.pdf. doi:10.21814/rpe.8688

Uma fruta no quintal

Raul Isidoro Pereira

Diadema, passado e presente

Densa, compacta, cortada por duas grandes artérias viárias, a fisionomia de Diadema não difere muito da maioria das cidades da Região Metropolitana de São Paulo. Situada entre a Represa Billings e os municípios de São Paulo e São Bernardo do Campo, possuía cerca de 316.000 habitantes em 1996, e, de acordo com o Censo de 2010, 386.039 habitantes comprimidos em 30,7 km². Algo que a coloca entre os municípios de maior densidade demográfica do Brasil, resultante de uma ocupação desenfreada e não planejada a partir dos anos 1950.

Absolutamente precária em infraestrutura urbana, educação, habitação, saúde e transportes, Diadema apresentava no ano de 1980 uma alta taxa de mortalidade infantil, possuindo um terço da população morando em favelas.

A cidade passou por alterações significativas nas últimas décadas, reduzindo o caráter de mera extensão da capital paulista e adquirindo fisionomia e identidade próprias. O atendimento à demanda básica de infraestrutura urbana mínima nas primeiras gestões municipais do Partido dos Trabalhadores (1983-1994) permitiu, no período subsequente de 1994 a 1996, uma ênfase maior em políticas culturais que se transformaram em ações prioritárias do governo, proporcionando condições favoráveis para o desenvolvimento do projeto *Uma Fruta no Quintal.*

Foi a partir desse contexto que nasceu, em junho de 1993, o projeto *Uma Fruta no Quintal* por iniciativa da Prefeitura Municipal, na gestão de José de Filippi Júnior, em parceria com a Secretaria Estadual de Educação, no governo Mário Covas. Tratava-se de uma experiência desenvolvida em toda a rede pública de educação de Diadema, envolvendo todas as disciplinas escolares de modo a promover discussões teóricas e ações no meio físico, relativas ao ambiente e à paisagem, tendo a arte e a concretude como eixos estruturantes.

O projeto

A proposta original do projeto era simples e despretensiosa: pretendia-se trabalhar paisagisticamente os espaços livres da escola, de forma a envolver todas as disciplinas, com o intuito de levantar questões relativas ao ambiente e aos usos dos espaços físicos escolares e, a partir daí, extrapolar para ações e discussões sobre as demais áreas livres públicas da cidade.

O projeto, portanto, já continha na sua gênese a possibilidade de desdobramentos para outras questões. Desse modo, à medida que o projeto foi evoluindo, cada escola que ingressava trazia novas questões, induzindo o projeto a se reestruturar e se redirecionar rumo a outras formas de ação como, por exemplo, a discussão sobre a destinação dos resíduos, a questão da água, das drogas, da sexualidade, da segurança no trânsito etc.

Objetivos gerais:

O projeto *Uma Fruta no Quintal* propunha como objetivos gerais fundamentais:

- Promover na escola ações voltadas à formação de professores e alunos, visando ao desenvolvimento cognitivo, afetivo, físico e social do cidadão, através da compreensão e reflexão sobre os problemas ambientais e culturais de sua comunidade, bem como de ações para a busca de soluções.

- Despertar o reconhecimento do ambiente natural e antrópico como fator de importância vital para a sobrevivência harmônica entre os seres vivos, através da compreensão da complexidade do universo que somente existe como fruto da interação de suas partes em equilíbrio.
- Despertar a compreensão dos fluxos (mecanismos) dos recursos naturais não renováveis, reconhecendo que o desperdício e o manejo predatório desses bens acarretarão sérias consequências para o futuro da humanidade.
- Identificar e estudar os distúrbios ambientais através de suas causas político-sociais, seu processo evolutivo no tempo, no espaço e suas soluções, capacitando a comunidade escolar como agente transformador desse processo.
- Promover ações conjuntas de educação ambiental, capazes de informar a comunidade, fomentar discussões e, sobretudo, propor ações para os seus problemas ambientais, visando à melhoria das condições de vida do município e da região, ou seja, expandindo os limites intramuros da escola e estabelecendo a cidade e o tecido urbano como espaços educadores.
- Enfatizar a compreensão de que o ser humano não é dissociado da natureza, que ambos formam um corpo único e que a visão antropocêntrica equivocada dessa relação leva aos desequilíbrios ambientais de graves consequências.
- Estabelecer relações entre a realidade próxima e cotidiana com a global, ilustrando com experiências inovadoras em outros países e ecossistemas.
- Estimular a compreensão da bio e sóciodiversidade, reconhecendo e criando processos de convivência solidária, ética, cooperativa e de respeito às diferenças físicas e culturais.

As ações eram desenvolvidas baseadas em estratégia que consistia numa estrutura de diretrizes e intenções flexíveis, possibilitando a incorporação de novas propostas no decorrer da implantação dos projetos nas escolas.

A escola é o lugar. O lugar é a escola

Já na primeira metade do século XX, L. S. Vigotski, psicólogo russo marxista, ressaltava a importância do aprendizado escolar afirmando que a escola, por sua propriedade de oferecer conteúdos e desenvolver modalidades de pensamento bastante específicas, ocupa um papel único na apropriação, pelo sujeito, da experiência historicamente acumulada. E, por este motivo, ela representa um elemento fundamental para o pleno desenvolvimento dos indivíduos, já que promove um modo mais sofisticado de analisar e generalizar os elementos da realidade: o pensamento conceitual.

A escola, portanto, possui a capacidade de representar o espaço onde essas conexões podem se estabelecer: entre as esferas ambiente/política e entre o aprendizado cotidiano/ciência, trazendo para a esfera da reflexão, o invisível, o abstrato, o conceitual e o distante, onde a revelação obtida pela simples realidade imediata, por si só, mostra-se insuficiente. A escola pode, portanto, ajudar a completar o mundo dos fenômenos e da aparência com o universo da imaginação e da ciência.

Durante o período inicial de elaboração do projeto *Uma Fruta no Quintal*, nos debruçamos longamente sobre a questão relativa à decisão da escolha de que segmentos e quais locais seriam os mais adequados para um campo de conexão e capazes de estabelecer uma prática de reflexão permanente entre o espaço da cidade e o conjunto dos moradores de Diadema. Concluímos que esse lugar era a escola, onde se reúnem diária e sistematicamente os elos mais frágeis, vulneráveis e potencialmente criativos do universo urbano: os jovens e as crianças.

Espaço rico de fluxos, de encontros, energias e disponibilidades, que condensa num microcosmo muitas das contradições inerentes à sociedade brasileira e também espaço de conflito entre o pensamento e a concretude do dia a dia, entre a carência e a solidariedade. E não constitui simplesmente um oásis, um recorte simbólico e parcial de representação do real, tampouco um espaço da reflexão teórica sobre a realidade, mas sim uma extensão, um *continuum* sem ruptura, da realidade extramuros. A escola é um dos poucos espaços da cidade que possui tal efervescência concentrada de possibilidades e esperanças, mesmo que potencialmente represadas, e possui a singularidade de sensibilizar, de forma direta, um contingente de aproximadamente um terço dos moradores da cidade e ao mesmo tempo se distribui por todo o território urbano.

> Planejar espaços para fins de lazer não é construir campos de futebol, ciclovias, ou criar áreas verdes. É cultivar um meio urbano cujas ruas permitam jogar uma "pelada", andar de bicicleta, ou simplesmente passear à sombra. O planejar é cultivar no sentido primeiro da palavra; acompanhar o dia a dia, intervir dia a dia na escala do dia a dia. (Santos, 1985, p. 142).

O caminho da arte

Um dos objetivos fundamentais do projeto *Uma Fruta no Quintal* foi o de promover ações conjuntas capazes de informar a comunidade escolar, fomentar discussões e propor soluções práticas para os seus problemas socioambientais, visando a uma contribuição da melhoria da qualidade de vida do município.

Mas como levar essas inquietações para crianças e adolescentes, embalados pelos sons dos videoclipes e pela velocidade e saturação do espetáculo das imagens televisivas fragmentadas, que dominam o espaço da comunicação? Como navegar no universo onde os jovens são formados em uma nova percepção de simultaneidade e apreensão quantitativa, que o conjunto de imagens da TV, do computador, do cinema e dos jogos de videogames produzem? Como interagir com as novas tecnologias da informação e da comunicação que alteraram a abordagem do ensino e o papel do educador?

Diante desse contexto, o caminho encontrado pelo projeto *Uma Fruta no Quintal* foi o da arte. A arte, quando não compreendida simplesmente como técnica ou ferramenta funcional, como acessório ou uma disciplina a mais no currículo, pode colocar-se como uma visceral forma de expressão e de apreensão do conhecimento e da realidade. Associada à ciência, e buscando uma síntese entre razão e emoção, pode-se quebrar e dissolver o limite dicotômico entre arte/necessidade, lazer/trabalho, passado/futuro, educando/educador.

O conhecimento adquirido através do ensino formal baseia-se, fundamentalmente, na oralidade e na escrita, no léxico e no gramatical, ambos lineares e sequenciais e, apesar de sua inegável importância, podem colocar-se como limitadores e insuficientes no sentido de criarem condições para formas mais lúdicas de expressão e representação.

É preciso manter uma diversidade de estruturas de acolhimento no interior da escola que consiga abarcar toda a gama e diversidade de talentos de cada indivíduo. Uns são mais afeitos a raciocínios lógicos, mais próximos de experiências concretas e objetuais; outros, mais afeitos às questões relativas às relações humanas e às ciências sociais; e outros ainda transitam pelo mundo da imaginação, da arte e das representações simbólicas.

Diante dessas complexas, mas necessárias, inquietações, o projeto *Uma Fruta no Quintal* procurou estabelecer, na prática, processos que pudessem articular as questões da arte e da cultura aos problemas ambientais da cidade.

A implantação do projeto

O projeto teve como público destinatário principal todo o conjunto da comunidade escolar, municipal e estadual, abrangendo desde o Ensino Fundamental até o Ensino Médio. Restando apenas dois anos para o encerramento da gestão do então prefeito José de Filippi Júnior, e sem garantia de sua continuidade, a equipe gestora do projeto viu-se diante de duas alternativas: eleger apenas algumas escolas, desenvolvendo o projeto de forma mais profunda, ou trabalhar horizontalmente, abrangendo todas as 120 escolas da rede pública com seus 115.000 estudantes.

Optou-se pela última hipótese, mesmo conscientes da intensidade e do volume de trabalho exigido caso fossem mantidos os objetivos conceituais iniciais.

Dado o caráter transversal da proposta, houve a necessidade de inseri-la dentro da grade curricular e dos horários das atividades destinadas à formação dos professores. A pouca disponibilidade de horários comuns livres dificultava a fluidez dos diálogos, obrigando a equipe coordenadora a encaixar na agenda escolar, com rigorosa precisão, as reuniões já previamente definidas de professores e coordenadores.

A educação por projetos de trabalho

O projeto tinha como pressuposto básico o desenvolvimento de uma série de atividades baseadas numa proposta conjunta entre professores e comunidade escolar. Buscou-se, nesse sentido, trabalhar, pelo menos por um período determinado, sobre um tema ou ações específicas que teriam como resultados iniciais a reabilitação e a transformação dos espaços livres escolares e, futuramente, dos espaços urbanos. "Qualquer tema é uma desculpa de motivação para o aluno, e pode encadear-se no percurso que a professora propõe para desenvolver os objetivos procedimentais que orientam sua ação". (Hernández, 1998).

A abordagem de ensino através de projetos de trabalho pressupõe, no entanto, uma estrutura escolar que trabalhe a interdisciplinaridade, prática incomum em toda a rede pública escolar do Brasil e que enfrenta uma série de dificuldades: sistema de horários fixos e rígidos das atividades escolares; pouca disponibilidade de horários comuns reservados para discussões entre todos os professores; inadequação do espaço físico escolar e que nem sempre é dimensionado para comportar atividades coletivas com grande número de alunos; além do projeto arquitetônico não contemplar flexibilidade para tal.

> Mesmo as instituições voltadas para as crianças, como as escolas e creches, as áreas livres para brincar das crianças tendem a ser tratadas como áreas abandonadas, simples terreno de chão batido ou invadido pelo mato;
> Os parques infantis, utilizando e fechando parte de praças, organizam e constroem seus espaços, segundo a ótica disciplinar e da segregação; Fecham-se para e contra o mundo externo, constroem-se instalações que só estimulam os movimentos. Separam-se os ambientes para os exercícios que envolvem o pensar; a fantasia limita-se à hora das histórias contadas. (Lima, 1995, p. 39).

Interdisciplinaridade: necessidade e limitações

No Brasil, considerando-se desde o Ensino Fundamental até à universidade, tanto público como privado, a tentativa da prática interdisciplinar e mesmo multidisciplinar coloca-se como uma das tarefas mais complexas e difíceis de serem concretizadas, deparando-se, na maioria das vezes, com alguns obstáculos recorrentes.

O quesito que se refere à ordem prático-funcional advém das dificuldades da trama burocrática em compatibilizar diferentes horários de aula dos diferentes professores, a fim de possibilitar amplas reuniões conjuntas. No entanto, os obstáculos maiores residem num pensamento, já consolidado, de que a interdisciplinaridade pode se limitar a uma simples justaposição de diferentes visões de diferentes áreas do conhecimento sobre um determinado tema.

No que tange à educação ambiental, como tema que perpassa todas as disciplinas, Pontuschka aponta a dificuldade dessas novas conexões, que não se encaixam na estrutura rígida constituída pelas disciplinas:

> O professor nem sempre pode contribuir satisfatoriamente com os projetos de educação ambiental, apesar de presentes na última Constituição Brasileira, porque ele não tem informações e recursos didáticos suficientes para propor pesquisas em sala de aula ou na escola, para que os estudantes possam trabalhar com documentos já existentes e tenham condições, sob a orientação do professor, de produzir novos documentos que auxiliem a ambos na reflexão e solução de certos problemas.
>
> Parece haver consenso entre os pensadores do ambiente, que o propósito não é acrescentar uma nova disciplina, mas oferecer informações no interior de cada uma delas que permitam a concretização de projetos interdisciplinares, tendo, como meta, despertar a consciência de alunos e professores para uma questão que depende de cada um de nós, das empresas, das ações públicas e do Estado. (Pontuschka, 1999, p. 57).

Da mesma forma, *Uma Fruta no Quintal* tinha como diretriz uma perspectiva de trabalho interdisciplinar nas escolas, com as Secretarias da Prefeitura Municipal e com diversas organizações não governamentais. No caso das escolas, esse procedimento se deparou com algumas questões de fundo, além das já apresentadas anteriormente:

- Compatibilização de horários, conteúdos e metodologias diversificados, procurando estabelecer uma unidade mínima e se empenhando para que as atividades ocorressem nos prazos previstos
- Ampliação da disponibilidade de tempo maior dos professores e de toda a comunidade escolar para atender às demandas de

uma atitude interdisciplinar, que entrou em conflito com outras atividades exercidas para complementar os baixos salários recebidos. Apesar dessas dificuldades, muitos professores e alunos envolvidos no projeto prolongavam voluntariamente sua jornada de trabalho.

> A mentalidade interdisciplinar vai tornar-se uma mentalidade de proprietário, que proíbe qualquer incursão estranha em sua parcela de saber. Sabemos que, originalmente, a palavra "disciplina" designava um pequeno chicote utilizado no autoflagelamento e permitia, portanto, a autocrítica; em seu sentido degradado, a disciplina torna-se um meio de flagelar aquele que se aventura no domínio das ideias que o especialista considera de sua propriedade. (Morin, 2002, p. 62).

O desenvolvimento das ações: percorrendo a corrente sanguínea

O projeto era desenvolvido obedecendo a ritmos distintos, segundo duas etapas consecutivas: a intensiva e a extensiva. O intensivo variava de um período de 60 a 90 dias e correspondia ao início do projeto em determinada escola, que culminava com uma festa de celebração envolvendo a participação de toda comunidade. A etapa extensiva compreendia o período subsequente, de prazo indeterminado, uma vez que o projeto se propunha às atividades e às ações continuadas e permanentes, mesmo tendo claro o risco de sua interrupção, caso o prefeito em gestão não fosse reeleito. Essa divisão em duas etapas mostrou-se adequada, uma vez que grande parte das ações desenvolvidas pelas secretarias municipais estava concentrada simultaneamente nesse período. Promovia-se assim um clima de ebulição e entusiasmo, que impulsionava e potencializava as ações futuras nas escolas de forma lenta e sistemática para que se tornassem parte do cotidiano escolar.

Foto 1 Reunião inicial dos professores das escolas e dos coordenadores do projeto

Fonte: Fotografia de Mario Llaguno, escola pública em Diadema.

Foto 2 Reunião dos professores no jardim

Fonte: Fotografia de Mario Llaguno, escola pública em Diadema.

Esse caráter simbólico, que a preparação da festa e das exposições proporcionava, demarcava de forma lúdica um ambiente de cooperação coletiva, onde a escola "virava de ponta cabeça", nas palavras de uma educadora, possibilitando a criação de uma perspectiva de mudança, por mais modesta que fosse. Em ambas as etapas eram desenvolvidas atividades ligadas aos temas: flora, fauna, água, ar, solo, resíduos, paisagem urbana, saúde pública, nutrição e educação no trânsito. Utilizavam-se as mais diversas formas de arte e de expressão: teatro, desenho, música, pintura, escultura, poesia, literatura, artesanato, fotografia, vídeo, dança, cenografia. Na medida em que o projeto foi adquirindo corpo em diferentes escolas, atendendo às reivindicações dos professores e alunos, o número de temas foi se ampliando.

O trabalho era desenvolvido sob a direção dos professores no dia a dia das salas de aula, em todas as disciplinas, incorporando-se à "corrente sanguínea" ou ao fluxo natural da escola. Cada unidade de ensino, de acordo com sua realidade específica, propunha a forma mais interessante e conveniente de elaborar as atividades, enfatizando aspectos lúdicos e associados à vivência cotidiana dos alunos, e às características locais de seu bairro e de sua região.

Fotos 3 Visita de estudantes à usina municipal de reciclagem de lixo

Fonte: Fotografias de Mario Llaguno, usina municipal de reciclagem em Diadema.

Foto 4 A horta era uma das atividades que integravam o projeto *Uma Fruta no Quintal*

Fonte: Fotografia de Mario Llaguno, escola pública em Diadema.

Foto 5 Painel sobre estudo da vegetação elaborado pelos alunos

Fonte: Fotografia de Mario Llaguno, escola pública em Diadema.

Durante esse período, uma equipe de 90 profissionais da Prefeitura (arquitetos, agrônomos, arte-educadores, sanitaristas, psicólogos, agentes comunitários, assistentes sociais, médicos, fotógrafos, nutricionistas) realizavam palestras, cursos, oficinas, exposições e exibições de vídeos relativos aos temas de: preservação ambiental do planeta e, em particular, de Diadema; saneamento básico e recursos hídricos; destinação dos resíduos; drogas; sexualidade e violência urbana.

Com cursos e oficinas ministrados nas áreas de: educação no trânsito; técnicas de jardinagem para a arborização da escola; implantação da coleta seletiva de lixo (em convênio com a Secretaria de Agricultura e Abastecimento do Estado de São Paulo); implantação de horta na escola; curso prático sobre cozinha alternativa e aproveitamento de

Foto 6 Maquete de Diadema elaborada pelos alunos

Fonte: Fotografia de Mario Llaguno, escola pública em Diadema.

Foto 7 Apresentação de vídeos para os alunos

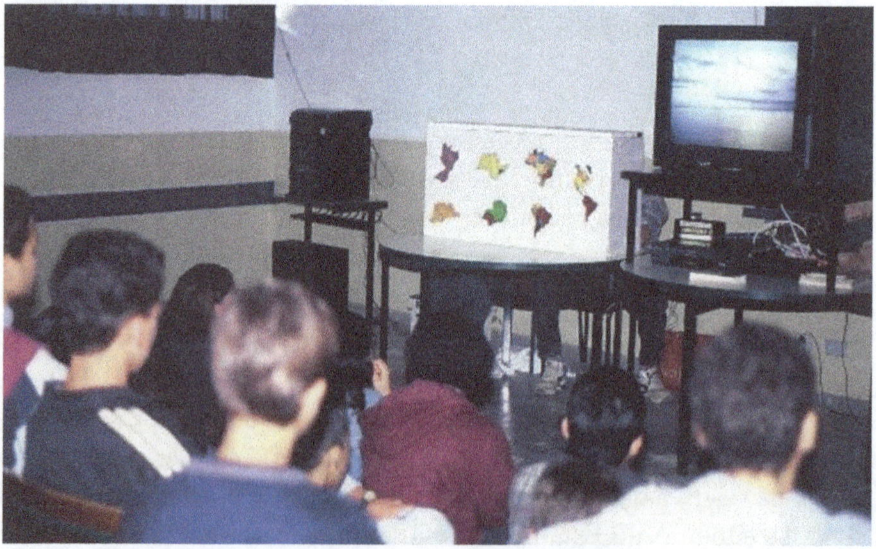

Fonte: Fotografia de Mario Llaguno, escola pública em Diadema.

Foto 8 **Exemplo de projeto de paisagismo e arborização realizado para as escolas**

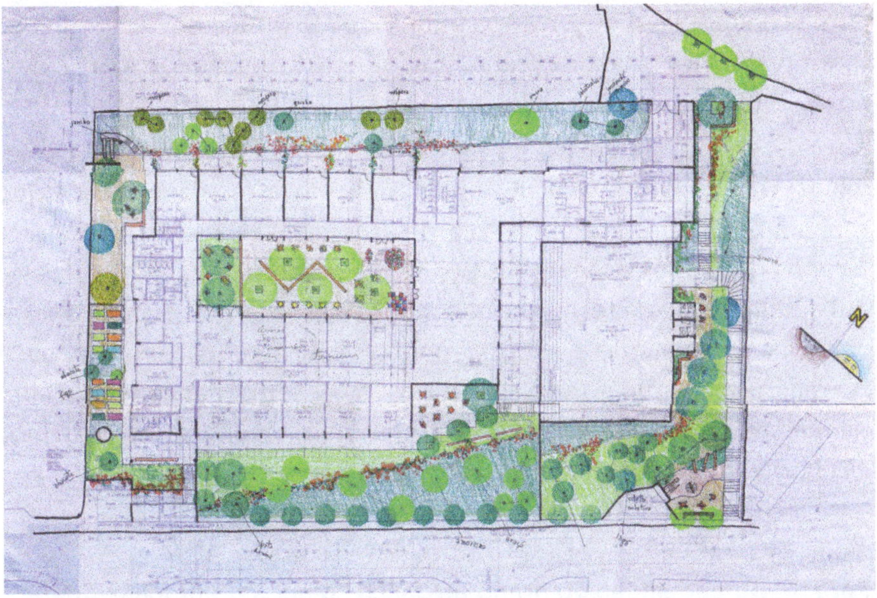

Fonte: Projeto elaborado pelo Departamento de Áreas Verdes da Prefeitura Municipal de Diadema.

alimentos, usualmente descartados como resíduos (em convênio com a Secretaria de Agricultura e Abastecimento do Estado de São Paulo); atividades artísticas e estudo do meio.

As escolas eram arborizadas, respeitando um projeto de paisagismo elaborado pelos arquitetos vinculados à Prefeitura, em conjunto com os professores e alunos, incorporando sugestões da comunidade escolar.

Hoje é dia de festa

O período mais intenso de atividades culminava numa festa de celebração, constituída de apresentações musicais e artes cênicas, com exposições dos trabalhos realizados nesse período e o fornecimento de uma muda de árvore frutífera para cada aluno e demais membros da comunidade escolar plantarem no quintal de suas casas, apartamentos, jardins dos edifícios ou em áreas públicas ou institucionais disponíveis. Acompanhava a muda de planta um folheto de instruções sobre a descrição da fruta, técnicas de plantio e cuidados para sua manutenção.

No período imediato de preparação do dia que antecedia à celebração, a sensação que se tinha, ao chegar à escola, era a de que estávamos diante de uma escola de arte, ciência e experimentação. Grupos de alunos espalhados por todos os cantos, pátios e salas de aula pintavam cartazes, executavam maquetes, cortavam papéis coloridos, panos, garrafas plásticas, moldavam argila, escreviam peças e poesias, plantavam árvores e verduras, cantavam e dançavam ao som de *rap*, *rock*, músicas clássicas, faziam mímica, preparavam figurinos e cenários para apresentações teatrais.

Foto 9 Apresentação do grupo de dança composto por mães dos alunos

Fonte: Fotografia de Mario Llaguno, escola pública em Diadema.

Foto 10 Festa de apresentação na escola

Fonte: Fotografia de Mario Llaguno, escola pública em Diadema.

Considerações finais: uma discussão dos eixos estruturantes

No cenário de eleições municipais que acontecia durante o desenvolvimento do projeto, o atual prefeito não conseguiu eleger seu sucessor. Apesar da ampla aceitação da comunidade escolar e da população, o projeto foi deliberadamente interrompido em 1997 pela gestão que assumia a Prefeitura do município, uma vez que se tornou fortemente associado à imagem da administração anterior e o espírito competitivo não permitiu sua continuidade. Dessa forma, fica demonstrada a debilidade de nossas estruturas administrativas, no sentido de garantir a permanência de projetos significativos, cujos prazos de consolidação ultrapassam os quatro anos de gestão do poder Executivo. Trata-se de uma questão recorrente nos programas, obras e projetos desenvolvidos pelo poder público brasileiro relacionados à educação básica, tanto nas esferas do Executivo municipal como do estadual e federal.

O que podemos concluir após a passagem do projeto pelo universo das 120 escolas estaduais e municipais, onde realizávamos pelo menos três reuniões com os professores em cada unidade, é que raramente vinham à tona, de forma espontânea, questões teóricas, relativas aos métodos pedagógicos ou às diferentes linhas de orientação no campo da educação. A pauta limitava-se à resolução de problemas concretos: como vamos plantar a árvore; como vamos ensinar as crianças a preparar a peça de teatro; quando veem os aparelhos de som; quando vão ser as palestras sobre reciclagem de lixo etc. O que verificamos à época é que existia uma cisão e uma dificuldade em relacionar a experiência concreta com as questões teóricas que muitas vezes chegavam em forma de textos ou de reuniões esporádicas por parte da direção da Secretaria da Educação, contrapondo a bagagem teórica abstrata à dura prática do dia a dia na escola.

O que pudemos verificar é que essa relação teoria e prática ocorria basicamente em salas de aula, através dos temas estudados na grade curricular, por exemplo, relacionando o desmatamento dos ecossistemas à mudança de clima do planeta, a poluição das águas à sua carência no futuro, a questão da saúde à deposição de lixo e assim por diante. Essa realidade concreta reforçava ainda mais a convicção de que o ponto de partida de toda nossa ação deveria ser o universo do cotidiano escolar e que só a partir desse percurso, passo a passo, poderíamos avançar em direção a uma compreensão conjunta de questões teóricas mais abstratas.

Ao longo desse processo de reflexão conjunta aconteceram momentos significativos, inerentes à prática pedagógica, em que ideias já consolidadas e consagradas no cotidiano, tidas como "naturais", puderam atingir uma nova etapa do conhecimento e de tomada de consciência. Tais momentos de transcendência e mudança podem possibilitar e representar uma passagem do universo cotidiano para o humano-genérico a que Heller se refere:

> O pensamento cotidiano orienta-se para a realização de atividades cotidianas e, nessa medida, é possível falar de unidade imediata de

> pensamento e ação na cotidianidade. As ideias necessárias à cotidianidade jamais se elevam ao plano da teoria, do mesmo modo como a atividade cotidiana não é práxis. A atividade prática do indivíduo só se eleva ao nível da práxis quando é atividade humano-genérica consciente; na unidade viva e muda de particularidade e genericidade, ou seja, na cotidianidade, a atividade individual não é mais do que uma parte da práxis da ação total da humanidade que, construindo a partir do dado, produz algo novo, sem com isso, transformar em novo o já dado. (Heller, 2004, p. 38).

Essa passagem do discurso do cotidiano em direção a conceitos mais universais e generalizantes, constitutivos da epistemologia é, no nosso entender, um ponto nevrálgico que determina a travessia de fronteiras entre o saber da prática e a viagem ao mundo da abstração mais global.

Um dos aspectos funcionou como elemento aglutinador e que significou uma instância catalisadora, tomando não apenas os alunos, mas toda comunidade escolar, foi a dimensão artística. Considerando que usualmente é concedido à arte um papel secundário, de simples "distração e entretenimento", e que dessa mera condição de figurante passou a protagonista das ações do projeto, essa ampliação de espaço começou a ser vista pelos professores como um meio de despertar nos alunos possibilidades de expressões artísticas que se mantinham adormecidas e bloqueadas, desde o fim do ciclo de educação infantil.

As atividades artísticas, no entanto, podem nos revelar aspectos de poder mobilizador ou de confirmação da massificação das manifestações artísticas feitas pelos meios de comunicação. Durante os dois anos em que transcorreu o projeto, as atividades do *Uma Fruta no Quintal* conseguiram quebrar, mesmo por um curto período de tempo, a rotina consolidada das salas de aula.

Uma constatação importante foi que, em inúmeras escolas, muitos dos alunos que se destacaram nas atividades de preparação dos eventos e nas apresentações artísticas foram, justamente, aqueles que normalmente eram classificados como "maus alunos" ou desinteressados nas disciplinas da grade curricular. Algo que nos provocou a refletir sobre a falência do ensino acadêmico e linear, carente de uma radical reestruturação, no sentido de favorecer outras formas não convencionais de expressão e de processos cognitivos.

Nesse sentido, cabe destacar também a assimetria existente na relação da escola com a cidade. Apesar de inserida em sua malha urbana, muitas vezes a escola atua como mero suporte físico e de infra estrutural, em que o poder público ligado à educação participa com as instalações edificadas e o conjunto de funcionários: coordenadores, professores e agentes de serviço. Desse modo, o projeto *Uma Fruta no Quintal* procurou alterar essa relação, favorecendo uma quebra desse isolamento, permitindo a abertura das escolas para a comunidade do entorno e levando presença do Estado, como sistema de diretrizes e de funcionamento, para a comunidade escolar. Se, por um lado, isso representa um fator positivo, por outro, também traz algumas dificuldades:

- A presença do poder público nas ações realizadas pela escola possui forte possibilidade de adquirir um caráter de propaganda eleitoral ou demagógica, onde cada órgão ou Secretaria divulga suas realizações de forma direta, sem a mediação de uma discussão crítica ou pedagógica. Para que isso não aconteça faz-se necessária uma atenção permanente e cuidadosa por parte dos agentes do projeto e da comunidade escolar.
- Os técnicos de outras secretarias vinculados à Prefeitura muitas vezes não possuem formação pedagógica suficiente para a interação com a escola, uma vez que são profissionais que advêm, em grande parte, de atividades de natureza mais prática para atender às condições de urgência exigidas pelas demandas de serviços e obras solicitados pela população. Para minimizar essas separações faz-se necessária a criação de uma instância de discussão coordenada pelo corpo diretivo pedagógico da Secretaria de Educação, com o intuito de definir linhas metodológicas de ação, procurando obter certa unidade entre os técnicos participantes.

Esses novos tempos em que vivemos requerem, portanto, enfoques cada vez mais plurais, relacionais, pedagógicos e processuais, de tal forma que possibilitem uma abertura para ações coletivas da construção da paisagem da cidade. Da experiência aqui descrita, do projeto *Uma Fruta no Quintal*, pode-se concluir que um dos locais privilegiados para esse exercício, e ainda pouco explorado na sua potencialidade, é, por excelência, a escola.

Nesse sentido, o processo participativo na construção da paisagem faz aflorar complexidades, potencialidades e conflitos do espaço urbano, inserindo a escola como lócus privilegiado para o desenvolvimento dessas práticas. O que pudemos também aferir é a potência exercida pela práxis, estabelecida como ponto de partida, na concretude dos espaços vividos da escola, daquilo "que está a nossa frente": os caminhos, a quadra, o jardim, o playground, a horta, o pátio, as salas de aula e assim por diante. Da percepção desse universo banal e palpável do cotidiano é possível desnovelar os fios que se ligam aos ambientes da cidade no seu conjunto e, a partir daí, tecer relações com a escala universal, podendo agora tornar a voltar a atenção para o quintal "com outros olhos".

Deste modo, pode-se considerar que as experiências desenvolvidas podem não ter ampliado e qualificado os espaços livres públicos de Diadema na dimensão que pretendíamos, mas pode-se inferir que tenha propiciado um fortalecimento do espaço público. As ações e desdobramentos do projeto, apesar de contar, originalmente, com a idealização de caráter individual, não se colocam como obra autoral, mas coletiva, na medida em que foi se modificando e se reformulando em função das contribuições tecidas pelas centenas de atores participantes: a comunidade escolar, a comunidade de moradores do bairro e os gestores e técnicos envolvidos. Como defende o arquiteto Caio Boucinhas, que também participou dos projetos *Uma Fruta no Quintal* e *Tudo em Volta*:

> E para não termos ou criarmos falsas expectativas, devemos considerar que a dialética estabelecida entre o projeto participativo de arquitetura, urbanismo, paisagismo e o poder político instituído, pode ou não qualificar os espaços públicos, dependendo das correlações de forças, que atuam em cada momento histórico. (Boucinhas, 2005, p. 76).

Referências

BISAILLON, Robert. A escola na encruzilhada. *In: A educação para o século XXI*. Porto Alegre: Artmed, 2005.

BOUCINHAS, Caio. *Projeto participativo na produção de espaço público*. Tese (Doutorado em Arquitetura e Urbanismo) — Faculdade de Arquitetura e Urbanismo, Universidade de São Paulo, São Paulo, 2005.

DOBRY, Sylvia Adriana Pronsato. *Projeto participativo e criação coletiva*. Dissertação (Mestrado em Arquitetura e Urbanismo) — Faculdade de Arquitetura e Urbanismo, Universidade de São Paulo, São Paulo, 2002.

DOBRY, Sylvia Adriana Pronsato. *Gênesis do "Projeto participativo em espaços públicos"*, 1998.

DOBRY, Sylvia Adriana Pronsato. *Arquitetura e Paisagem. Projeto participativo e criação coletiva*. São Paulo: Annablume, 2005.

FISCHER, Ernest. *A necessidade da arte*. Rio de Janeiro: Guanabara, 1987.

FREINET, C. *Pedagogia do bom senso*. São Paulo: Martins Fontes, 1996.

FREIRE, Paulo. *Pedagogia da autonomia*. São Paulo: Paz e Terra, 2004.

FREIRE, Paulo. *Pedagogia do oprimido*. São Paulo: Paz e Terra, 2006.

FREIRE, Paulo. *Paulo Freire, um educador do mundo*. São Paulo: Anca — Associação Nacional de Cooperação Agrícola, 2002.

FRIGOTTO, Gaudêncio. *A interdisciplinaridade como necessidade e como problema nas ciências sociais*. Interdisciplinaridade para além da filosofia do sujeito. Petrópolis, RJ: Vozes, 2004.

HELLER, Agnes. *O cotidiano e a história*. São Paulo: Paz e Terra, 2004.

HERNÁNDEZ, Fernando. *Transgressão e mudança na educação:* os projetos de trabalho. Porto Alegre: Artmed, 1998.

HERNÁNDEZ, Fernando; VENTURA, Montserrat. *A organização do currículo por projetos de trabalho:* o conhecimento é um caleidoscópio. 5. ed. Porto Alegre: Artmed, 1998.

LEFEBVRE, Henry. *A vida cotidiana no mundo moderno*. Lisboa: Ulisséia, 1968.

LEFEBVRE, Henry. *O direito à cidade*. São Paulo: Moraes, 1991.

LIMA, Catharina Pinheiro C. dos Santos. *A natureza na cidade*. Tese (Doutorado em Arquitetura e Urbanismo) — Faculdade de Arquitetura e Urbanismo, Universidade de São Paulo, São Paulo, 1996.

LIMA, Catharina Pinheiro C. dos Santos. "Um processo dialógico e compreensivo de construção do conhecimento". *In: Paisagem e Ambiente*, n. 21, Faculdade de Arquitetura e Urbanismo, Universidade de São Paulo, São Paulo, 2006.

LIMA, Mayumi Souza. *Arquitetura e educação*. São Paulo: Studio Nobel, 1995.

MAGNANI, José Guilherme Cantor. De perto e de dentro. Notas para uma etnografia urbana. *In: Revista Brasileira de Ciências Sociais*, v. 17 n. 49, São Paulo, 2002.

MORIN, Edgar. *Para sair do século XX*. Rio de Janeiro: Nova Fronteira, 1986.

MORIN, Edgar. *A cabeça bem feita*. Rio de Janeiro: Bertrand Brasil, 2002.

PANNUTI, Maria Regina Viana. *Professor de Escola Pública:* dialética trabalho *versus* carecimento. Dissertação (Mestrado em Psicologia Escolar e do Desenvolvimento Humano) — Instituto de Psicologia, Universidade de São Paulo, São Paulo, 1993.

PONTUSCHKA, Nídia Nacib. *Um olhar sobre o campus* — São Paulo Perspectiva Socioambiental. Faculdade de Educação, Universidade de São Paulo, São Paulo, 1999.

PONTY, Maurice Merleau. *Fenomenologia da percepção*. São Paulo: Martins Fontes, 1999.

QUEIROGA, Eugenio Fernandes. *A megalópole e a praça*. Tese (Doutorado em Arquitetura e Urbanismo) — Faculdade de Arquitetura e Urbanismo, Universidade de São Paulo, 2001.

SANTOS, Carlos Nelson Ferreira dos. *Quando a rua vira casa*. Projeto Ed. Assoc., FINEP/IBAM, São Paulo, 1985.

TENDRICH, Patrícia. *"O conceito de espaço público na concepção de J. Habermas"*. Texto em meio digital obtido no site: http://www.puc-rio.br/sobrepuc/depto/direito/revista/online/rev11_patricia.html, 2005.

No museu ou na rua? Crianças indígenas e demandas contemporâneas urbanas

Mariana García Palacios
Noelia Enriz
Ana Carolina Hecht

Introdução

Num texto recente (Szulc *et al.*, 2016), escrito pelos integrantes de uma equipe de pesquisa da Universidade de Buenos Aires da qual fazemos parte, foi analisada uma campanha da Unicef (2009) que visava promover os direitos da infância e adolescência indígena. Nas imagens fotográficas e nos materiais audiovisuais usados na campanha, os meninos e meninas aparecem associados a vitrines de museus e espécies animais em perigo de extinção (ver imagem 1)[1]. Dentro das imagens usadas para atrair a atenção do público, a única referência a um espaço urbano que aparece são os museus: aí, os

1. A versão audiovisual está disponível em: https://www.youtube.com/watch?v=iJ6n9Z-J7TNc (Acesso em: 25 set. 18).

meninos e meninas indígenas são posicionados imóveis, numa vitrine, ao lado de animais embalsamados e plantas petrificadas. São muitos os aspectos que podem ser analisados a partir das escolhas desta campanha. Gostaríamos de destacar que a narrativa construída sobre as crianças indígenas parece estar associada à dificuldade da sociedade argentina para construir um olhar contemporâneo e dinâmico sobre a vida dos povos indígenas em geral, e a impossibilidade de pensá-los como moradores dos espaços urbanos.

Em boa medida, a história canônica da nação estabeleceu um imaginário a respeito da questão indígena que tem permeado as políticas e relações sociais até a atualidade, a despeito dos esforços das organizações indígenas e indigenistas, das pesquisas acadêmicas de diversas naturezas e, mesmo, das referências legislativas, já que a Constituição Nacional Argentina reconhece a pré-existência étnica e cultural da população indígena no que se refere à conformação do Estado Nação. Deste modo os povos indígenas têm sido objeto de diversas políticas, sejam desde um desconhecimento e invisibilização como a partir do apontamento da sua singularidade.

Para o Estado-nação, a diversidade cultural parece um problema (Dietz, 2012), enquanto a homogeneidade étnica tem sido funcional na construção dos sentidos modernos do nacional e seus limites. Neste sentido, as identificações étnicas alternam entre o fato de serem exaltadas em especificidades ou diretamente negadas, já que as diversidades em geral pareciam contradizer noções padronizadas de identidade em termos de nacionalidade e cidadania (García Palacios; Hecht; Enriz, 2015).

Em termos quantitativos, a população indígena representa 2,3% do total da população a nível nacional (955.032 habitantes se reconhecem como indígenas ou descendentes de indígenas). Desse total, as crianças abaixo de 14 anos são 271.286, o que representa 30% do total da população indígena (Censo Nacional da População Indec, 2010) e, por isso, a reflexão sobre a infância indígena é muito significativa por conta da sua representação populacional. Neste texto nos propomos dar conta de alguns aspectos da complexidade das experiências formativas das crianças indígenas em contextos urbanos tendo como referência os povos toba/*qom*[2] e mbyá guarani[3] (Ver Mapa 1). Nos dois grupos, vamos analisar as experiências formativas em contextos urbanos de meninos e meninas que moram nas comunidades indígenas onde os tensionamentos da vida nas periferias são vivenciados cotidianamente.

Nossas pesquisas no campo dos estudos sobre a infância em contextos interculturais nos permitem sustentar que as crianças indígenas participam de experiências muito diversas, as quais contribuem no seu desenvolvimento como seres sociais que formam parte ativa de seu entorno sociocultural. É fazendo parte dessas experiências de participação que eles e elas constroem os conhecimentos necessários para vida na comunidade. Os processos de criação e de ensino/aprendizagem entre os *qom*, os mbyá e outros povos indígenas na América do Sul frequentemente envolvem a circulação das crianças em grupos de pares pelo território, autonomamente ou acompanhando os mais velhos nas suas atividades de subsistência, o que é de vital importância pois é neste período que se tornam competentes nesse

2. Os tobas, cujo etnônimo é *qom*, fazem parte do grupo étnico e linguístico denominado guaicuru, que compreende também os mocovíes, os pilagás, os kadiwéos (ou caduveos) e os já desaparecidos abipones, mabyás e payaguás (Messineo, 2003). Segundo os dados mais atuais que provêm do Censo 2010 (Indec), pode se calcular que na Argentina mora um total estimado de 126.967 pessoas que se reconhecem como pertencentes e/ou descendentes na primeira geração de tobas. As autoras deste texto, que trabalham com essa população, são Ana Carolina Hecht (desde 2002) e Mariana García Palacios (desde 2006).

3. A população guarani ocupa um vasto território, cruzado pelas fronteiras nacionais entre Argentina, Brasil, Bolívia e Paraguai. Os mbyá, que habitam o sul do Brasil, Paraguai e nordeste da Argentina (Misiones); os aváchiripa ou avá katú eté ou ñandeva, no sul do Brasil, Paraguai, Bolívia, no noroeste e nordeste argentino (Salta e Misiones), em ocasiões misturados dentro dos núcleos mbyá; os pa˜i-taviterá, também denominados kaiova ou kaiowa, que habitam o Brasil e o Paraguai; e os aché somente no Paraguai (Bartolomé, 2006; Mura, 2006; Wilde, 2007). Na Argentina, os mbyá são aproximadamente 13.000 pessoas, que habitam majoritariamente na zona rural da província de Misiones, em núcleos comunitários distribuídos por todo o território da província (Indec, Censo 2010). Do total, mais de 50% é constituído por pessoas com menos de 16 anos. Recentemente, se tem assentado famílias mbyá no cone urbano bonaerense, que chegaram do Paraguai. Noelia Enriz realiza trabalho de campo em diversas comunidades indígenas da província de Misiones desde 2003.

Mapa 1

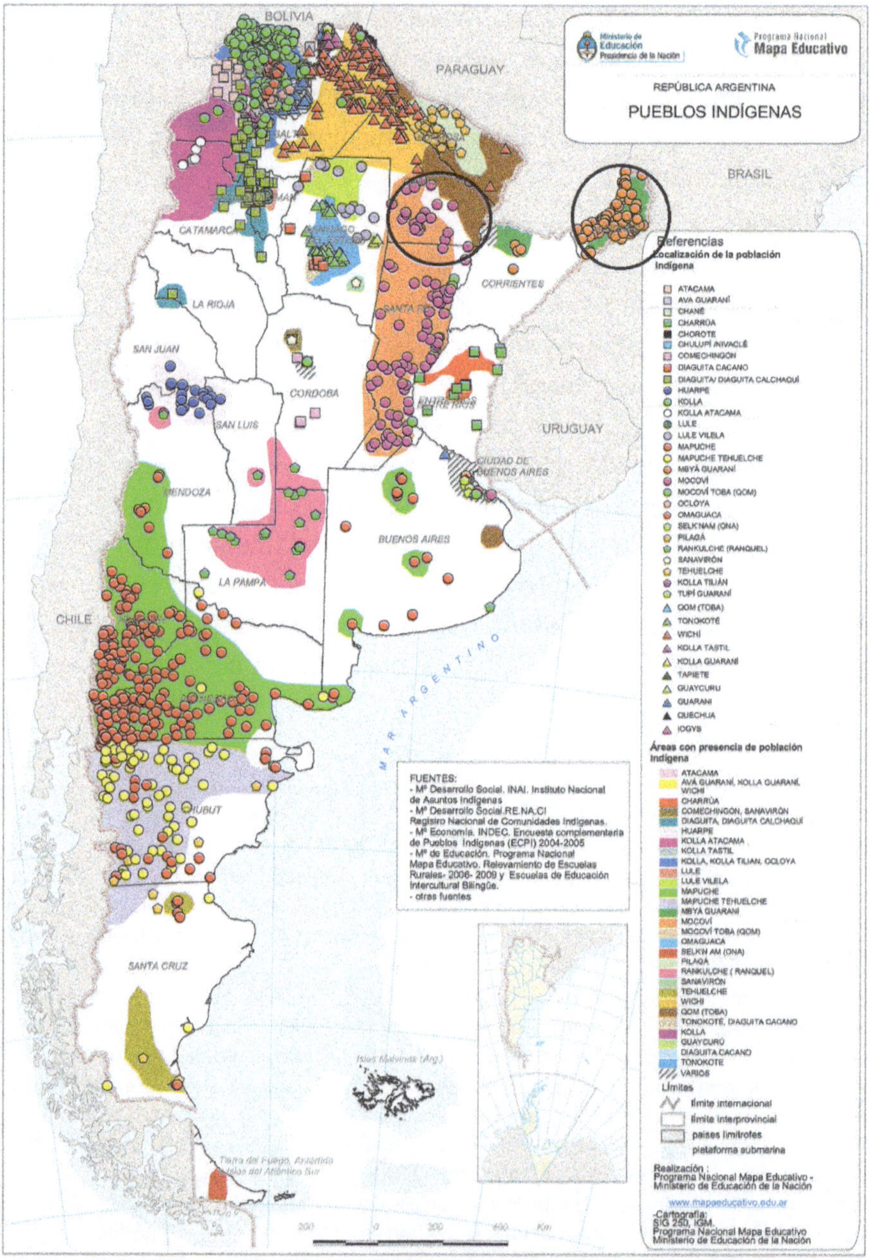

Fonte: Mapa educativo. Povos indígenas da Argentina. Ministério da Educação da Nação, 2012.

entorno (Szulc, 2015; Tassinari, 2007; Cohn, 2000). São etapas da aprendizagem fortemente relacionadas à experiência e ação concreta em conjunto com outros e outras, o que gera um envolvimento nos assuntos relevantes para suas comunidades às quais pertencem, como os assuntos organizativos, políticos, religiosos, territoriais, entre outros (García Palacios; Hecht; Enriz, 2015).

No entanto, tal como já sustentamos, as crianças participam junto com suas comunidades de distintas práticas sociais, formam parte ativa dos processos migratórios e da luta pelo território, o que será analisado a seguir; assim como também as distintas experiências que adquirem relevância no contexto particular das cidades: as escolas urbanas, a venda de artesanato e a circulação pelo espaço público, que vão ser analisados na segunda parte deste trabalho.

Povos indígenas, migração e território

As grandes cidades do país se caracterizam por apresentar uma imagem cosmopolita de seus moradores que, porém, invisibiliza certas identidades enquanto exalta outras. As identificações étnicas, e entre elas especialmente as indígenas, muitas vezes se encontram subordinadas, alojadas idealmente na periferia geográfica, no campo e instaladas num passado pretérito próprio de concepções museísticas decimonônicas, assim como se enuncia na campanha mencionada na introdução. Não obstante, são muitos os grupos indígenas que moram em zonas urbanas, como veremos adiante.

A migração toba/qom: a demanda de territórios e os passos intermédios

O processo migratório da população toba/*qom* esteve motivado por pressões socioambientais, tais como os desmontes, a expropriação de territórios e a pobreza estrutural da região. Os chamados "bairros tobas" começaram a se constituir em distintos povoados e cidades da província do Chaco ao final dos anos 50 do século XX, e em Formosa desde a década de 70 (Wright, 1999; Bartolomé, 1971). O processo migratório avançou com a conformação de bairros urbanos toba/*qom* na periferia de outras grandes cidades provinciais, como Rosário, Santa Fé, La Plata e Buenos Aires.

O bairro toba da Grande Buenos Aires onde desenvolvemos nossos trabalhos de campo foi construído no ano 1995 por 32 famílias, que vieram originariamente de comunidades toba das províncias do Chaco e Formosa. Antes da conformação do bairro, essas famílias se encontravam espalhadas em distintos assentamentos da periferia da Cidade Autônoma de Buenos Aires e do cone urbano bonaerense, e a "identidade toba" encontrava-se "escondida" atrás de outras categorias e estereótipos — tais como "villeros" ou "cabecitas negras"[4]— que os englobavam junto a outros grupos sociais com os quais compartilham condições socioeconômicas de pobreza e exclusão semelhantes. Em tais assentamentos nasceram muitos dos jovens que hoje moram no bairro.

Através de um processo de reafirmação étnica, as famílias se organizaram coletivamente e conquistaram as terras nas quais, na atualidade, está assentado o bairro. Este bairro toba/*qom* permitiu aos migrantes indígenas continuar com suas relações de sociabilidade — graças à justaposição de relacionamentos de parentesco e vizinhança os quais, por sua vez, atualizam e fortalecem o autorreconhecimento étnico e as relações intragrupais (Hecht, 2010). Ainda assim, a migração não envolve uma ruptura com os laços familiares em seus locais de origem, senão que periodicamente são feitas viagens e visitas nos quais circulam pessoas e recursos (artesanatos, matéria-prima para produção artesanal, mercadorias e doações) (Hecht, 2010; García Palacios, 2012).

4. Segundo Gordillo e Hirsch (2010), o uso do termo "cabecita negra" foi paralelo a um proesso de silenciamento do componente indígena e mestiço da Argentina.

Nas palavras das crianças, o bairro se apresenta como o espaço através do qual aflora a identidade como toba. Alba, de 11 anos, nos disse "eu, algumas vezes me sinto toba... sinto-me pelo bairro". Perguntamos-lhe "por que pelo bairro?", e ela responde " porque é toba" (Alba, 11 anos). Também Matías, de 12 anos, nos comenta: "Eu acho que nós nos sentimos tobas porque moramos no bairro toba". Então, parece que para as crianças o bairro com seu mesmo nome denomina a pertença étnica, pelo isomorfismo que se estabelece entre o bairro e seus moradores. Neste sentido, o bairro aparece como um espaço "marcado" ("tem nome") como "étnico" e pelo fato de nascer e crescer nele as pessoas adquirem sua marca (Hecht; García Palacios, 2010).

Ao mesmo tempo, no novo contexto urbano, o espaço do bairro promove que aflorem diversas dimensões atribuídas à identificação étnica (e que ganham características particulares), tais como uma construção idealizada sobre os "costumes tobas" (envolvendo artesanato, atividades cotidianas, o culto correspondente ao "Evangelho", a língua toba, a produção de artesanatos etc.). Voltaremos sobre este assunto mais adiante.

Os mbyá e a mobilidade interna: quando a cidade não é uma procura

A mobilidade das populações guaranis é constitutiva da sua identidade, ao passo que sua procura pela terra sem mal tem sido considerada um marco na conformação da sua religiosidade (Clastres e Clastres, 1989). A permanente circulação pelo território levou alguns pesquisadores a considerar que se tratava de uma população messiânica (Bartolomé, 2004). Na atualidade, uma série de variáveis gerou transformações nas possibilidades de locomoção das famílias: por exemplo, o crescente cercamento de territórios, a impossibilidade de manter as formas tradicionais de subsistência associadas ao campo e, neste mesmo sentido, a gradual inserção no mercado de trabalho e participação em planos de assistência social governamental. Estas mudanças têm transformado as condições da mobilidade, mas ainda não impediu o desenvolvimento dessas práticas, contida atualmente na dinâmica de "visitas". As visitas são traslados familiares temporários a outras comunidades indígenas com objetivos diversos, como um reencontro familiar, a necessária distensão de relações negativas ou mesmo a contenção diante de diversas mudanças.

Nas conversações cotidianas, as famílias recém-formadas normalmente não expressam dificuldades sobre os motivos para a escolha do local onde assentar-se. Em termos gerais, estas escolhas têm a ver com o fato de se acharem (*ayvu'a*) em regiões mais ou menos selváticas. As novas unidades domésticas, em virtude dos laços parentais, podem optar por ficar em diversos territórios de ocupação indígena. Cada núcleo da comunidade (*tekoa*) apresenta singularidade em função da relação estabelecida com o Estado, as igrejas, as zonas urbanas ou o *campo*. A possibilidade da escolha está relacionada diretamente com o acesso a terras que são habitadas pelas comunidades (Enriz, 2009).

A atual transformação territorial das zonas em que moram as comunidades guaranis, associadas ao desenvolvimento econômico das regiões, levou ao acréscimo dos cercamentos (Vitale, 2014; Colman e Do Amaral Azevedo, 2014) e em muitos casos o crescimento urbano impactou diretamente alguns núcleos. O crescimento urbano levou a circunscrever alguns territórios indígenas no contexto urbano. Tal o caso, por exemplo, da comunidade Fortín Mbororé, na zona sul do Porto Iguaçu. Uma comunidade com territórios reconhecidos legalmente como terras indígenas de ocupação ancestral e com uma dinâmica interna de uso do espaço que gradualmente vai inserindo alguns aspectos do urbano, como as grades dos prédios domésticos, a divisão das parcelas e as instalações individuais da rede de água. Estes aspectos não se evidenciam em outras comunidades da zona onde não existem demarcações internas; a rede de água é coletiva (com diversas modalidades dependendo das condições de infraestrutura) e existem recursos de tipo comunitário entre os produtos naturais disponíveis (maioria frutífera ainda que isto dependa muito das particularidades de cada núcleo).

Os indígenas se encontram cada vez mais rodeados e a pressão territorial relaciona-se com a expansão da indústria do turismo nacional e internacional devido à proximidade ao Parque Nacional Cataratas do Iguaçu. A circulação indígena pela parte central da cidade esta dada fundamentalmente pela comercialização de artesanatos, ainda que também sejam realizados procedimentos administrativos, compras e controles médicos na cidade. Como poderá se observar, as crianças acompanham as atividades comerciais assim como as produtivas, não para estarem envolvidas nas tarefas laborais, mas porque elas desenvolvem estas atividades em conjunto com a família.

Espaços urbanos de inclusão e exclusão

A escola é, na maioria das vezes, o pontapé inicial que coloca em prática diversas dinâmicas estatais, pois elas geralmente estão acompanhadas pelas ações em torno da saúde e, logo depois, dos postos de atenção, planos sociais etc. Cada um destes espaços nas comunidades indígenas gera, ademais, atores institucionais como os auxiliadores bilíngues, os agentes sanitários etc., que conformam pequenas burocracias indígenas que repõem uma lógica interna particular. Em torno à escola se constroem caminhos reais e metafóricos com a sociedade envolvente, que adquire distinta magnitude em função das especificidades de cada comunidade. A inclusão de populações indígenas nas estruturas escolares em distintas províncias da Argentina tem sido feita de forma gradual nas últimas décadas do século XX, no melhor dos casos, através de diversas experiências em escolas públicas, privadas, laicas, confessionais etc.

O tratamento histórico da diversidade sociétnica no campo educativo tem sido muito complexo e com variadas matizes conforme indígenas ou migrantes, assim como entre o nível nacional e o provincial, e entre as distintas jurisdições provinciais.

As tendências parecem percorrer certo caminho sinuoso que vai desde a homogeneização e assimilação até políticas focalizadas dirigidas a populações indígenas, e onde o interjogo entre a compensação/guettização e integração parecem ser a chave escolhida pelas instituições escolares para relacionar-se com aqueles que consideram "outros".

Neste sentido, é paradigmático o caso da província de Buenos Aires já que, segundo os dados do censo, é a província com maior diversidade populacional e a maior quantidade de população indígena do país, sobretudo nos centros urbanos e suas periferias[5]. Não obstante, a proposta educativa provincial não oferece experiências de Educação Intercultural Bilíngue, direito reconhecido na legislação, deixando em evidência as limitações que tradicionalmente têm existido ao pensar os indígenas e a interculturalidade desde uma perspectiva urbana.

A escola na qual comparecem ou compareceu grande parte das crianças do bairro toba de Buenos Aires pertence à Igreja Católica e tem contribuído com a obtenção da terra na qual está assentado o bairro. A experiência de vida das famílias — anterior à conformação do bairro — em zonas carentes ou "villas" da cidade — deixou suas marcas nas representações que os outros constroem sobre os moradores do bairro (Novaro *et al.*, 2009). Particularmente, na escola isto parece ter causado a conformação de duas imagens contrapostas: uma, de "os bons tobas", "os autênticos tobas", referida aos que moraram e moram no Chaco e, a outra, mais complexa, inclui todos aqueles que passaram por uma experiência de desestruturação e violência em Buenos Aires: "*eles socialmente não são tobas, os avós das crianças são, mas eles não. Eles como que não são somente tobas, senão que são tobas, mas tem que somar todo o que foi a vida que eles tiveram em Fuerte Apache e*

---

5. De acordo com o Censo 2010, 299.311 pessoas na província de Buenos Aires se reconhecem como indígenas ou descendentes de povos indígenas. De acordo com dados publicados no ano de 2006 pela Pesquisa Complementar dos Povos Indígenas, realizada na província de Buenos Aires, há o reconhecimento das etnias Guaraní, Tupí-guaraní, Toba, Kolla, Mapuche, Diaguita/Diaguita Calchaquí, Tehuelche, Rankulche, Huarpe e Ona.

Ciudad Oculta" (Autoridade escolar). Assim, a etnicidade e as condições socioeconômicas de classe pareceram ser concebidas como questões de ordens incompatíveis e isto, por sua vez, se sustenta numa subjacente associação entre a aboriginalidade e a vida rural de acordo com "pautas tradicionais" (Novaro *et al.*, 2009), invisibilizando a presença indígena nas cidades (Szulc, 2005).

Também na mesma escola, como temos analisado em outros trabalhos (Borton *et al.*, 2010; García Palacios, 2018), manifesta-se a conflitiva articulação que é feita entre as famílias do bairro e a de outros bairros, como entre todas estas e as autoridades da instituição. Neste sentido, os pais e crianças dos bairros mais próximos manifestam certo desconforto pelos direitos diferenciados aos que acessam o bairro toba enquanto "comunidade aborígene", muitas vezes em referência com a obtenção de bolsas para matrícula e quotas mensais, financiadas quer pela própria instituição escola, quer por outras fundações.

Por outro lado, os meninos e meninas toba/*qom* geralmente acompanham suas famílias na hora de comercializar, nas escolas da capital, os artesanatos produzidos no bairro. Trata-se de palestras que as famílias fazem sobre a "cultura toba" e se abre um espaço para venda de artesanatos. Assim, a atividade não só é relevante economicamente, mas também como construção e transmissão de um saber coletivo. A etnicidade adquire um papel central nas conversas nas escolas, aponta Wright (1999), como é o caso de uns dos adultos do bairro, que a partir dessas conversas tem achado um novo espaço de intercâmbio cultural. Assim, na interação intergrupal são "objetivizadas" determinadas práticas culturais e se ressignificam de acordo com a dicotomia do próprio *versus* o alheio. Através deste tipo de discursos essencializadores, também se recriam identidades que se articulam dentro de conflitivos processos hegemônicos e se legitima um papel particular dentro da sociedade, reinventando-se como "indígenas na cidade" (Tamagno, 1998; Hecht, 2010). Então, tais conversas nas escolas não são simplesmente o principal local para a comercialização de artesanatos, mas os discursos que são construídos nesses eventos comunicativos são centrais para a reelaboração identitária, e por isso funcionam como eventos formativos e socializadores para as crianças do bairro (Hecht, 2010). Por exemplo, Manuel, um jovem que costumava questionar a escola por apresentar o toba como parte de um passado distante, contou que para o "12 de outubro" iria realizar com outras famílias do bairro uma apresentação de teatro numa destas conversas e comentou que todos usarão "arcos de verdade" que tinham trazido do Chaco além de "taparrabos (tanga) de couro de cavalo". Assim, neste contexto no qual ele se apresenta como "autêntico indígena" e já não mais como "aluno", o jovem apela a estratégias que ele mesmo normalmente criticaria da sua escola porque acaba por coisificar a identificação como toba (Hecht; García Palácios, 2010).

O percurso pelas distintas experiências permite que as famílias indígenas, e as crianças junto com elas, normalmente desenvolvam diversas atividades nos centros urbanos. A recorrência aos centros das cidades está baseada também no fato de que nas cidades residem os escritórios que se ocupam da administração de seus direitos específicos, muitas vezes se nucleiam em organismos de documentação e espaços de saúde de maior dimensão como hospitais centrais. Igualmente, as famílias circulam pelas cidades para a realização de processos administrativos de diversa natureza, atividades laborais, controles médicos etc. Além disso, essas visitas favorecem a comercialização de produtos próprios das comunidades como artesanatos e outros recursos (como plantas).

Deste modo, por exemplo, em algumas cidades pequenas, próximas aos núcleos de moradia dos mbya, a presença indígena é considerada normal. Porém, na cidade da capital da província, a presença indígena evidencia um alto nível de descontentamento. Num trabalho anterior (Szulc; Enriz, 2017), foi analisada como a venda de artesanatos e a mendicância indígena são tratadas como análogas na imprensa missionária. E não só pela imprensa, mas nos discursos dos diversos agentes do governo local, que intimidavam as famílias com a possível judicialização da presença e institucionalização das crianças que compareceram à cidade num "Hogar de Día" (lar do dia, albergue). Ao mesmo tempo, um sacerdote proibido de continuar oferecendo hospedagem a esta população no "Hogar de Noche" (lar de noite, albergue) onde poderiam limpar-se e descansar. As mesmas dinâmicas de circulação que nas comunidades não representam nenhum tipo de problema são vivenciadas no âmbito urbano como uma ameaça.

Palavras finais

As experiências cotidianas das crianças indígenas na Argentina acontecem num cenário complexo e desigual, que as colocam como protagonistas periféricas. A conflitividade que encaram as populações indígenas no contexto urbano está associada especialmente com modalidades de racismo e exclusão, mais ou menos explícitas, que a sociedade expressa de diversas intensidades e maneiras. Assim, as populações indígenas sofrem desde olhares intimidadores quando em situação de mendicância ou durante a venda informal de artesanato na rua, até maus-tratos em instituições escolares ou de saúde. Ou violência física mais extrema, tal como o fato de violência que aconteceu há semanas, em setembro deste ano, na localidade de Roque Sáenz Peña e que acabou com a morte de uma criança toba/*qom*, num confuso episódio que a imprensa maliciosamente tergiversou culpando a vítima[6].

Nas cidades, os níveis de reação dos agentes estatais ou bem atores da sociedade civil se exacerbam, apelando à intervenção das famílias, a judicialização das suas práticas etc. Estas ações nos permitem compreender o sentido último da invisibilização da identidade indígena

6. Trata-se do assassinato de um menino de uma família *qom* que aconteceu no marco de uma demanda de indígenas a um comerciante que especulava com o dinheiro dos planos alimentares. As fontes locais indicavam versões contrapostas sobre a intervenção das forças policiais e ações armadas de outros comerciantes vizinhos. Nossos próprios registros dão conta de como se agudizaram certas referências negativas em torno da identidade indígena a partir desse evento, que paradoxalmente foi difundido como um ato violento por parte dos indígenas. Para conferir ver: http://cosecharoja.org/saqueo-es-otra-cosa-en-chaco-mataron-un-nino/ Acesso em: 25 set. 2018.

nas cidades nos sujeitos isolados, que, ainda que em muitos casos reconheçam e expressam suas identificações no foro íntimo, publicamente rejeitam suas raízes (raigambre). Diante das cifras da população indígena nas grandes urbes da Argentina (como a cidade de Buenos Aires, e até a província de Buenos Aires), o notável ocultamento das identidades na esfera pública pode ser entendido como uma estratégia para atenuar as expressões racistas que os meios urbanos manifestam tão grosseiramente. Estas situações para os povos indígenas são muito dolorosas e potencializam a rejeição e marginalização, assim como, paralelamente, as situações de discriminação que sofrem acabam por se codificar como naturalizadas e silenciadas. Se o Estado-Nação se pretende homogêneo na hora de construir um "nós", é ainda mais na constituição de sua alteridade.

Finalmente, como o foco deste texto são as crianças, nos interessa ressaltar a relevância de desconstruir estereótipos sobre os indígenas, pois não permitem a compreensão da complexidade das identidades étnicas no contexto contemporâneo. Em que as mudanças não são sinônimo de degradações, mas que fazem parte das novas conjunturas dos meninos e das meninas indígenas que crescem em novos contextos, sujeitos a múltiplas tensões próprias da urbanidade, assim como a modificação de práticas "tradicionais" de seus povos ou mudanças linguísticas que estimulam deixar de falar as línguas patrimoniais de seus povos e substituí-las pela língua oficial e hegemônica do Estado. Uma estrutura pluralista de direitos não só deve encontrar-se em legislações progressistas, mas viver-se cotidianamente na aceitação e no respeito das formas plurais da etnicidade.

Referências

BARTOLOMÉ, L. "Política y redes sociales en una comunidad urbana de indígenas Toba: un análisis de liderazgo y 'brokerage". *Anuario Indigenista*, v. XXXI, México, 1971.

BARTOLOMÉ, M. A. Flechadores de jornales. Identidad guaraní en el Paraguay contemporáneo. *Amérique Latine Histoire et Mémoire. Les Cahiers ALHIM. Les Cahiers ALHIM*, (10), 2004.

BARTOLOMÉ, M. A. *Procesos interculturales:* antropología política del pluralismo cultural en América Latina. Siglo XXI: Cidade do México, 2006.

BORTON, L.; ENRIZ, N., GARCÍA PALACIOS, M.; HECHT, A. C. Una aproximación a las representaciones escolares sobre el niño indígena como sujeto de aprendizaje. En: HIRSCH, S.; SERRUDO, A. (Comp.). *La educación intercultural bilingüe en Argentina:* Protagonistas, identidades y lenguas. Buenos Aires: Novedades Educativas, 2010.

CENSO NACIONAL DE POBLACIÓN. Indec, 2010.

CLASTRES, H.; CLASTRES, H. *La tierra sin mal:* el profetismo tupí-guaraní. Ediciones del Sol: Buenos Aires, 1989.

COHN, Clarice. Crescendo como um Xikrin: uma análise da infância e do desenvolvimento infantil entre os Kayapó-Xikrin do Bacajá. *Revista de Antropologia,* 43(2), 2000, p. 195-222. Disponível em: https://dx.doi.org/10.1590/S0034-77012000000200009

COLMAN, R. S.; DO AMARAL AZEVEDO, M. Ojeguata Porã: movilidad espacial entre los Guaraní y Kaiowá en Mato Grosso del Sur, región fronteriza entre Brasil y Paraguay. *ODISEA. Revista de Estudios Migratorios*, (1), 2014, p. 76-96.

CONSTITUCIÓN NACIONAL DE LA REPÚBLICA ARGENTINA (1994).

DIETZ, G. *Multiculturalismo, interculturalidad y diversidad en educación:* una aproximación antropológica. Fondo de Cultura Económica: Cidade do México, 2012.

ENRIZ, N. Perspectivas infantiles sobre la territorialidad. *Espaço Ameríndio*, 3(2), 42, 2009.

GARCÍA PALACIOS, M. La escuela (católica) cotidiana. Una aproximación etnográfica a las experiencias formativas escolares de los niños y niñas de un barrio toba/*qom* de Buenos Aires. *Revista Cuadernos del Instituto Nacional de Antropología y Pensamiento Latinoamericano*. 2018, ISSN: 0570-8346.

GARCÍA PALACIOS, M. *Religión y etnicidad en las experiencias formativas de los niños y niñas de un barrio toba de Buenos Aires.* Tesis (Doctorado en Antropología) — Facultad de Filosofía y Letras, Universidad de Buenos Aires, Buenos Aires, 2012.

GARCÍA PALACIOS, M.; HECHT, A. C.; ENRIZ, N. Pueblos indígenas y escolarización: los usos del concepto de interculturalidad en el debate educativo contemporáneo. *Educación, lenguaje y sociedad*, (12), 3, 2015.

GORDILLO, G.; HIRSCH, S. "Presentación" y "La presencia ausente: invisibilizaciones, políticas estatales y emergencias indígenas en la Argentina". En: GORDILLO, G.; HIRSCH, S. (comp.). *Movilizaciones indígenas e identificaciones en disputa en la Argentina*. Buenos Aires: La Crujía Ediciones, 2010.

HECHT, A. C. *Todavía no se hallaron hablar en idioma.* Procesos de socialización lingüística de los niños en el barrio toba de Derqui, Argentina. München: Lincom Europa Academic Publications, 2010.

HECHT, A. C.; GARCÍA PALACIOS, M. G. Categorías étnicas: un estudio con niños y niñas de un barrio indígena. *Revista Latinoamericana de Ciencias Sociales, Niñez y Juventud*, *8*(2), 2010, p. 981-993.

MESSINEO, C. Lengua toba (guaycuru). Aspectos gramaticales y discursivos. *Lincom Studies in Native American Linguistics 48*. München: Lincom Europa Academic Publications, 2003.

MURA, F. *À procura do "bom viver"*: território, tradição de conhecimento e ecologia doméstica entre os Kaiowa. Rio de Janeiro: UFRJ/MN/PPGAS, *17*, 2006.

NOVARO, G.; BORTON, A.; DIEZ, M. L.; HECHT, A. C. Sonidos del silencio, voces silenciadas. Niños indígenas y migrantes en escuelas de Buenos Aires. *Revista Mexicana de Investigación Educativa*, 36, (XIII), 2009, p. 173-201.

SZULC, A. "Mapuche se es también en la waria (ciudad)". Disputas en torno a lo rural, lo urbano y lo indígena en la Argentina. *Política y Sociedad*, Norteamérica, 41, mar. 2005. Disponível em: http://revistas.ucm.es/index.php/POSO/article/view/POSO0404330167A. Acesso em: 6 out. 2018.

SZULC, A. *La niñez mapuche. Sentidos de pertenencia en tensión*, Buenos Aires: Editorial Biblos, Colección Culturalia, ISBN 978-987-691-377-5, 2015.

SZULC, A.; ENRIZ, N. La política, las calles y la niñez indígena en Argentina. *Cadernos de Campo* (São Paulo, 1991), 25(25), 2017, p. 200-221.

SZULC, A.; COLANGELO, M. A.; SHABEL, P.; LEAVY, M. P.; ENRIZ, N.; HERNÁNDEZ, M. C. Al rescate de la niñez indígena. Reflexiones antropológicas a partir de una campaña de UNICEF Argentina. *Política y Sociedad*, *53*(1), 2016, p. 123-142.

TAMAGNO, L. La construcción de la identidad étnica en un grupo indígena en la ciudad. Identidades y Utopías. En: BAYARDO, R.; LACARRIEU, M. (comp.). *Globalización e identidad cultural*. Buenos Aires: Ediciones Siccus, 1998.

TASSINARI, A. Concepções indígenas de infância no Brasil. *Tellus* 13 (7), 2007, p. 11-25.

VITALE, E. H. Espacio y territorio mbya guaraní — nuevos actores y nuevos caminos en la resolución de la problemática de la posesión de la tierra en reserva de biosfera yaboty, misiones, argentina. *Tempo da Ciência, 21*(41), 2014, p. 69-92.

WILDE, G. De la depredación a la conservación. Génesis y evolución del discurso hegemónico sobre la selva misionera y sus habitantes. *Ambiente & Sociedade, 10*(1), 2007.

WRIGHT, P. Histories of Buenos Aires. En: MILLER, Elmer (ed.). *Peoples of the Gran Chaco.* Native Peoples of the Americas. Bergin & Garvey, USA, Westport, 1999.

FOTOGRAFIA MENCIONADA

Imagem gráfica da campanha Unicef pelos direitos da infância e adolescência indígena na Argentina.

Posfácio

Crianças, educação e o direito à cidade: pesquisas e práticas é uma obra fundamental para quem trabalha sobre educação, cidade e/ou direitos das crianças, conseguindo cruzar estas temáticas de forma crítica e estimulante com base em diversas pesquisas e práticas de intervenção social realizadas com crianças no Brasil e na Argentina. Marcia Aparecida Gobbi, Cleriston Izidro dos Anjos e Maria Cristina Stello Leite, que coordenam e organizam a obra e com trabalho feito e reconhecido na área da infância, têm o mérito de juntar um conjunto de autores e autoras que, partindo de um conceito amplo e político de educação, nos convidam a uma trajetória por diversas experiências e pesquisas com crianças em espaços urbanos. A relevância dessas pesquisas ultrapassa claramente os contextos específicos do Brasil e da Argentina onde estas se situam. Efetivamente, a leitura desta obra foi para mim inspiradora para as pesquisas que realizo em Portugal, mais especificamente em Lisboa e no Porto, no âmbito do projeto CRiCity[1], sobre o tema das crianças e o seu direito à cidade. E foi-o por diversas razões que representam também o que considero serem os pontos fortes desta obra e que passo a enumerar.

---

1. Coordeno atualmente o projeto CRiCity — "As crianças e o seu direito à cidade: Combater a desigualdade urbana através do desenho participativo de cidades amigas das crianças", financiado por fundos nacionais através da Fundação Portuguesa para a Ciência e Tecnologia, I.P, no âmbito do projeto PTDC/SOC-SOC/30415/2017.

Em primeiro lugar, trata-se de uma obra incitadora de reflexões críticas e transdisciplinares, pois ao "partir de inquietações sobre relações estabelecidas entre crianças, desde que nascem, em contextos urbanos" como é referido no capítulo introdutório, não se fecha em si mesma e abre uma reflexão mais ampla no diálogo com várias áreas disciplinares e com as crianças, incluindo as mais pequenas. Entre os autores e autoras contam-se portanto investigadores/as e professores/as de vários níveis de ensino e com formação diversa — antropologia, educação, pedagogia, psicologia, arquitetura, arte e ciências sociais —, que apresentam também percursos profissionais variados. É de salientar ainda que essa multidisciplinaridade, em si mesma de saudar, não compromete de forma alguma a coerência da obra no seu todo, pois torna-se evidente que as diferentes contribuições partilham valores fundamentais de respeito pelas crianças, pela sua participação e pelo diálogo e compromisso como parte integrante de qualquer pesquisa e intervenção social. Para além disso, a coerência estende-se à forma na medida em que os vários capítulos estão escritos de forma clara e num estilo bastante acessível, em consonância com os valores de uma ciência social que se quer aberta à comunidade e ao público geral.

Em segundo lugar, penso que a organização desta obra nas suas três partes que dão relevo designadamente, às crianças mais pequenas (Parte 1), à participação política das crianças (Parte 2) e às ruas como espaços urbanos de encontro e confronto com as diferenças (Parte 3) é muito feliz. Trata-se efetivamente de temas essenciais para uma análise crítica da educação na sua relação com o direito das crianças à cidade. Se a Parte 1 tem o mérito de contribuir para resgatar os bebês e as crianças mais pequenas da sua invisibilidade geral como sujeitos políticos e produtores de conhecimento, já a Parte 2, sobre a participação política das crianças, trata de uma questão com enorme relevância no contexto atual em que as crianças tendem a surgir progressivamente na agenda política e mediática, com destaque para a sua presença nos movimentos sociais, o que convida a um exame atento e crítico. Finalmente, a Parte 3 desta obra traz para o centro da análise as ruas da cidade, espaços urbanos dominados pelos automóveis, nos quais as crianças tendem a ter menos poder e que evocam mais receios quer por parte das crianças, quer dos pais.

Em terceiro lugar, considero que no seu conjunto, os diferentes contributos que compõem esta obra e as pesquisas e práticas que apresentam são em si exemplos a seguir no sentido de que vão muito para além de uma estrita escuta das crianças. Esta obra vai mais longe ao convidar a ouvir as crianças "com todos os sentidos" e "considerando sua comunidade e suas maneiras de viver", tal como refere Rinaldi (2012) citado nesta obra no capítulo de Margarida de Sousa Barbosa, e ao colocar questões cruciais sobre os diálogos possíveis entre as cidades e as instituições educativas e culturais, ou sobre como a educação pode fomentar processos reflexivos e emancipatórios sobre as crianças e a cidade. Fá-lo através de uma análise das experiências e da ação social das crianças na sua relação com outros atores sociais nos vários espaços urbanos. As várias contribuições partilham entre si a coragem de assumirem a pesquisa e a educação como projetos políticos, o que se revela nas interrogações que fazem das políticas para a infância, a educação, a cidade e a própria cultura. Mas mais do que desvelar desigualdades e invisibilidades no acesso e usufruto dos espaços urbanos, os autores e autoras convergem no sentido de uma demanda de dar visibilidade às crianças como atores sociais e políticos e principalmente, de construir diálogos entre a educação e a cidade, promovendo a construção intergeracional de espaços urbanos inclusivos e plurais. É na verdade pela praxis que esta obra mais me inspira, ao revelar as possibilidades de um trabalho de co-criação com as crianças em colaboração com vários atores e instituições, na perspetiva de uma educação integral e humanizante e apesar das resistências e barreiras de várias ordens com que muitas vezes nos deparamos.

Finalmente, um quarto ponto que gostaria de destacar, tal como esta obra evidencia, é o de que a educação, entendida numa perspetiva da pedagogia crítica, na senda de autores como Paulo Freire ou Henri Giroux, vai muito para além dos contextos da sala de aula, do recreio ou da própria escola. Neste sentido, construir diálogos entre a educação e a cidade implica uma interrogação sobre o modo como as instituições educativas e a própria infância se inscrevem na cidade e na sociedade. Para quem trabalha sobre as crianças esta interrogação articula-se necessariamente com uma reflexão sobre o modo como a infância é socialmente produzida nos vários espaços urbanos — incluindo a escola — e na interface entre os mesmos. Esta análise não pode descurar a pluralidade de experiências infantis e as desigualdades estruturais urbanas em que estas várias infâncias se inscrevem. Daí a relevância de uma análise crítica da infância em contextos interculturais como os estudos que se debruçam sobre as crianças indígenas nas cidades, designadamente o de Mariana García Palacios, Noelia Enriz e Ana Carolina Hecht nesta obra. As instituições educativas e seus atores continuam hoje a ter um papel fundamental, embora cada vez mais difícil, na crítica e resistência aos processos neoliberais e de opressão e na produção de sujeitos socialmente responsáveis e engajados. Mas as crianças, como sujeitos produtores de conhecimento e de cultura que são, também podem ensinar-nos e até guiar-nos nesse processo de construção de espaços públicos (urbanos) de imaginação democrática.

Eunice Castro Seixas
Doutora em Sociologia, Investigadora no SOCIUS/CSG, ISEG, Universidade de Lisboa, Portugal

Sobre organizadoras e organizador

MARCIA APARECIDA GOBBI é cientista social graduada e licenciada pela USP. Mestre e doutora em Ciências Sociais e Educação pela Unicamp. Atualmente, é docente e pesquisadora do Departamento de Metodologia do Ensino e Educação Comparada da FE-USP.
E-mail: mgobbi@usp.br

CLERISTON IZIDRO DOS ANJOS é pedagogo e professor da Universidade Federal de Alagoas (UFAL). Mestre em Educação pela FE-USP, Doutor em Educação pelo CEDU-UFAL e Pós-Doutor pela FE-USP.
E-mail: cianjos@yahoo.com.br

MARIA CRISTINA STELLO LEITE é cientista social graduada e licenciada pela USP. Mestre em Educação pela FE-USP. Doutora em Educação pela FE-USP.
E-mail: mariastello@gmail.com

Sobre autoras e autores

ANA CAROLINA HECHT é antropóloga, professora da Universidade de Buenos Aires e investigadora do CONICET, Consejo Nacional de Investigaciones Científicas y Técnicas.
E-mail: anacarolinahecht@yahoo.com.ar

ANA LÚCIA GOULART DE FARIA é professora da Faculdade de Educação da Unicamp; pesquisadora e membro do Colegiado de Doutorado da Faculdade de Ciências da Formação da Università degli studi Milano-Bicocca.
E-mail: cripeq@unicamp.br

CAROLINA ABRÃO GONÇALVES é professora de Escola Municipal de Ensino Fundamental de São Paulo, mestre em Educação pela FE-USP.
E-mail: abrao.carolina@gmail.com

CAROLINA DE ROIG CATINI é pedagoga. Mestre e doutora em Educação. Docente e pesquisadora da Faculdade de Educação da Unicamp.
E-mail: ccatini@unicamp.br

CATHARINA PINHEIRO C. S. LIMA é graduada em Arquitetura e Urbanismo. Professora da FAU-USP — Faculdade de Arquitetura e Urbanismo — USP.
E-mail: cathypinheiro@usp.br

CLERISTON IZIDRO DOS ANJOS atualmente, é professor da UFAL. Mestre em Educação pela FE-USP. Doutor pela UFAL. E Pós-Doutor pela FE-USP.
E-mail: cianjos@yahoo.com.br

DANIELA FINCO é pedagoga, graduada pela Unicamp. Professora Associada do Departamento de Educação da Universidade Federal de São Paulo — UNIFESP.
E-mail: danielafinco@gmail.com

GIOVANA CRISTINA COTRIN LORO é bacharel e licenciada em Ciências Sociais pela Faculdade de Filosofia, Letras e Ciências Humanas da Universidade de São Paulo (FFLCH/USP) concluídos, respectivamente, em dezembro de 2018 e julho de 2019.
E-mail: giovanacotrinloro@gmail.com.

JULIANA DIAMENTE PITO é doutoranda da Faculdade de Educação da Universidade de São Paulo, Mestre em Psicologia da Educação pela Pontifícia Universidade Católica de São Paulo. Atualmente, é professora do Ensino Básico, Técnico e Tecnológico do Núcleo de Educação Infantil Paulistinha, da Universidade Federal de São Paulo.
E-mail: juliana.pito@unifesp.br

KATIA DA SILVA SANTOS Especialização em Arte Educação e Linguagens da Arte — CEUMA — USP. Atuou na Biblioteca Mário de Andrade como supervisora de atendimento e coordenadora do serviço educativo, de 2015 a fevereiro de 2017.
E-mail: kakaussantos@gmail.com

LEANDRA MODESTA GONZALEZ BASILE DA FONSECA é pedagoga. Coordenadora Pedagogógica de Escola Municipal de Educação Infantil de São Paulo.
E-mail: lmgbf@yahoo.com.br

LUCI APARECIDA GUIDIO GODINHO é cientista social e pedagoga. Diretora de Centro de Educação Infantil de São Paulo.
E-mail: luci.guidio64@gmail.com

MARCIA APARECIDA GOBBI é cientista social. Docente do Departamento de Metodologia do Ensino e Educação Comparada — FE-USP.
E-mail: mgobbi@usp.br

MARGARIDA DE SOUSA BARBOSA é professora de Educação Infantil da rede municipal de São Paulo.
E-mail: marga_barbosa@hotmail.com

MARIA CRISTINA STELLO LEITE é cientista social graduada e licenciada pela USP. Mestre em Educação pela FE-USP. Doutora em Educação pela FE-USP.
E-mail: mariastello@gmail.com

MARIA LETÍCIA BARROS PEDROSO NASCIMENTO é pedagoga. Docente e pesquisadora na FEUSP.
Email: letician@usp.br

MARIANA GARCÍA PALACIOS é antropóloga, professora da Universidade de Buenos Aires e investigadora do CONICET, Consejo Nacional de Investigaciones Científicas y Técnicas.
E-mail: marianagarciapalacios@gmail.com

NAIME SILVA é graduada em Psicologia, professora aposentada da rede municipal de São Paulo.
E-mail: naimeapsilva@gmail.com

NATAME PEREIRA DINIZ é graduada em Ciências Sociais pela FESP-SP. Atuou como produtora cultural no Serviço Educativo na Biblioteca Mário de Andrade, de 2013 a março de 2017. Atua no Instituto Tomie Ohtake.
E-mail: premioterritorios@gmail.com

NOELIA ENRIZ é antropóloga, professora da Universidade de Buenos Aires e investigadora do CONICET, Consejo Nacional de Investigaciones Científicas y Técnicas.
E-mail: noelia.enriz@gmail.com

PAULA MARTINS VICENTE é arquiteta, mestre em Arquitetura — FAU-USP.
E-mail: paulamv.arq@gmail.com

PAULA NURIT SHABEL é doutora em Ciências Antropológicas pela Universidade de Buenos Aires — UBA-CONICET.
E-mail: paulashabel@gmail.com

RAUL ISIDORO PEREIRA é arquiteto e paisagista, doutor em Arquitetura pela FAU-USP.
E-mail: raulisidoro@gmail.com

RENATA CRISTINA DIAS OLIVEIRA é pedagoga. Coordenadora Pedagógica de Centro de Educação Infantil de São Paulo.
*E-mail:*renatacdo@uol.com.br

ROSA SILVIA LOPES CHAVES é pedagoga. Mestre em Educação: Psicologia da Educação pela PUC- SP. Coordenadora Pedagógica do CEI Lauzane Paulista, de 2015 a janeiro de 2017.
E-mail: lopes.chaves@unifesp.br